MATÉRIAUX FRAGMENTAIRES
POUR UNE HISTOIRE DE L'UQAM

Du même auteur

Mon appartenance. Essai sur la condition québécoise. Montréal, 1992. (Prix Richard-Arès 1992).

Claude Corbo

MATÉRIAUX FRAGMENTAIRES POUR UNE HISTOIRE DE L'UQAM

D'une descente aux enfers à l'UQAM de l'an 2000

Les Éditions
LOGIQUES

Les Éditions LOGIQUES
1225, rue de Condé
Montréal (Québec) H3K 2E4
Tél.: (514) 933-2225   FAX: (514) 933-2182

LOGIQUES est une maison d'édition agréée par les organismes d'État
responsables de la culture et de la communication.

Photo de la couverture : Relations publiques, UQAM
Mise en pages : Jean Yves Collette

MATÉRIAUX FRAGMENTAIRES POUR UNE HISTOIRE DE L'UQAM

© Les Éditions Logiques inc., 1994

Dépôt légal : deuxième trimestre 1994

Bibliothèque nationale du Québec

Bibliothèque nationale du Canada

ISBN : 2-89381-219-8

LX-233

TABLE DES MATIÈRES

... car
Je me les sers moi-même, avec assez de verve,
Mais je ne permets pas qu'un autre me les serve.

E. ROSTAND, *Cyrano de Bergerac*,
Acte I, Scène IV.

INTRODUCTION

Il est probablement encore un peu tôt pour écrire une histoire de l'Université du Québec à Montréal (UQAM). L'établissement atteint à peine son vingt-cinquième anniversaire (9 avril 1994). Trop de dossiers majeurs sont encore ouverts, qui sont l'objet d'interventions diverses et parfois contradictoires pour qu'on puisse en parler avec assurance. Trop de personnes, dont le soussigné, sont encore trop engagées dans la vie de l'établissement pour qu'on puisse dresser le bilan de leur action. Trop d'incertitude pèse encore sur la force ou la durabilité de certaines tendances de l'évolution de l'Université pour qu'on s'autorise des conclusions fermes quant au sens de son devenir du premier quart de siècle. Actuellement, il est difficile de comprendre pleinement et avec sérénité ce que l'UQAM aura été depuis 1969.

Pourtant, l'UQAM existe tout de même depuis vingt-cinq ans. Elle a vécu un quart de siècle particulièrement riche en événements. Sa physionomie propre, parmi l'ensemble des universités, s'affirme avec autant de force que son campus au centre-ville de Montréal. Des dizaines de milliers de personnes ont obtenu à l'UQAM l'essentiel de leur formation universitaire et s'en prévalent avec fierté. Des centaines de personnes ont consacré à des titres divers (professeurs, employés, cadres, chargés de cours) dix, quinze, vingt, vingt-cinq ans de leur vie, le plus souvent leurs plus productives années professionnelles, à construire l'UQAM. Certaines y ont trouvé le cadre d'un exceptionnel épanouissement intellectuel, artistique, scientifique ou professionnel; d'autres y ont découvert leurs limites et y

9

vivent, jour après jour, sans entrain, dans une désillusion cruelle, en attendant le jour où elles pourront partir à la retraite. Tous ceux et toutes celles qui ont vécu l'UQAM, d'une façon ou d'une l'autre, à un titre ou à un autre, en sont marqués et gardent à l'esprit leur propre (et le plus souvent secrète) histoire de l'UQAM. Et, par-delà la communauté universitaire, il y a la société québécoise, qui, dans ses différents milieux, véhicule cent images différentes de l'UQAM, des meilleures aux pires, et qui entretient avec l'UQAM, comme avec l'institution universitaire en général, une complexe et ambivalente relation faite à la fois d'admiration, de scepticisme et de compréhension limitée ou même de méconnaissance.

Ainsi donc, des miettes ou des morceaux de l'histoire de l'UQAM existent déjà ici et là, dans les souvenirs de ses artisans, les expériences de ses diplômés et les perceptions vagues ou plus précises des divers milieux sociaux avec lesquels l'établissement entretient des liens de nature variable. Plus le temps passera, plus l'UQAM deviendra un sujet tentant pour les historiens. Un jour viendra où un historien ou une historienne ou une équipe plongera résolument dans le sujet, avec tout le recul nécessaire pour fouiller librement, analyser lucidement et juger valablement. L'histoire de l'UQAM sera fort instructive, non seulement en regard du cheminement souvent laborieux, souvent original, souvent novateur, de l'établissement lui-même, mais également très révélatrice aussi du Québec du dernier tiers du XXe siècle, tant il est vrai, à mes yeux du moins, que l'UQAM a épousé fidèlement certaines caractéristiques très profondes de la société québécoise.

S'il est trop tôt pour écrire l'histoire de l'UQAM, il n'est pas illégitime, actuellement, de chercher à compiler des données diverses pouvant un jour être utiles à celui ou celle qui voudra écrire cette histoire (un vingt-cinquième anniversaire est une bonne occasion pour ce faire ou, à tout le moins, une occasion qui en vaut bien d'autres). S'ils se gardent bien de se laisser ensorceler par les récits des témoins, les historiens ne sont jamais fâchés de les entendre. Par ailleurs, même si les témoins n'ont qu'une vue parcellaire des choses, il ne leur est pas impossible de voir ces choses lucidement; et si la lucidité vient à manquer aux témoins, leur vanité ou l'attitude par trop sélective et partiale de leur mémoire pourront être fort riches d'enseignement pour l'historien attentif.

C'est dans cet esprit que j'ai eu l'envie de rassembler ces «matériaux fragmentaires» pour l'histoire de l'UQAM.

Ayant vécu chacune des vingt-cinq années de l'UQAM sans jamais m'en absenter plus longtemps que le temps des vacances annuelles, ayant eu le privilège de participer à son équipe de direction depuis seize ans, ayant eu aussi (plus prosaïquement) la manie de conserver beaucoup de papiers et de documents divers, j'ai pensé pouvoir faire œuvre utile en rendant disponibles des analyses, des commentaires, des souvenirs, des propos susceptibles de faire connaître certains aspects du devenir de l'UQAM. Comme le titre l'indique, les pages qui suivent proposent des «matériaux» au sens strict du terme : des matières premières nécessaires à la construction d'un ouvrage. Cette volonté de rendre disponibles des matériaux m'a convaincu de reproduire des documents qui ont eu leur utilité ou, surtout, qui disent des idées qui ont pu avoir quelque influence ou quelque présence dans le devenir de l'UQAM. Ce même souci du matériau m'a aussi incité à raconter des choses en toute conscience de mon point de vue éminemment partial et subjectif. Il s'agit, aussi, de matériaux «fragmentaires» : en ce moment, il y a des choses dont je suis capable de parler et d'autres dont je me refuse à traiter. Pourquoi? Parce que certains dossiers ne sont pas encore réglés. Parce que certains événements ou certains développements ne peuvent être traités sereinement ou librement. Parce que d'autres peuvent parler beaucoup mieux que moi de certains aspects de l'UQAM. Parce que je préfère traiter de moments de l'expérience de l'UQAM qui concernent ses rapports avec son environnement et la société québécoise plutôt que de questions essentiellement internes.

Je passe donc délibérément sous silence des pans entiers de ce que j'ai vécu : par exemple, les conflits de travail ou la construction physique du campus. J'y reviendrai peut-être. Sinon, d'autres pourront s'en charger.

Ces matériaux fragmentaires devraient permettre aux gens de l'UQAM, et surtout aux autres, de mieux comprendre certains traits du développement de cette université. L'UQAM a enrichi de façon unique et décisive non seulement la vie universitaire au Québec, mais la vie de beaucoup de Québécois et de Québécoises, sinon celle de la société québécoise elle-même. Et l'aventure de l'UQAM, c'est aussi une partie de l'aventure du Québec des années qui ont suivi la Révolution tranquille.

* * *

Les recteurs, ai-je appris, ont un devoir de réserve. Leurs hautes fonctions les obligent à une grande prudence et à un grand discernement dans leurs propos publics. Ils doivent s'en tenir à des discours qui n'embarrasseront pas leur communauté universitaire, qui ne les exposeront pas à être bruyamment contredits ou contestés par leurs mandants, surtout des discours qui ne révéleront pas leurs incertitudes, leurs inquiétudes, leurs erreurs. Bref, moins ils parlent, moins les recteurs courent de risques.

Je sais tout cela. J'ai tout de même choisi de parler; de temps à autre, cela est nécessaire à l'équilibre de la personnalité et peut même être instructif pour les autres; et surtout, je veux témoigner du devenir d'une université à laquelle je suis passionnément attaché. Évidemment, mes propos n'engagent que moi.

CLAUDE CORBO

N.B. : pour la préparation de cet ouvrage, j'ai bénéficié du concours très précieux de quatre collaboratrices dévouées et attentives, madame Anna S. Coïa, secrétaire-coordonnatrice, madame Suzanne Pelletier, madame Maud Harvey-Tremblay et madame Germaine Dumontier-Boulerice, secrétaires au Rectorat. Qu'elles veuillent bien accepter ici l'expression de ma très profonde reconnaissance. Par ailleurs, mon collègue Marcel Belleau, vice-recteur et conseiller du recteur et fin connaisseur du financement des universités, a eu l'amabilité de relire attentivement le chapitre 3; je le remercie de ses sages commentaires.

LINÉAMENTS D'UNE HISTOIRE INSTITUTIONNELLE

S'il est une ressource dont l'UQAM dispose en abondance, en surabondance même, ce sont des archives. Créé presque au moment où naissait l'Université elle-même, son Service des archives a méticuleusement conservé et mis en ordre à peu près tous les documents produits par l'établissement. Aussi, les historiens qui se consacreront à l'UQAM trouveront un matériel plus que suffisant pour faire leur travail. Pour ma part, au fil des ans et à travers les différents postes que j'ai occupés, j'ai accumulé quantité de documents, dont certains se retrouvent aux archives de l'Université et beaucoup d'autres, pas.

Mais à quoi sert-il d'avoir accès à tant de documents si font défaut les questions qui les feront parler et véritablement éclairer le passé?

Commentaire bien prétentieux, me diront certains. Les historiens seront parfaitement capables de concevoir et d'ordonner méthodiquement les questions qui leur permettront d'exploiter efficacement les trésors que conserve précieusement le Service des archives. Je le reconnais volontiers. Mais, sera-t-il inutile que, faisant confiance à mon expérience vécue et à ma mémoire, plus qu'aux masses de documents, j'essaie de dire ce que je retiens de ce qu'a vécu l'UQAM au cours de son premier quart de siècle? Sera-t-il inutile que j'évoque, du point de vue partiel et partial qui est le mien, certains linéaments du devenir de l'UQAM? Identifier des linéaments d'une histoire à écrire : voilà le sens des pages qui suivent. On jugera bien de leur utilité.

Naissance de l'UQAM

Souvent, au cours de mon cheminement à l'UQAM, j'ai repensé aux conditions et au contexte de sa naissance. Chaque fois, je me suis dit qu'il aurait été bien difficile d'imaginer des conditions de naissance plus adverses et d'assembler un bagage génétique plus bigarré. Il se peut que l'UQAM (et le réseau de l'Université du Québec) soit un des fruits les plus significatifs de la Révolution tranquille québécoise des années 60. Si tel est le cas, il s'agit d'un fruit tardif qui a connu, pendant sa croissance initiale, des périodes climatiques très dangereuses pour une jeune pousse.

Partout en Occident, les années 60 ont été éprouvantes pour cette millénaire et respectable institution qu'est l'université. Aux États-Unis, le *Free Speech Movement* a commencé à ébranler au milieu de ces années une université qui se pensait bien libérale et éclairée. La sale guerre du Vietnam a révélé, à l'horreur de nombre de jeunes gens, les liens entre l'*establishment* universitaire, chercheurs y compris, les industries de matériel militaire et le Pentagone. Cette guerre a aussi encouragé un questionnement de l'institution universitaire de plus en plus perçue comme bras culturel et idéologique des pouvoirs en place, comme traître à l'idéal ancien de poursuite du savoir et de pratique de la critique de l'ordre établi. La fusillade de mai 1970 à la Kent State University a signifié que l'affrontement entre étudiants et *establishment* pouvait être mortel. Ailleurs, certains ont pensé que l'institution universitaire pourrait devenir presque corruptrice de la jeunesse en raison de ses alliances malsaines avec les pouvoirs de ce monde. En France, la rébellion étudiante de mai 1968 a fait vaciller la Ve République sur ses bases et sonné le glas du règne du général de Gaulle. Les étudiants ont été le fer de lance du vaste mouvement de contestation sociale qui a abouti à une réforme de l'université française. Seuls le conservatisme des dirigeants syndicaux et les ruses du pouvoir ont réussi à freiner puis à arrêter le mouvement issu de l'université. Tant dans le cas américain que dans le cas français, le mouvement étudiant véhiculait, plus que des revendications précises, une vision utopique: «Prends tes rêves pour des réalités!», «Cours vite, camarade, le vieux monde est derrière toi!» De tels slogans, repris avec ou sans variantes, même dans la paisible vallée du Saint-Laurent, illustrent combien l'université traditionnelle a pu être remise en cause. Et ici même, au Québec, la fin des années 60 a été un moment d'intense ébullition dans le milieu universitaire : reprise locale de la problématique étudiante française et américaine, transformation radicale des organisations étudiantes devenues particulièrement affairistes, «République des Arts» à l'École des Beaux-Arts de Montréal, occupation en octobre 1968 des cégeps à peine nés, réclamation d'un «McGill français», etc.

L'UQAM est donc née dans un environnement social plutôt agité. Il faut dire que sa naissance était attendue avec une impatience certaine. Le *baby-boom* démographique de l'après-guerre menaçait d'inonder les universités existantes sous la venue de hordes étudiantes désireuses de s'instruire (pour éventuellement s'enrichir, selon un slogan utilisé un peu légèrement par le ministère de l'Éducation de l'époque). La réforme de l'éducation québécoise par le gouvernement de Jean Lesage avait successivement modifié le primaire, le secondaire et, par les cégeps, les premières années du post-secondaire; il était normal que cette réforme atteigne aussi l'université. La sous-scolarisation des Québécois francophones, particulièrement des femmes, et la carence aiguë des services universitaires dans les régions québécoises militaient aussi fortement en faveur de l'accroissement du nombre d'établissements universitaires. Après avoir complété Hydro-Québec, après avoir créé SIDBEC, la Maison du Québec à Paris, Radio-Québec, etc., l'État du Québec ne pouvait guère finir les années 60 sans créer aussi l'Université du Québec. Il faut rappeler, aussi, que l'idée d'une deuxième université de langue française à Montréal (où il y en avait déjà deux anglophones) flottait dans l'air depuis quelques années. Les pères jésuites avaient proposé que l'«Université Sainte-Marie» soit cette deuxième université francophone de Montréal. Pauvres jésuites! Leur aimable proposition fut accueillie par un très bruyant refus : «L'Université dit non aux Jésuites!», clama un groupe d'universitaires établis (qui ne devait pas non plus témoigner une grande sollicitude pour la naissante UQAM, même si celle-ci n'avait certainement pas cherché la bénédiction des Jésuites).

La création de l'UQAM ne fut certainement pas un événement historique exceptionnel à l'échelle nationale ou internationale : en Grande-Bretagne, aux États-Unis, au Canada, nombre de nouvelles universités sont apparues après la Deuxième Guerre mondiale pour faire face à la croissance démographique, aux besoins nouveaux de formation dans une économie de plus en plus sophistiquée et à la volonté de démocratiser l'enseignement supérieur. Ce n'est pas faire insulte à l'UQAM ou au réseau de l'Université du Québec que de souligner que leur création fut un développement assez prévisible et ordinaire dans le cadre plus général de l'évolution des sociétés occidentales après 1945. Au Canada même, plusieurs universités (Carleton, York, Simon Fraser, etc.) sont nées des mêmes causes et avec des objectifs similaires à ceux qui ont inspiré la mise en place de l'UQAM.

Une grande précipitation

Ce qui fut spécifique à l'UQAM et un peu moins banal, ce furent les circonstances concrètes de sa naissance : une grande précipitation, un bagage génétique bigarré et, en particulier, des attentes particulièrement élevées et exigeantes. Une grande précipitation? La loi créant l'Université du Québec n'a été adoptée par l'Assemblée nationale que le 18 décembre 1968. Les premiers administrateurs de l'UQAM ont été nommés presque au printemps suivant et les lettres patentes la constituant juridiquement ont été approuvées aussi tard que le 9 avril 1969. Professeurs et autres personnels ont été engagés dans les semaines qui ont suivi – ma propre lettre d'engagement, sous la signature de Léo A. Dorais, porte la date du 16 juin 1969 – et les étudiants sont arrivés en courant en septembre 1969. Une telle précipitation devait immanquablement conduire à d'innombrables variations sur le thème de l'improvisation. Je garde, des premières années de l'UQAM, le sentiment que les moindres opérations de la vie universitaire – l'inscription des étudiants, l'organisation des cours, l'émission des relevés de notes, etc. – prenaient figure d'héroïques épopées administratives épuisant tout le monde, dans des locaux de fortune et en l'absence à peu près totale de toute tradition. Et tout cela se déroulait dans un climat de tension sociale permanente – crise de la loi 63, grève des policiers de Montréal, agitation des groupuscules politiques, grèves symboles, crise d'Octobre 1970, affrontement du Front commun syndical avec le gouvernement en 1972, etc. Comment ne pas s'étonner que le monde universitaire établi nous ait pendant longtemps considéré avec un mélange d'incrédulité et de dégoût? Comment ai-je pu m'étonner, pendant des années, que des gens de l'Université de Montréal m'eussent posé, d'une manière qui déguisait mal l'ironie (sinon le mépris), la cruelle question «Et comment ça va à l'UQAM?», et ce, même lorsque la paix totale régnait à l'UQAM? Il faudra bien qu'un jour les historiens reconstituent minutieusement la naissance de l'UQAM et tâchent d'apprécier les conséquences qui entraînèrent le devenir de l'établissement. Une chose est certaine : si la précipitation et l'improvisation furent le péché originel transmis à l'UQAM, celle-ci s'est inlassablement attelée à l'expier en s'engageant avec une patience inépuisable dans des activités, aussi méthodiques et méticuleuses que récurrentes, de planification institutionnelle (en 25 ans, l'UQAM s'est dotée successivement de sept plans de développement). Pour ma part, j'ai fait mon modeste effort personnel pour persuader mes collègues recteurs québécois de cesser de voir l'UQAM à travers le prisme déformant de ses origines, en leur disant : «Souvenez-vous donc, messieurs, que chacun de vos propres établissements a connu lui aussi des débuts bien modestes.» Je ne suis pas entièrement convaincu que le propos portait tous ses fruits; mais, dorénavant, ce propos aura une forme écrite...

Aux origines de l'UQAM, la précipitation s'est accompagnée d'un bagage génétique particulièrement bigarré. Comment décrire autrement l'union forcée de traditions institutionnelles, pédagogiques et culturelles aussi différentes que celles du Collège Sainte-Marie (revanche ultime des Jésuites contre ceux qui leur avaient dit non!), de trois Écoles normales et de l'École des Beaux-Arts? Il est vrai que les professeurs du Collège Sainte-Marie aspiraient fiévreusement à la dignité universitaire. Était-ce le cas de ceux des Écoles normales? Ce n'est pas évident. Mais la Loi de l'Université du Québec assignait à la nouvelle institution une mission particulière de formation des enseignants. Quant aux professeurs de l'École des Beaux-Arts de Montréal, sortis exsangues et hagards du calvaire que fut la «République des Arts», sans doute aspiraient-ils avant tout à la paix, fût-ce la *pax universitatis* avec son langage et ses manières étranges et souvent peu sensibles aux particularités de la création artistique. Avec eux, ces groupes de professeurs apportaient en outre des habitudes et des références syndicales fort disparates. La pesante discipline syndicale de la CSN a aussi dû composer avec le bagage génétique bigarré dont l'UQAM hérita dès sa conception. Il a fallu bien des années, des épreuves et l'arrivée de nombreux professeurs venus d'ailleurs pour que les gens issus des établissements préalables parviennent à oublier suffisamment leurs origines pour développer un sentiment d'appartenance exclusif à l'UQAM. Mais combien de conflits des premières années furent la répétition de querelles anciennes, antérieures à la naissance de l'UQAM, ou l'expression, sous une forme déguisée, de traditions pédagogiques disparates perdurant par-delà la disparition de leur cadre institutionnel d'origine? Je réprimerai la tentation de citer l'un ou l'autre cas récent pour illustrer combien le bagage génétique peut être tenace en milieu universitaire.

Un moment privilégié

Les origines de l'UQAM furent un moment privilégié pour l'expression des attentes considérables dont on l'entoura dès le berceau. Attentes aussi très souvent contradictoires. On connaît le discours officiel qui a présidé à la naissance de l'UQAM : démocratisation de l'enseignement universitaire, accessibilité des études universitaires aux femmes et aux adultes, adaptation aux exigences du marché du travail et d'une société en pleine transformation socioculturelle, promotion du développement de groupes ayant traditionnellement peu accès aux ressources universitaires, gestion participative, impliquant notamment les étudiants et les «socio-économiques» (ces gens de l'extérieur venant participer à la gouverne de l'établissement), etc., en un mot une nouvelle université qui est aussi une université nouvelle. Ces généreuses idées prirent vite figure de mythes fondateurs – je l'écris sans ironie – aux yeux des «mères et pères fondateurs» de l'établissement – je l'écris encore sans ironie puisque je suis du nombre – et d'affirmation précoce mais résolue de l'originalité incontestable de l'UQAM dans la famille universitaire québécoise. Nulle communauté humaine ne peut se former ni, surtout, traverser les épreuves sans éclater si elle ne peut se comprendre elle-même et maintenir sa cohésion à travers des mythes fondateurs. Les consultants en gestion le répètent à satiété, quand ils vantent la nécessité d'une «culture corporative». Pourquoi s'étonnerait-on de ce que les gens de l'UQAM, pour qui ni les épreuves ni l'adversité n'ont manqué, tiennent presque férocement à leurs mythes fondateurs? Il est vrai que les mythes fondateurs souffrent d'un mal inévitablement accentué par le passage du temps et la transformation de l'environnement existant aux origines : ils deviennent une langue de bois qui empêche de penser lucidement et de concevoir les changements nécessaires. Mais je laisse aux historiens la tâche d'apprécier quand et comment les mythes fondateurs de l'UQAM se sont (ou se seront) dégradés en langue de bois. En m'en tenant, pour le moment, aux origines de l'UQAM, je signale que dans cette communauté humaine, comme dans toute communauté humaine, les mythes fondateurs ont aussi pour caractéristique de se prêter à des interprétations diverses. C'est ainsi que, dès les origines de l'établissement, les mythes fondateurs ont été accommodés, par divers groupes, à des visions fort différentes du devenir possible de l'UQAM. Cette dernière a donc été le champ d'affrontement de visions le plus souvent incompatibles de l'université et de son rôle social. L'UQAM a abrité dans ses rangs des réformistes voulant améliorer l'institution universitaire par rapport à celle qu'ils avaient connue au Québec ou ailleurs pour en faire un instrument de développement collectif, comme Hydro-Québec ou autres institutions nées de la Révolution tranquille. L'UQAM a aussi abrité des intellectuels de tendances diverses, inspirés d'une version ou d'une autre d'un marxisme prétendant à une «révolution» totale de la société, qui voyaient en l'UQAM l'un des instruments privilégiés de la lutte des classes et de la création d'une éventuelle République populaire du Québec. Le prestige et l'influence du marxisme ont probablement été plus grands et plus forts à l'UQAM que dans toute autre université québécoise. L'UQAM a aussi compté un certain nombre d'adeptes de la contre-culture de la fin des années 60, comme elle a accueilli un nombre significatif d'universitaires classiques attachés à un modèle universitaire plus conservateur. Ces visions multiples, cette abondance idéologique ont fait de l'UQAM un bouillon de culture depuis ses origines, un lieu de débats fondamentaux, quoique parfois byzantins, sur le devenir du Québec comme de l'institution universitaire. Cela a aussi nourri nombre de conflits et donné une coloration bien particulière à ce qui constitue la tradition universitaire spécifique de l'UQAM. Mais, dès ses origines, malgré tout ce qui devait survenir, l'UQAM était pleine de vie, inspirée d'un dynamisme et d'une créativité inépuisables.

Il convient de rappeler aussi que l'UQAM s'est singularisée, dans la tradition universitaire québécoise, par son caractère profondément laïque. Comme les autres constituantes du réseau de l'Université du Québec, l'UQAM, issue d'une loi de l'Assemblée nationale du Québec, fut établie au départ comme un établissement public non confessionnel. Cependant, il me semble qu'elle a assumé son caractère laïque avec plus de détermination que d'autres constituantes du réseau, et certainement plus vivement que les autres universités québécoises. Celles-ci sont nées de l'Église catholique ou de ses congrégations religieuses ou de groupes adhérant à l'une ou l'autre confession protestante. Même si les universités québécoises se sont progressivement émancipées de la tutelle des Églises et laïcisées sociologiquement, elles conservent des traits disparates de leurs origines religieuses : ici une faculté de théologie, là une chapelle ou un service de pastorale ou une aumônerie et encore, dans certaines cérémonies importantes de la vie institutionnelle, une prière. À l'UQAM, rien de tel : une institution et une communauté qui furent et demeurèrent des origines à ce jour profondément non confessionnelles et laïques. Non religieuse, l'UQAM fut-elle antireligieuse? Certains, sachant l'importance prise par la pensée marxiste dans l'enseignement et la recherche de plusieurs secteurs disciplinaires de l'UQAM, pourront penser que oui. Je dirai plutôt, pour ma part, que l'UQAM a été et demeure en quelque sorte postreligieuse dans la mesure où elle n'assuma pas cette dimension de l'héritage culturel québécois. Contrairement à d'autres institutions québécoises, il ne fut jamais nécessaire de déconfessionnaliser et de laïciser l'UQAM : elle est née et a grandi non confessionnelle et laïque et ne s'est jamais posé ces questions.

Certains autres accepteront volontiers ces propos mais répliqueront que l'UQAM a réservé toute la ferveur religieuse dont sont capables les collectivités humaines et l'a manifestée par l'ardeur avec laquelle elle a embrassé le marxisme. Il est incontestable que la pensée marxiste a exercé une emprise considérable sur nombre de disciplines professées à l'UQAM. À cet égard, l'UQAM des années 70 et 80 s'est montrée plus proche de la tradition universitaire européenne, française en particulier, que de l'américaine. Nombre de professeurs de sciences sociales et d'humanités de l'UQAM ont été formés au doctorat en France pendant les années 60 et 70 et ont eu l'occasion de découvrir l'ampleur et la profondeur de la pensée marxiste. Ces professeurs ont tiré inspiration du marxisme, sous une variante ou une autre, pour leur enseignement et leur recherche et, dans certains cas, pour leur engagement social, syndical ou politique. Les historiens pourront un jour examiner l'influence exacte du marxisme sur le contenu des cours, l'organisation des programmes d'études, les problématiques de recherche, le discours social des gens de l'UQAM. Pour ma part, je pense que cette influence fut réelle; cependant, il est vrai que le marxisme est une méthodologie d'analyse de la réalité sociale qui projette un éclairage qui est loin d'être inutile sur certains phénomènes que d'autres courants de pensée occultent un peu rapidement (et à l'avantage de pouvoirs établis dont la légitimité ne va pas de soi). Mais, il me paraît tout aussi clair que la présence forte du marxisme à l'UQAM n'a pas accéléré l'avènement de la République populaire du Québec et qu'elle a même immunisé nombre de plus jeunes intellectuels québécois contre ses charmes : trop, c'est trop! L'effondrement de l'URSS, l'effondrement d'un certain idéal révolutionnaire viennent désormais questionner en profondeur certains universitaires de l'UQAM qui contemplent, quinquagénaires, leurs idéaux de jeunesse menaçant de tomber dans la poubelle de l'Histoire. Mais si l'Université n'assume pas un rôle critique, qui le fera?

Si aujourd'hui, presque cinquantenaire et après avoir vécu la moitié de ma vie à l'UQAM, je me dis qu'il fallait être jeune, en bonne santé et foncièrement optimiste pour s'engager sans trop d'angoisse et dès les origines dans l'aventure de l'UQAM, si aujourd'hui j'en conclus que l'UQAM a surmonté avec succès les conditions adverses de sa naissance et qu'elle a rendu d'immenses services, je sais cependant que de meilleures conditions de naissance auraient accéléré la maturation de l'institution et lui auraient épargné des errances inutiles. Je sais aussi que les origines difficiles de l'UQAM et ce qui a suivi ont détruit certaines personnes ou certaines carrières. Tout cela était sans doute inévitable; mais l'UQAM a vécu très dangereusement et cela a son prix, même si dans l'adversité nous avons eu une occasion de grandir.

LES ANNÉES 70-80

Une longue descente aux enfers

Lorsque l'on détache le regard des origines de l'UQAM pour le porter sur les années qui ont suivi, jusqu'aux années 80, lorsque, surtout, ceux qui l'ont vécue repensent à la décennie des années 70, une image s'impose, à tout le moins à mes yeux : celle d'une longue descente aux enfers. Je soupçonne que cette expression pourra choquer. Elle pourra choquer ceux et celles qui tentaient de leur mieux d'animer et de gérer l'UQAM. Elle pourra choquer ceux et celles qui ont mené de dures batailles syndicales pour des enjeux qui n'étaient pas tous étroitement corporatistes et dont certains étaient nobles. Elle pourra choquer des diplômés qui ont fréquenté l'UQAM pendant ces années. Elle pourra choquer nombre de collègues qui, discrètement et avec un grand dévouement, ont poursuivi sans faillir leurs tâches d'enseignement et de recherche ou de gestion ou de service. Malgré le déplaisir (sinon l'indignation ou la colère) qu'elle pourra causer, je maintiens l'expression : pour l'essentiel, les années 70 ont été pour l'UQAM une longue descente aux enfers. Je me souviens de ces années pour les avoir vécues l'une après l'autre, à titre de professeur d'abord, puis à titre de cadre et, enfin, à compter de janvier 1978, à titre de membre de la direction de l'UQAM. Rétrospectivement, cette expression me paraît bien caractériser ce qu'a vécu l'UQAM. Mais rétrospectivement aussi, le plus important est que l'UQAM soit remontée des enfers et qu'elle ait aussi connu l'extraordinaire développement des années 80 – à la confusion de ceux qui ont désespéré d'elle, aussi bien ces gens de pouvoir qui ont pensé fermer l'UQAM que ceux de l'UQAM qui cessèrent un temps d'afficher publiquement leur rattachement institutionnel en se décrivant comme venant d'une incorporelle et vague «Université du Québec».

Les années 70 ont été ponctuées de conflits de travail de plus en plus longs et douloureux qui ont ravagé l'UQAM sur la place publique. Grève du Syndicat des employés (SEUQAM) au printemps 1971. Grève du Syndicat des professeurs (SPUQ), une autre quinzaine de jours ouvrables, à l'automne 1971. Grève des étudiants à propos de la perception des droits de scolarité, cinq semaines pendant l'hiver 1973. Grève du SEUQAM, cinq semaines pendant l'hiver 1976. Grève du SPUQ, quatre mois, d'octobre 1976 à février 1977. Grève du Syndicat des chargés de cours au printemps 1979, deux mois. De plus, d'innombrables conflits ont opposé des groupes de professeurs dans leurs départements, des modules à des départements, des membres de la direction entre eux, etc. Si une telle succession de conflits dans une même institution ne peut être décrite comme une descente aux enfers, quelle expression faut-il utiliser pour la décrire justement? On verra, ailleurs dans ces pages, que les années 70 ne furent pas, pour l'UQAM, une décennie totalement perdue; au contraire, elle a permis des initiatives prometteuses, ne serait-ce que la construction des deux premiers édifices du campus. Cependant, comment oublierai-je cette décennie de déchirants conflits? Comment ne les verrais-je pas sous la forme d'une descente aux enfers? Il vaut mieux que je dise les choses comme je les vois.

En évoquant cette descente aux enfers vécue par l'UQAM, je refuse de m'engager dans la distribution des blâmes et des condamnations, ayant été moi-même partie prenante à certains des conflits qui ont ponctué les années 70, parfois dans un rôle marginal ou insignifiant, parfois au contraire dans un rôle de grande responsabilité, ou à tout le moins, de grande implication. Mon témoignage serait trop partial et trop partiel. Les historiens pourront mieux que moi évaluer l'ensemble du dossier. En évoquant, comme je cherche à le faire dans ces pages, les linéaments d'une histoire de l'UQAM qu'ils pourront écrire, je cherche plutôt à identifier des composantes significatives de l'histoire de cette université.

Forces en présence

À des degrés divers, les conflits que l'UQAM a vécus durant les années 70 tenaient à la fois aux conditions de sa naissance et aux forces en présence, comme aux tendances à l'œuvre dans la société québécoise pendant la même décennie. Comme la société québécoise, l'UQAM s'est en quelque sorte installée dans une dynamique d'affrontement et de conflit ou, si l'on préfère, elle s'est trouvée prisonnière d'une telle dynamique. Elle n'a réussi à s'en extraire qu'en allant au bout des conflits et, serais-je tenté de dire, presque au bout des protagonistes.

L'UQAM est certainement l'université québécoise où le syndicalisme a développé les assises les plus solides et les conventions collectives les plus raffinées, particulièrement dans le cas des personnels enseignants. Ce qui, dans des universités plus anciennes, était régi et garanti par la tradition ou les coutumes institutionnelles, a été consacré à l'UQAM par les textes juridiques précis, détaillés et contraignants des conventions collectives. À l'UQAM, le syndicalisme québécois a ainsi conquis de nouveaux territoires : ce fut un terrain propice à l'éclosion du syndicalisme à un degré de luxuriance inégalé et, quant à la syndicalisation, l'UQAM a développé à un niveau très poussé des tendances parfois latentes dans le tissu social québécois. Cela ne devrait pas étonner outre mesure. L'UQAM, me semble-t-il, a été tout au long de son histoire une espèce de baromètre ou, mieux encore, de séismographe de la société québécoise, explicitant et mettant en action de façon parfois hâtive des tendances en développement dans la société québécoise. Des exemples? L'engouement des étudiants pour les sciences administratives dès les débuts des années 80, au moment où la société québécoise commençait à se découvrir le culte des affaires. Autre exemple: la place prise par les femmes dans la vie de l'UQAM, le corps étudiant et enseignant, l'équipe de direction même, et dans ce processus très révélateur qu'est la féminisation de la langue, des titres, des formulaires administratifs, des règlements et politiques – processus où l'UQAM a vite choisi d'être à l'avant-garde. Dans ce contexte, il n'est pas étonnant que le syndicalisme ait trouvé en l'UQAM un terrain particulièrement fertile et qu'il se soit remarquablement développé.

Certains voudront lire, dans les lignes qui précèdent, l'imputation d'un blâme certain aux syndicats pour la descente aux enfers qu'a vécue l'UQAM au cours des années 70. Je ne peux les en empêcher. Mais je répète que tout l'effort entrepris dans ces pages vise à mettre en évidence des linéaments de l'évolution de l'UQAM. Seul le passage du temps permettra de mieux analyser les phénomènes et, si besoin est, d'apprécier la responsabilité des forces en présence dans le devenir de l'UQAM. Dans ce contexte, je peux aussi évoquer les équipes de direction de l'UQAM des années 70. Je ne les ai pas connues intimement : je fus professeur au cours des premières années et il me fallut devenir registraire, en 1974, pour m'approcher un peu de ceux qui dirigeaient (ou tentaient de diriger) l'Université. Aussi, n'ai-je ni les raisons ni l'envie de les juger: ayant exercé la fonction de recteur pendant quelques années et apprécié les innombrables contraintes qui pèsent sur elle, je suis plutôt enclin à l'indulgence sinon à la mansuétude. Cela dit, ce n'est pas faire injure aux premiers dirigeants de l'UQAM de rappeler ce qui suit. D'une part, ils avaient acquis l'essentiel de leur expérience professionnelle à l'extérieur de l'UQAM, dans des environnements institutionnels différents; ils étaient des réformistes de bonne volonté, engagés avec optimisme et courage (oui, courage : il en fallait beaucoup, à l'époque) dans l'aventure de l'UQAM et désireux d'édifier rapidement une université nouvelle. D'autre part, ces premiers dirigeants n'avaient pas de racines véritables dans la communauté de l'UQAM ni vraiment d'intimité avec les membres influents de cette dernière. Ils étaient loin de la base, pour reprendre le jargon consacré; de plus, ils étaient suivis de très près par la direction du réseau de l'Université du Québec, qui avait ses idées sur le devenir des établissements du réseau, dont l'UQAM, et qui était encore plus éloignée de la base.

Une nouvelle et fragile université, un climat social tendu au Québec, ponctué de crises profondes (Octobre 1970), un syndicalisme militant, une absence de fortes traditions universitaires, des attentes quasi démesurées à l'endroit de l'établissement – se souvient-on du grand *teach-in* diffusé sur les ondes de Radio-Canada, un magnifique samedi après-midi de mai 1969, quelques semaines avant la première rentrée de l'UQAM, sur le thème enchanteur et dangereux à la fois de l'«Université utopique»? – des équipes de direction peu enracinées dans la communauté universitaire, une volonté d'accélérer le développement institutionnel, etc. : avec tous ces ingrédients en elle et autour d'elle, comment l'UQAM aurait-elle pu échapper à des débuts chaotiques? comment aurait-elle pu rêver à la sereine paix des vieilles universités chargées d'années, de traditions, de sagesse et de richesse?

La grève du corps professoral (1976-1977)

L'UQAM des années 70 s'est donc engagée dans une vertigineuse descente aux enfers, d'un conflit de travail à l'autre, comme si cela ne devait jamais finir. La grève du corps professoral de 1976-1977 (au moment où celui de l'Université Laval vivait la même expérience et alors que le Parti québécois prenait le pouvoir), dure, amère, cruelle, interminable, a ébranlé l'UQAM jusque dans ses fondements. Pourtant, d'une certaine façon, elle a mis en place les germes d'un virage. L'Université ayant survécu à cette épreuve, car la grève prit fin et tout le monde reprit le travail, il fallait bien recommencer la reconstruction de l'UQAM : cours à donner, recherches à poursuivre, la vie quotidienne de l'institution universitaire réaffirmant ses droits, etc. Mais il fallait purifier l'atmosphère et trouver une victime propitiatoire: l'une après l'autre, les assemblées départementales demandèrent la démission du recteur; elles l'obtinrent à la fin de mai 1977. Avec ce douloureux conflit de travail opposant les professeurs et la direction, l'UQAM pouvait penser avoir atteint le fond de la descente aux enfers. Mais non : une autre épreuve l'attendait. À leur tour, en mars 1979, les chargés de cours se prévalurent de leur droit de grève; celle-ci devait durer deux mois et leur permettre d'explorer toute la panoplie des moyens offerts par le Code du travail : libre négociation entre les parties, conciliation, médiation, conseil d'arbitrage, décision par ce dernier d'imposer une première convention collective (ce qui mit fin, *ipso facto,* à la grève), élaboration de ladite première convention collective par le conseil d'arbitrage. J'eus le privilège de vivre au premier rang ce long conflit avec les chargés de cours puisque, à titre de doyen de la Gestion des ressources et responsable des personnels enseignants, il m'incombait de représenter l'Université à la table de négociations. Cette expérience m'a beaucoup instruit et m'a rendu à la fois plus prudent et plus sceptique en matière de relations de travail : la grève est une boîte de Pandore dont on ne sait jamais tout ce qui en sortira (et, comme aimait à le dire Lénine lui-même, «la guerre est la locomotive de la Révolution»).

La grève des chargés de cours (1979)

Tel fut précisément le cas avec la grève des chargés de cours. Cette énième grève (en fait, la cinquième, depuis 1971, si on exclut le débrayage étudiant de l'hiver 1973) aurait pu porter un coup fatal à l'UQAM. Comme celles de 1976 et 1977, elle fut dure, amère, cruelle, interminable. Plus encore, elle fut profondément troublante et choquante pour les gens de l'UQAM : voici que leur paix chèrement acquise était dévastée par un groupe tenu en piètre estime, ces chargés de cours que le SPUQ n'avait pas voulu inclure dans ses rangs. Bien sûr, les syndicats firent profession de solidarité syndicale. Mais il était bien difficile d'accepter que des pigistes, des enseignants à temps partiel à qui on n'offrait pas la possibilité de devenir professeurs, des gens faisant carrière ailleurs et donnant des cours par plaisir, que ces gens à temps partiel puissent perturber totalement le fonctionnement de l'UQAM en y réclamant brutalement leur place au soleil. Pour la nouvelle équipe de direction mise en place depuis l'automne 1977, l'affrontement avec les chargés de cours fut désespérant : cette Université allait-elle finir par sortir de l'enfer des affrontements à répétition? Pour beaucoup de membres du corps professoral, la grève du SCCUQ fut à la fois une thérapie de choc et une leçon percutante : il fallait mettre un terme à ces affrontements et donner enfin une chance à l'UQAM.

Le choc porta vite fruit. L'assemblée annuelle du SPUQ, qui se tient habituellement au printemps, fut cette année-là convoquée en pleine grève des chargés de cours. En temps normal, cette assemblée était l'occasion de remplacer sans éclat et par acclamation un comité exécutif par un autre de même tendance idéologique, dans une passation des pouvoirs fluide et harmonieuse. En 1979, au contraire, elle fut le théâtre d'élections âprement disputées dont sortit un exécutif mixte, majoritairement composé de nouveaux venus et, minoritairement, de représentants de l'ancienne élite syndicale. Je n'ose dire que la «droite» prit le pouvoir au SPUQ. Cependant, le changement de direction syndicale était absolument considérable et la nouvelle direction, décidée à ce que l'UQAM sorte de la dynamique de l'affrontement.

S'il se trouve un moment à peu près précis qui marque la fin de la descente aux enfers de l'UQAM, c'est donc probablement le printemps de 1979 et les séquelles du conflit de travail avec le SCCUQ : il n'était plus possible de descendre plus bas et l'UQAM ne pouvait que remonter. Certes, des facteurs de l'environnement social et politique québécois ont pu contribuer à modifier le climat général avec certaines répercussions à l'UQAM même. Le vieillissement progressif et l'élargissement du corps professoral, par l'embauche de personnes nouvelles n'ayant pas connu les premières années, la modification du corps étudiant par le début de la croissance des inscriptions en sciences de la gestion, une fatigue certaine même chez les plus militants et le début d'un désenchantement à l'égard de certaines thèses marxistes (par exemple, la perplexité et les préoccupations provoquées par la constatation qu'un groupement politique avait réussi à noyauter le quasi-département d'Animation et recherche culturelles) et, à une autre échelle, la perspective du référendum de 1980 sur la souveraineté-association, autant d'éléments qui ont pu jouer dans l'amorce d'une remontée de l'UQAM. Cependant, le conflit avec les chargés de cours a été un moment décisif du devenir institutionnel. Quelques mois plus tard, comme pour symboliser avec éclat ce renouveau, plusieurs départements et services majeurs de l'UQAM emménageaient dans les deux premiers édifices du nouveau campus, réinstallant la vie universitaire dans ce quartier latin longtemps occupé par l'Université Laval à Montréal et sa fille, l'Université de Montréal. Il avait fallu dix ans à l'UQAM pour accéder enfin à un vrai début de campus universitaire; il lui avait fallu dix ans pour s'arracher à ses origines précipitées et quasi improvisées; il lui avait fallu dix ans de descente aux enfers pour commencer enfin d'être une université avec laquelle les autres auraient à composer et dont la société québécoise pourrait être fière. Les choses auraient-elles pu se dérouler autrement? Je ne sais pas; je laisse à d'autres le soin de répondre. Je sais cependant qu'il faudra chercher à mieux comprendre ce qui s'est passé durant cette dure première décennie. Peut-être les linéaments que j'ai tenté de reconstituer sauront-ils servir de fils conducteurs?

Des effets structurants

Les conflits multiples dont elle fut le théâtre au cours de sa première décennie ont eu sur l'UQAM des effets structurants qui perdurent de nos jours et qui façonnent les actions et les attitudes des groupes de la communauté.

En premier lieu, les conventions collectives, forgées pour l'essentiel dans les affrontements brutaux des années 70 et peaufinées méthodiquement dans les négociations feutrées des années 80, ont atteint un niveau de détail et de précision probablement inégalé ailleurs dans le monde universitaire québécois. Ces conventions régissent des objets qui sont en d'autres lieux affaire de traditions ou de discrétion administrative. Tout cela n'est pas uniformément mauvais et il est des domaines où les acquis des conventions collectives de l'UQAM peuvent profitablement inspirer d'autres universités. Mais il se trouve aussi des dispositions dans ces conventions collectives qui enserrent l'action dans un périmètre excessivement étroit et, plus souvent qu'autrement encore, la lettre étouffe l'esprit de la loi. L'UQAM a pu apprécier en matière de conventions collectives comme en matière de littérature que les bonnes intentions ne produisent pas toujours de bons résultats.

En deuxième lieu, la dureté des conflits des années 70 a façonné, dans la conscience collective de l'UQAM, des réflexes, sinon de méfiance, du moins de réserve et de très grande prudence vis-à-vis du changement. Les traumatismes provoqués par les affrontements de travail ont abouti à une valorisation de la paix sociale qui tendait parfois à l'immobilisme. Personne ne veut vraiment revivre ces affrontements. Ceux qui ont vécu la guerre se méfient des croisades qui pouvaient à nouveau déclencher les hostilités. Les volontés de changement se heurtent au souvenir d'autres tentatives dont les effets ont été désastreux. Comme membre de la direction de l'UQAM, j'ai régulièrement éprouvé, comme d'autres, non pas le culte de la paix sociale à tout prix, mais l'importance de la prudence et du réalisme. L'obsession de la paix sociale a-t-elle paralysé l'UQAM au point de la dissuader trop efficacement d'oser entreprendre des changements nécessaires? Ce n'est pas évident. De fait, à maints égards, notamment en matière d'enseignement de deuxième et de troisième cycles et de recherche, les années 80 ont été l'occasion de modifications importantes dans les politiques et les pratiques de l'UQAM. En revanche, les multiples tentatives pour modifier les structures d'organisation de l'UQAM et les structures de partage de pouvoir au sein de l'établissement ont successivement avorté. Ces tentatives de réorganisation administrative ont vite révélé des embâcles dont le dynamitage aurait provoqué des affrontements dont personne ne voulait prendre l'initiative. L'UQAM d'aujourd'hui s'accommode de structures à plusieurs égards archaïques et insuffisantes. Il faut croire que le souvenir de la descente aux enfers des années 70, enfoui profondément dans la conscience collective mais toujours vivace, nourrit une patience et une prudence que ne surmontent pas facilement les volontés réformatrices. Pourtant, le monde continue à changer et un jour ou l'autre l'UQAM devra changer aussi.

En troisième lieu, l'UQAM porte en elle des attitudes ou des valeurs ambiguës, où le discours ne coïncide pas toujours avec la réalité. Ainsi, le culte de l'autonomie et de la responsabilité de l'assemblée départementale des professeurs, comme lieu d'action concertée pour le développement des disciplines et de gestion de la carrière professorale, est trop souvent infirmé par l'incapacité réelle d'agir des assemblées départementales dans des circonstances où elles seules pourraient agir de façon efficace et décisive. Lieu privilégié de développement du savoir et de sa transmission, le département a été progressivement vidé de sa substance par le développement des modules responsables des programmes d'études de premier cycle et des centres et laboratoires où se déploient des activités de recherche d'autant plus riches, fécondes et prometteuses qu'elles surmontent par l'interdisciplinarité les cloisonnements des disciplines. Ainsi encore, l'encadrement de la carrière de chaque professeur est trop souvent ramené à l'exercice traumatisant de l'évaluation triennale de chaque professeur. Ce qui précède n'est pas de mon invention : je pourrais citer plus d'un rapport de «sages» qui diagnostique ces maladies de la vie départementale. Pourtant, le discours sur les vertus de l'autonomie et de la responsabilité des départements demeure immuable. Cette distance entre le discours et la réalité peut être aussi illustrée par la difficulté durable qu'éprouve l'UQAM à ajuster l'égalitarisme de ses règles d'organisation du travail à la réalité des formes diverses que prend la carrière professorale, des talents et des aptitudes diverses des professeurs, et du fait que certains sont résolument plus productifs que la moyenne et qu'ils justifient un soutien institutionnel considérablement plus attentif et plus important que celle-ci. Le malaise tenace que crée la pratique, commune aux universités, d'autoriser certains professeurs, et non tous les professeurs, à diriger des travaux étudiants de maîtrise et de doctorat, est une autre illustration de la difficulté de réconcilier le discours à une réalité changeante. Avec le passage du temps et à la lumière de l'expérience vécue, des acquis jugés progressistes un jour pourraient l'être moins ultérieurement.

Freud disait un jour : «L'enfant est le père de l'homme mûr qu'il est devenu.» L'enfance de l'UQAM, les conditions de sa naissance, la descente aux enfers et les conflits des années 70, cela, de toute évidence, façonne encore le devenir de l'établissement.

Des réalisations

Malgré ces misères que je viens d'évoquer, l'UQAM n'a pas totalement gaspillé sa première décennie d'existence, loin de là! Me refusant cependant à quelque panégyrique que ce soit, je voudrais esquisser d'autres linéaments de l'histoire de l'UQAM : les réalisations qu'elle a réussi à accumuler au cours de ses premières années.

Par-dessus tout, l'UQAM a permis à des milliers de personnes d'accéder aux études universitaires dans un contexte social, démographique et linguistique où les autres établissements universitaires auraient vraisemblablement été incapables de répondre à la demande accrue de scolarisation universitaire des Québécois francophones. Cela n'est pas rien, quand on songe au retard accumulé par le Québec en cette matière et quand on sait combien précieuse est la formation universitaire dans le destin des personnes et des nations. L'UQAM a non seulement rendu accessibles les études universitaires, mais elle a accordé aux adultes engagés sur le marché du travail la possibilité d'étudier dans les mêmes programmes universitaires que les jeunes (sans leur imposer le détour préalable des études collégiales) et même à temps partiel, au besoin. L'UQAM a contribué à faire disparaître ce que l'on nommait autrefois l'«extension de l'enseignement», pour désigner cette espèce de ghetto universitaire où l'on parquait les adultes désireux, malgré tout, de poursuivre des études universitaires. L'UQAM a proposé, aux adultes en particulier, les programmes de certificats adaptés à leurs besoins et conduisant, selon certaines règles de cumul, à un baccalauréat donnant accès aux études supérieures. Elle a accepté le double défi d'intégrer à l'institution universitaire la formation des enseignants (y incluant la qualification accélérée d'enseignants en exercice aux formations les plus disparates et souvent les plus parcellaires) et les arts visuels et de la scène. L'UQAM a permis à des disciplines nouvelles, à des champs d'études inédits, de voir le jour, malgré le scepticisme des savoirs établis (par exemple : les communications, la danse, la sexologie, la religiologie, l'environnement, les études touristiques ou immobilières, l'évaluation sociale des sciences et des technologies, etc.), tout comme elle a renouvelé la problématique de domaines plus traditionnels. Elle a innové en persuadant les autres universités de s'associer à elle pour mettre en place des programmes novateurs de maîtrises et de doctorats. Elle a réalisé une percée conceptuelle importante en inventant et en légitimant la mission dite des «services à la collectivité», rendant disponibles les ressources universitaires de formation et de recherche à des groupes n'y ayant traditionnellement pas accès et recherchant une promotion collective plus qu'individuelle de leurs membres. Elle a exploré de nouvelles voies de recherche (analyse de textes par ordinateur, écologie humaine et sociale, études féministes, toxicologie de l'environnement, etc.). En vingt-cinq ans, l'UQAM a décerné plus de 100 000 diplômes, grades, certificats. Ce n'est pas rien.

Cela s'est réalisé dans un environnement extérieur où personne, pour dire sobrement les choses, n'a fait de cadeaux à l'UQAM. Le milieu universitaire témoigne de nombreuses vertus; cependant, la charité évangélique n'est certainement pas du nombre et la propension à la critique, à l'opposition et à la censure y est remarquablement développée. Pour apprécier les réalisations de l'UQAM, il faut se souvenir qu'elle a été évaluée, réévaluée, surévaluée. Ainsi, contrairement aux universités établies qui ont installer l'essentiel de leur répertoire de programmes de maîtrise et de doctorat avant que n'intervienne la nécessité d'une approbation des projets de nouveaux programmes d'études par le Conseil des universités (aboli en 1993), à peu près tous les programmes de maîtrise et de doctorat de l'UQAM ont été soumis à une triple évaluation : par les instances internes de l'UQAM, par celles du réseau de l'Université du Québec et par le Conseil des universités. Plusieurs projets n'ont pas survécu au processus; d'autres ont dû s'y reprendre à deux ou trois reprises; la plupart ont dû accepter une approbation à titre expérimental pendant cinq ans avant de se soumettre à terme à une nouvelle évaluation. On imagine la patience, la ténacité et la continuité dont ont dû faire preuve les auteurs des projets pour les mener à bon port. En outre, au doctorat, l'UQAM a dû imaginer des créneaux étroits et limités d'intervention, alors que les doctorats des autres universités pouvaient intervenir tous azimuts. Ainsi, lorsque des programmes de maîtrise ou de doctorat ont vu le jour à l'UQAM, ce fut en raison d'une qualité du projet et de l'équipe professorale qu'il eût été scandaleux de ne pas reconnaître. Par ailleurs, on ne s'est pas gêné pour bloquer l'accès de l'UQAM à certains domaines d'études : ainsi, l'UQAM essaie depuis vingt-cinq ans de développer une présence minimale dans le domaine des sciences appliquées; à l'aube de 1994, il n'est pas certain encore qu'elle y parvienne de sitôt. Heureusement, l'UQAM n'envisage plus sérieusement depuis un bon moment d'investir le domaine des sciences de la santé dans leurs formes traditionnelles : ce serait provoquer à un degré dramatique l'hostilité du monde universitaire québécois.

Si l'UQAM s'est engagée d'une façon que certains considèrent presque comme maniaque dans la préparation récurrente de vastes plans de développement, ce fut en partie pour affirmer son droit et sa capacité à être une université à part entière. En matière d'enseignement, l'UQAM a affronté un défi presque insoluble : faire des choses différentes des autres universités mais de manière aussi respectable que les autres universités. La solution de cette équation lui a valu nombre de sarcasmes et exigé d'elle une considérable créativité. En matière de recherche, on soupçonne à quelles incompréhensions ont pu se buter des chercheurs soumettant des projets innovateurs à des comités de pairs formés par les organismes subventionnaires et au sein desquels ne se trouvaient que peu ou sinon pas de collègues capables d'apprécier ou de faire apprécier l'intérêt d'une approche inédite. Les fonds de recherche obtenus par des professeurs de l'UQAM ont été arrachés de haute lutte, dans des conditions *a priori* peu favorables. À la longue, la qualité de la recherche réalisée à l'UQAM a fini par s'imposer et ses chercheurs sont parvenus à lutter à armes égales avec ceux des autres universités; mais cela ne fut pas acquis dès le premier jour. Sans doute, comme dit le proverbe, à quelque chose malheur est bon! Lorsque l'UQAM se mit en tête de développer la mission de service aux collectivités et d'établir, à des fins de formation ou de recherche, des liens directs avec des groupes socio-économiques peu favorisés pour soutenir leurs efforts de promotion collective, cela fut accueilli avec scepticisme sinon avec des sarcasmes, par des gens qui croyaient l'UQAM engagée dans le bénévolat ou les bonnes œuvres. Évidemment, il n'est pas très prestigieux d'analyser l'impact, sur la santé des travailleurs, des conditions de travail dans les abattoirs de poulets. Heureusement, les chercheurs de l'UQAM ont persévéré et démontré que la science pouvait aussi progresser en s'inspirant des problèmes de groupes sociaux obscurs. Dans cette évocation des conditions du développement de l'UQAM, on peut aussi rappeler sans insister les innombrables démarches qu'il fallut entreprendre afin de convaincre le gouvernement de la nécessité de doter l'UQAM d'un campus; il s'agit là d'une longue saga que les historiens pourront reconstituer s'ils sont très patients; l'essentiel est de

signaler que les coûts de construction ont été jugés moins onéreux par le trésor public, que la location sans cesse prolongée
d'immeubles vétustes recyclés à grands frais en édifices à vocation
universitaire. Et les budgets finalement consentis ont toujours été
scrupuleusement respectés. Évidemment, à d'autres époques, les
universités québécoises durent composer avec l'arbitraire et la
discrétion du Prince régnant; mais cela n'a-t-il pas pris fin avec
la Révolution tranquille? En un mot, à tous égards, l'évolution de
l'UQAM n'a pas bénéficié de cadeaux; au contraire, bien des
gens et des milieux ont déployé de considérables efforts pour
enfermer l'UQAM dans un périmètre le plus étroit possible pour
s'assurer qu'elle ne menaçât jamais les oligopoles qui se
partageaient aimablement le marché universitaire.

J'arrête ici cette analyse. Parmi les linéaments de l'histoire
de l'UQAM qu'il faudra fouiller attentivement, il y a cette
capacité tenace et généreuse d'explorer des terrains nouveaux, de
tenter des aventures intellectuelles, scientifiques et artistiques. Il
y a encore la volonté d'assumer l'héritage de l'expérience
universitaire mondiale sans s'y laisser emprisonner. Existe aussi
cette fougueuse détermination d'être une université complète
dans un environnement souvent porté à préserver les monopoles
ou les oligopoles établis. L'UQAM, c'est beaucoup de neuf dans
l'expérience universitaire québécoise. Cela non plus n'est pas
rien et mérite aussi de figurer dans son histoire.

La relance : le rectorat de Claude Pichette

De crainte de me laisser entraîner dans un plaidoyer *pro domo*,
j'hésite à rechercher les linéaments plus récents de l'histoire de
l'UQAM. Je veux quand même, avant de conclure et toujours en
me fiant à ma seule mémoire, tenter de cerner certains facteurs
qui confirmèrent un tournant dans la vie de l'UQAM à la fin des
années 70 et au début des années 80.

Il serait non seulement injuste, mais historiquement inexact, de ne pas évoquer tout d'abord le rôle primordial joué par un homme dans la relance de l'UQAM, c'est-à-dire par le recteur Claude Pichette. Assurément, les changements importants dans la vie des institutions comme dans celle des nations, résultent d'abord de modifications profondes de la conjoncture et de l'équilibre des forces en présence. Je crois avoir suffisamment illustré, dans les lignes qui précèdent, comment l'UQAM a connu de telles modifications vers la fin de sa première décennie. Mais par-delà l'action des forces présentes dans une communauté humaine donnée, par-delà les données changeantes de la conjoncture, des individus peuvent peser de tout leur poids sur l'évolution des choses, soit pour accélérer ou faciliter les changements, soit même pour leur opposer une résistance aussi opiniâtre que futile. Dans le cas de l'UQAM, des forces de changement, y compris une impérieuse poussée pour sortir de la dynamique de l'affrontement à répétition, s'affirmaient dans le sillage des conflits en série des années 70. Un homme a su jouer un rôle efficace pour aider l'UQAM à repartir du bon pied. L'action de Claude Pichette est un important linéament de l'histoire de l'UQAM.

Issu de milieux socio-économiques modestes de Sherbrooke, formé en sciences sociales et plus spécifiquement en sciences économiques, donc bien préparé à comprendre les phénomènes sociaux dans leur complexité, Claude Pichette avait été professeur à l'Université de Sherbrooke et haut fonctionnaire au ministère de l'Éducation du Québec avant de devenir, en avril 1975, vice-recteur à l'administration et aux finances de l'UQAM. Il s'était à peine familiarisé avec ses dossiers qu'éclatait le conflit de travail avec le SEUQAM, à la fin de l'hiver 1976, suivi par la longue grève du SPUQ de 1976-1977. Claude Pichette eut donc très rapidement l'occasion de s'initier en profondeur à la dynamique explosive de l'UQAM. D'autres se seraient vite découragés, pour ne pas dire dégoûtés. Pichette trouva l'énergie de durer, même si son expérience professionnelle ne laissait pas deviner ce dont il était capable.

À la fin de mai 1977, le recteur de l'UQAM démissionne. Claude Pichette se laisse convaincre qu'il est le seul membre de l'équipe de direction en place qui peut aspirer au rectorat. Deux autres candidats, de l'extérieur de l'UQAM, sont également en lice. Les procédures alors en vigueur pour la nomination du recteur de l'UQAM, propres au réseau de l'Université du Québec, prévoient une consultation de l'ensemble du corps professoral. Aucune des trois candidatures ne suscite un enthousiasme perceptible dans la communauté de l'UQAM; celle-ci, se souvenant du vieil adage selon lequel un diable connu vaut toujours mieux qu'un diable inconnu, consent à ce que Claude Pichette soit nommé. Chose faite par décision du gouvernement du Québec, comme la loi le prescrit, le 19 octobre 1977. Pichette entre donc en fonction, sur la pointe des pieds en quelque sorte, sinon presque clandestinement, l'UQAM n'étant certainement pas d'humeur à lui offrir une somptueuse cérémonie d'installation comme cela se fait dans beaucoup d'universités nord-américaines. Il a raconté simplement son état d'esprit au moment de son accession au rectorat de l'UQAM (lors d'une conférence demeurée inédite à l'assemblée annuelle de l'Association des universités et collèges du Canada, le 4 octobre 1990). «Quand j'ai été nommé recteur, je vous dis candidement que je n'avais pas de plan, confesse-t-il. Aujourd'hui je ne vous dirai pas que je savais d'avance ce que je ferais. Je me suis cramponné solidement à ma chaise et puis je me suis demandé : combien de temps est-ce que je m'y maintiendrai?» D'autres nouveaux recteurs, ailleurs, ont pu se permettre un discours inaugural plus ronflant, plus pompeux ou plus éloquent; dans le climat de l'UQAM, cet automne 1977, il valait mieux procéder avec la plus extrême discrétion, ce que comprit naturellement Pichette. De son mandat, il ne se faisait pas la moindre illusion : «Nous n'avions pas d'autre programme, dit-il, que d'espérer avoir le temps de gagner la confiance de la communauté, puis d'asseoir la crédibilité de la Direction, parce que c'est cela qui permettrait de réaliser le changement dans l'Université.» La discrétion, la prudence, la modestie avec lesquelles Pichette prit en charge son poste puisaient à une intelligence pénétrante de la situation et à une lucidité aiguë qui lui serviraient admirablement par la suite.

Rétrospectivement, en repensant aux échanges fréquents que j'eus avec lui, à notre collaboration quotidienne de 1979 à 1986, à nos retours ensemble à nos domiciles respectifs assis sur la banquette arrière de l'autobus 128 qui retournait paresseusement du centre-ville vers Outremont à l'heure de pointe, rétrospectivement, donc, Claude Pichette fut vraiment l'homme de la situation lorsqu'il devint recteur de l'UQAM en 1977. D'origine socio-économique modeste, il était en harmonie profonde avec une jeune université soucieuse d'accueillir des enfants de milieux semblables et des adultes contraints de n'étudier qu'à temps partiel. Ayant été formé dans l'univers des sciences sociales, il était bien armé pour analyser les complexités quasi perverses de la microsociété que constituait l'UQAM. Assumant avec une dignité sans faille sa fonction de recteur, il abhorrait la pompe et la prétention et ne se laissait jamais émouvoir par ceux qui lui servaient obséquieusement du *Monsieur le recteur*. La voiture qui était disponible pour ses déplacements officiels ne fut jamais «sa» limousine; c'était le «véhicule communautaire» et lui se déplaçait matin et soir en autobus et métro. Naturellement simple et réservé, il n'aimait pas imposer ses vues de façon autoritaire ni jouer les arbitres; il préférait contraindre ses collaborateurs à approfondir l'analyse des dossiers afin de parvenir à des conclusions consensuelles. En toutes circonstances, à l'affrontement il préférait la recherche de compromis raisonnables. Il était surtout prudent, refusant de fermer prématurément les portes, détestant prendre des décisions à la dernière minute et appréhendant par-dessus tout d'être piégé. Il était également franc et direct, capable de dire les vérités nécessaires à ses collaborateurs, même les plus douloureuses. Son flair et son intuition ont évité à la direction bien des gaffes ou des faux-pas. Bien que ne figurant pas parmi les «pères fondateurs» de l'UQAM, il a appris à connaître, à comprendre et à apprécier en profondeur son établissement et en devint très rapidement le défenseur acharné et le porte-parole écouté.

Claude Pichette devint donc recteur, sans illusions mais avec le goût profondément enraciné de réussir. Il a réussi ce qu'il avait à réussir en servant grandement l'UQAM.

À son entrée en fonction, Pichette hérita d'une équipe de direction dont les membres jouissaient de mandats indépendants du sien et dont l'association avec son prédécesseur, chassé de l'Université, constituait une lourde hypothèque. Pichette dut donc consacrer près de la moitié de son premier mandat à constituer une équipe de direction capable de contribuer efficacement à la relance de l'UQAM. En cela, il réussit sans équivoque, s'entourant de personnes particulièrement bien enracinées dans l'UQAM et bénéficiant de réseaux représentatifs d'information, de complicité, d'appui et d'amitié. Michel Leclerc, médiéviste et professeur au département de philosophie dès 1969, fut tour à tour doyen du Premier cycle, vice-recteur à l'Enseignement et à la recherche et vice-recteur à l'Administration et aux finances; Jean Brunet, doyen adjoint puis doyen des Études avancées et de la recherche avant d'être vice-recteur à l'Administration et aux finances; Florence Junca-Adenot, entrée en 1970 au département de sciences administratives, vice-doyenne de la Famille des sciences de la gestion, avant d'assumer successivement les vice-rectorats aux Communications et à l'Administration et aux finances; Claire McNicoll, professeur au département de géographie et vice-doyenne des Sciences

humaines avant d'être doyenne du Premier cycle, vice-rectrice
associée à l'Enseignement et à la recherche et vice-rectrice aux
Communications; des «pères fondateurs» tels Gilbert Dionne,
doyen du Premier cycle et vice-recteur associé à l'Enseignement
et à la recherche et Denis Bertrand, doyen des Études avancées et
de la recherche, poste auquel lui succéda Monique Lefebvre,
psychologue et chercheuse de marque; Jacques Lefebvre, doyen
du Premier cycle. Quant aux membres de la direction n'ayant pas
de racines dans le milieu académique de l'UQAM – le secrétaire
général Pierre Brossard, Pierre Leahey et Françoise Bertrand,
doyens successifs de la Gestion des ressources, et Guy Gélineau,
vice-recteur – ils manifestèrent un talent certain pour comprendre la dynamique de l'UQAM. Pendant le rectorat de Claude
Pichette, l'UQAM se dota d'une équipe de direction connaissant
et comprenant à fond l'établissement et sa communauté et y
naviguant avec une aisance et une maîtrise confirmées, une
équipe capable d'inspirer le respect et même la confiance parmi
les divers groupes de l'institution. Non seulement Pichette
recruta-t-il une équipe forte et articulée, mais encore parvint-il
à y maintenir une remarquable cohésion pendant son mandat.
Nos réunions hebdomadaires étaient souvent tumultueuses, chacun défendant ses dossiers ou ses opinions avec fougue et âpreté;
les accrochages entre nous ne manquaient pas; les consensus se
révélaient fréquemment difficiles à atteindre et à maintenir;
mais toujours le recteur nous contraignait d'aller au fond des
questions et de trouver un point de vue réfléchi, solide et
profondément partagé. Pichette n'a jamais toléré les courtisans;
et, si nous l'avons admiré sincèrement, il n'a jamais accepté que
nous soyons, par complaisance, de son avis. Si le *leadership* se
manifeste par la capacité de s'entourer de collaborateurs de
première qualité, de personnalités vigoureuses, et de pouvoir
créer chez ces gens une cohésion profonde et durable, Claude
Pichette a alors fait preuve d'un très grand *leadership*. Il savait
que certains de ses collaborateurs pouvaient être plus brillants

que lui – mais il savait aussi harnacher ces talents au bénéfice d'une gouverne lucide et efficace de l'UQAM.

Par-delà la constitution d'une équipe de direction, Pichette réussit à gagner la confiance de la communauté universitaire; assez de confiance, à tout le moins, pour réaliser une durable paix sociale dans l'établissement et lui permettre de se maintenir dans une fragile mais prometteuse dynamique de développement. Préférant lui-même la recherche de compromis raisonnables à l'affrontement, modeste et sincère, privilégiant résolument la transparence dans la gestion et ouvrant volontiers les livres de l'Université à ceux qui espéraient y trouver des secrets troublants ou les germes de noirs complots, Pichette réussit à étendre à toute l'UQAM un style de fonctionnement incitant tout le monde à être raisonnable et à prendre soin, outre des intérêts particuliers, de l'intérêt de l'établissement lui-même. Certains n'ont jamais aimé Pichette et ont conservé leur méfiance à son endroit; ce ne furent pas les sentiments du plus grand nombre. J'en veux pour preuve deux choses : d'une part, contrairement à ses prédécesseurs des années 70, Pichette réussit à maintenir la paix sociale dans l'Université; hormis le conflit de travail avec les chargés de cours du printemps 1979, à un moment où le recteur avait à peine une année d'expérience à son poste et qu'il n'avait pas eu le temps d'établir son équipe de direction, hormis aussi une brève grève à moitié avortée du SCCUQ au printemps de 1981, l'ensemble du mandat de Pichette, de 1977 à 1986, a été libre de tels affrontements; d'autre part, lorsqu'il sollicita un renouvellement de son mandat, en 1982, Pichette fut largement appuyé par la communauté universitaire. Il est vrai qu'il fallut à l'Assemblée des Gouverneurs de l'Université du Québec plusieurs mois pour comprendre le message; mais cela fut le résultat d'une désolante incapacité de comprendre (pour m'exprimer charitablement) et non à cause d'un manque de clarté du message. Et quand Claude Pichette prit la décision de quitter son poste de recteur avant terme, cet homme, qui m'avait souvent confié : «Il vaut mieux partir trop tôt que rester trop longtemps», eut la joie profonde de constater que son départ était sincèrement regretté.

Les historiens pourront relater et apprécier avec précision la contribution de Claude Pichette à la renaissance de l'UQAM. En m'en tenant aux linéaments de l'histoire institutionnelle, je signalerai certaines réalisations du début des années 80, qui ont grandement contribué à l'épanouissement remarquable de l'UQAM. Non contents de sortir l'UQAM de la dynamique de l'affrontement et d'y instaurer la paix sociale, Claude Pichette et son équipe ont été capables d'épouser fidèlement certaines des plus importantes valeurs fondatrices de l'UQAM : l'accessibilité, la démocratisation du savoir, le renforcement des liens avec le milieu. L'accroissement des effectifs étudiants, à compter de 1979, la croissance accélérée des fonds de recherche et des programmes de maîtrise et de doctorat, le développement d'un fort sentiment d'appartenance, le recrutement soigné de nouveaux professeurs, la valorisation méthodique des réussites des gens de l'UQAM, la gestion rigoureuse des budgets institutionnels, la préparation de la mise en chantier de la phase II du campus, sont autant de réalisations de Claude Pichette qui ont enfin assis l'UQAM sur des bases solides.

Le rectorat de Claude Pichette a aussi été l'occasion de deux autres développements porteurs d'avenir. Pendant l'été 1979, Pichette a engagé la longue bataille qui devait permettre à l'UQAM d'obtenir, en juin 1989, le statut particulier et unique d'«université associée» au sein du réseau de l'Université du Québec. Cette démarche a failli priver Pichette du renouvellement de mandat que lui avait accordé sa communauté universitaire en 1982 et auquel l'Assemblée des Gouverneurs hésitait à acquiescer. Il n'était plus recteur lorsque l'Assemblée nationale du Québec a approuvé le nouveau statut de l'UQAM, mais il a fait sa large part pour que l'UQAM y parvienne.

Par ailleurs, par la création de la Fondation de l'UQAM et, surtout, grâce à sa présence dans le milieu montréalais et québécois et à sa patiente et efficace défense et illustration de l'UQAM, Pichette a considérablement contribué, non seulement à la revalorisation de l'image publique de l'Université, mais aussi plus profondément, à une bien plus juste connaissance et compréhension de l'établissement par la société. Les lettres patentes constituant juridiquement la Fondation de l'UQAM ont été approuvées en 1976. Cependant, les conflits de travail et la démission du recteur en 1977 ont empêché l'essor de cette Fondation jusqu'à ce que, en 1978, Pichette se laisse convaincre par le responsable des relations publiques de l'UQAM, Marcel-Aimé Gagnon, que le temps état venu d'activer cette coquille vide. Surmontant sa répugnance naturelle pour les mondanités, acceptant l'aide irremplaçable de Pierre Jeanniot, qui avait présidé le Conseil d'administration de l'UQAM de 1972 à 1978 et dont les hautes fonctions à Air Canada facilitaient des entrées persuasives dans la communauté des affaires, Pichette, littéralement, prit son bâton de pèlerin et alla à la rencontre des dirigeants du milieu des affaires montréalais pour les convaincre, un à un, de s'engager à titre de membres de la Fondation. À quelques reprises, je l'ai accompagné dans ses rencontres. Chaque fois, le même scénario se déployait : patiemment, sans se laisser désarmer par le scepticisme ou les préjugés de ses interlocuteurs, Pichette expliquait soigneusement l'UQAM, reconnaissait ses errances, admettait ses carences, mais surtout et inlassablement, il en énumérait les réussites et le potentiel. Ayant su gagner l'attention et l'intérêt de ses interlocuteurs, il arrivait à l'essentiel et sollicitait leur aide personnelle. Il fut persuasif : le 22 novembre 1979, le Conseil d'administration de la Fondation se réunit pour la première fois, une campagne de souscription permit de recueillir plus de 5 millions de dollars entre 1981 et 1986 (plus de 25 millions à ce jour) et, outre les membres de la Fondation, l'UQAM se découvrit chez tous les solliciteurs bénévoles de la Fondation des ambassadeurs et des interprètes dans le milieu qui la firent connaître et apprécier d'un nombre croissant de personnes. La confiance témoignée en l'UQAM par les gens de la Fondation a renforcé la confiance des gens de l'UQAM en eux-mêmes et en leur établissement. Par son travail de représentation publique au bénéfice de l'UQAM, Pichette a rendu un inestimable service à l'établissement et a contribué à un changement profond de la réputation de l'Université.

Certains pourront juger trop élogieux mes propos sur le rectorat de Claude Pichette. Je ne prétends pas à l'impartialité : j'ai appartenu à son équipe de direction, de janvier 1978 à son départ en janvier 1986; d'octobre 1979 à septembre 1981, j'ai partagé l'intimité de son bureau, à titre de vice-recteur; je lui ai succédé en juin 1986. Cette expérience me fait assurément prendre des biais. Mais en m'efforçant de retracer certains des linéaments les plus significatifs de l'histoire de l'UQAM, je ne peux pas ne pas attirer l'attention sur le changement profond qu'a vécu l'UQAM à compter de la fin des années 70 et sous l'inspiration de Claude Pichette. La première décennie de l'UQAM fut déchirée par de durs conflits, par une vraie descente aux enfers. La seconde décennie fut d'une tout autre couleur et il m'a semblé nécessaire de le dire, à travers l'évocation du travail de Claude Pichette. Plus tard, d'autres sauront mieux que moi évoquer les choses et les apprécier plus objectivement. Mais ils ne manqueront pas de voir les linéaments que j'ai cherché à dégager et ils s'intéresseront à cette équipe de direction qui, parce qu'elle a pu gagner une complicité certaine avec la communauté de l'UQAM, notamment grâce au rôle spécifique de Claude Pichette, a contribué à faire de l'UQAM ce qu'elle est devenue aujourd'hui.

D'autres linéaments de l'histoire institutionnelle ont peut-être pris forme au cours des années plus récentes. Je renoncerai cependant à les évoquer : d'autres sauront le faire plus lucidement et avec plus de recul et d'objectivité. Mais à la relecture des pages qui précèdent, une impression me reste, très forte.

L'UQAM ne porte pas en vain le nom du Québec dans son appellation.

Dans ses débuts fiévreux, et ses improvisations, dignes des beaux jours de la Révolution tranquille, dans ses errances et ses déchirements, sa difficulté à trouver sa voie, dans ses réussites, l'UQAM me rappelle la société québécoise. Sa fragilité que j'ai souvent ressentie et la nécessité où elle se trouve de rivaliser quotidiennement avec des universités bien établies, plus anciennes, plus riches, plus prestigieuses, tout cela évoque la société québécoise elle-même et le dur labeur qu'elle doit déployer pour maintenir son identité et se tailler une place au soleil parmi les puissances de ce monde. L'UQAM me rappelle aussi la société québécoise par sa recherche de la sécurité et du confort, par sa réticence à courir des risques, par certaines hésitations à consentir à des ruptures innovatrices avec un passé qui devient un fardeau, par ses malaises devant les êtres d'exception.

Quotidiennement, à travers le sort de l'UQAM, j'ai cru voir le sort du Québec lui-même. C'est pourquoi j'ai voulu servir l'UQAM avec passion, convaincu que je servirais aussi la société québécoise.

UNE LONGUE ET TENACE PATIENCE 1

L'ACQUISITION PAR L'UQAM DU STATUT D'UNIVERSITÉ ASSOCIÉE

À peine entré en fonction, le 1ᵉʳ octobre 1979, comme vice-recteur sans portefeuille attaché au recteur, ce dernier, Claude Pichette, me convoque à son bureau. Après une très brève entrée en matière, il me dit : «Je veux que tu agisses comme secrétaire du comité du Conseil d'administration et de la Commission des études sur le statut de l'UQAM. Nous avons besoin de quelqu'un qui écrive vite et qui pense clairement.» J'accueillis sa demande presque avec avidité. Après avoir dirigé successivement, pendant les cinq années précédentes, deux gros services universitaires, je me demandais comment je m'adapterais à ce qui m'apparaissait comme le calme olympien d'un bureau de recteur où je n'aurais qu'une seule personne à servir : le recteur lui-même. L'idée d'agir comme secrétaire d'un comité réfléchissant à la question du statut de l'UQAM dans (ou hors) le réseau de l'Université du Québec me plut donc immédiatement. Je n'avais à ce moment aucune raison de soupçonner que les débats sur cette question dureraient dix ans et que j'aurais le temps de succéder éventuellement au recteur Pichette avant que la question du statut de l'UQAM, ouverte au printemps de 1979, ne trouve une solution au printemps de 1989.

Dans ce dossier concernant son statut, l'UQAM fit preuve d'une longue et tenace patience. Il me paraît utile de raconter aujourd'hui ce que je sais, pour l'avoir vécu de près, de cette lente acquisition, par l'UQAM, d'un statut particulier au sein de l'Université du Québec, le statut d'«université associée». Pour raconter cette longue affaire, qui illustre à sa manière combien il est compliqué de changer les choses universitaires, j'ai fait appel surtout à ma mémoire et à des documents que j'ai accumulés au fil des ans. Je n'ai pas fait appel de manière approfondie au témoignage d'autres protagonistes de cette histoire, ni n'ai méthodiquement dépouillé toutes les archives : je laisse cette tâche aux historiens. Je souhaite simplement que mon propre témoignage leur suggère des pistes et des idées de recherche.

Racines d'une question de statut

Les planificateurs du réseau de l'Université du Québec avaient pensé que la deuxième université de langue française, qui devait s'établir à Montréal, trouverait naturellement sa place dans le nouvel ensemble universitaire approuvé par voie législative à l'Assemblée nationale, le 18 décembre 1968. Pour véritablement couvrir l'ensemble du territoire québécois, la nouvelle Université du Québec devait avoir une présence montréalaise et on y inséra donc l'UQAM. Les traditions des établissements que l'UQAM fusionnait étaient différentes de celles des établissements qui donnaient naissance aux autres constituantes de l'Université du Québec. L'environnement universitaire montréalais imposait à l'UQAM une forme de concurrence que ne connaîtraient pas sur leur propre territoire les autres constituantes de l'UQ. Le tissu économique, social, démographique, linguistique et culturel de Montréal était bien différent de celui dans lequel œuvreraient les autres constituantes de l'UQ. En dépit de toutes ces différences, qui auraient pu justifier que l'on créât la nouvelle université francophone de Montréal en dehors du réseau de l'UQ, fut choisie la voie contraire. Dès le départ, l'UQAM était insérée dans un réseau essentiellement extra-montréalais, dirigé par des personnes et des instances n'ayant pas ou peu d'expérience et de connaissance de première main de l'environnement montréalais.

Il s'ensuivit, tout au long de la première décennie de l'UQAM, de nombreux et récurrents accrochages, entre l'UQAM et le reste du réseau de l'Université du Québec, à propos de toutes sortes de dossiers, depuis le cadre de développement des études de maîtrise et de doctorat – des dirigeants du réseau ayant eu l'idée, vite rejetée par l'UQAM, d'établir au sein du réseau une unique «École des gradués» responsable centralement des programmes de 2e et de 3e cycle – jusqu'aux relations de travail et aux négociations collectives. À répétition, l'Université du Québec proposait des règlements et des politiques «réseau» pour se buter aux objections et aux critiques de l'UQAM. À répétition, l'Université du Québec, invoquant la petite taille des autres établissements et l'intérêt des économies d'échelle, proposait d'établir des services communs, pour se buter à l'opposition de l'UQAM capable et désireuse de se doter de ses propres services universitaires. Par-delà ces difficultés d'ordre de politiques générales ou d'orientations administratives, les questions financières constituèrent une pomme de discorde constante entre l'UQAM et l'ensemble du réseau de l'Université du Québec.

Selon la Loi de l'Université du Québec, la subvention gouvernementale destinée au fonctionnement des divers établissements du réseau (la partie de loin la plus importante des revenus des universités, puisque les frais de scolarité furent maintenus jusqu'en 1990 à leur niveau de 1968, soit environ 450 $ par année pour les études à temps complet), était versée pour l'ensemble du réseau de l'UQ, à charge pour lui de la partager entre ses établissements. Année après année, tout au long de la décennie 70, l'UQAM s'inquiéta de savoir si elle recevait de l'UQ la même somme d'argent que si elle avait été financée directement par le gouvernement. De fait, une forme de péréquation fut pratiquée au sein du réseau de l'Université du Québec, c'est-à-dire un transfert vers les petites constituantes en région incapables de réaliser des économies d'échelle et contraintes, à cause de leur éloignement et de leurs faibles effectifs étudiants, à des coûts unitaires élevés, de sommes d'argent qui auraient dû se trouver dans la subvention des plus grosses constituantes, dont, en particulier, l'UQAM. Le «fédéralisme» de l'UQ ne se concevait pas sans une forme de péréquation financière et budgétaire et l'UQAM en fit les frais pendant plusieurs années.

La première décennie de l'UQAM et de l'UQ fut donc marquée, de façon à peu près permanente, de difficultés, de tensions et périodiquement de conflits. L'UQAM supportait bien mal la «centralisation» pratiquée par le réseau et le réseau s'irritait de l'«autonomisme» endémique de sa constituante montréalaise. Au fond, la vision profonde des choses déchirait le réseau de l'Université du Québec. D'une part, les dirigeants successifs de l'UQ se sentaient, d'une manière bien légitime, la responsabilité de diriger et de bâtir *une université intégrée à campus multiples*, appuyés en cela par les divers établissements du réseau, généralement trop petits pour voler de leurs propres ailes ou préférant le soutien (financier et autre) du siège social. La «vision réseau», la mise en commun de services, les politiques réseau, une certaine centralisation, tout cela constituait la philosophie naturelle de l'Université du Québec, de ses dirigeants et de ses instances. D'autre part, l'UQAM, travaillée par de vives tensions internes, croissant de façon soutenue, confrontée quotidiennement à la concurrence d'établissements anciens, riches, prestigieux, absorbée par la dynamique particulière de l'environnement montréalais, l'UQAM vivait sans enthousiasme son appartenance au réseau de l'UQ : elle ne communiait pas à «l'esprit-réseau», elle sentait que, si le réseau disparaissait subitement par quelque tour de magie, peu ou pas de choses seraient changées pour elle et qu'elle serait parfaitement capable de poursuivre son développement par ses propres moyens. Par-dessus cela, l'UQAM ne parvenait pas à se convaincre qu'elle devait sacrifier une partie des ressources financières auxquelles elle aurait eu droit si elle avait été subventionnée directement par le gouvernement, pour soutenir le développement des services universitaires aux quatre coins de la province.

Par-delà les dirigeants, quel que fût le dossier en cause, l'UQAM et le reste du réseau de l'UQ se nourrissaient de visions profondément différentes de leur destin commun. L'Université du Québec était naturellement intégratrice et centralisatrice, se voyant comme un ensemble organique partout présent sur le territoire québécois, y compris à Montréal; l'UQAM était spontanément et profondément autonomiste et individualiste, aspirant à vivre seule son destin, à se développer par ses seuls moyens et efforts et à maîtriser totalement son devenir; l'UQAM ne communiait pas à la mystique «réseau» et participait par stricte nécessité à la vie du réseau de l'Université du Québec. Il était inévitable que l'on trouve des façons de tenir compte de la situation, des aspirations et des particularités de l'UQAM, non seulement pour la garder dans le réseau de l'Université du Québec, mais pour éviter de vivre un état de guerre permanente avec elle. Toutefois, cela prit beaucoup de temps et la tentation fut forte de maintenir à tout prix le couvercle sur la marmite. Mais dans ce cas comme dans bien d'autres, c'est une intervention externe qui força l'Université du Québec à faire quelque chose.

Les questions universitaires n'étaient pas la première priorité du Parti québécois lorsqu'il prit les rênes du gouvernement, à l'issue des élections du 15 novembre 1976. Cependant, pour ce gouvernement où abondaient les universitaires, il était difficile d'oublier que de septembre à décembre 1976, la vénérable Université Laval avait été paralysée par une grève du corps professoral et que l'UQAM – qu'un jour le Premier ministre René Lévesque avait décrite comme une «espèce de porc-épic qu'on ne sait pas trop comment prendre» – avait vécu une pareille confrontation d'octobre 1976 à février 1977. Le grand projet du

Parti québécois exigeait aussi des universités en bonne santé. On ne se surprend donc pas de la décision du gouvernement de constituer et de mandater, en juillet 1977, une commission d'étude sur l'avenir de l'enseignement supérieur, sous la présidence de Pierre Angers, jésuite et éducateur très respecté. Cette commission s'organisa en plusieurs comités (sur l'université et la société, sur la formation et le perfectionnement des enseignants, sur l'organisation du système universitaire), dont un comité de coordination.

En mai 1979, vingt-deux mois après sa création, la Commission d'étude sur les universités publie son rapport en quatre volumes. Dans l'un de ces volumes se trouve une idée qui tomba plus comme un mégalithe que comme une pierre dans la mare de l'Université du Québec :

> le retrait de l'UQAM de l'Université du Québec et son obtention dans les plus brefs délais d'un statut de parité avec les autres universités de la région montréalaise[1].

Cette recommandation repose sur une analyse informée de la dynamique dans laquelle œuvrent aussi bien l'UQAM que l'Université du Québec et dont le comité d'étude résume ainsi les redondances et les effets pervers :

> À ces dédoublements (dédoublements de structures avec les administrations locales et dédoublements de fonctions avec le Ministère et le Conseil des universités) s'ajoute, dans le contexte finalement de deux sous-réseaux distincts d'établissements (l'UQ et les autres universités), le développement de solidarité ou de concurrence inter ou intra-régionales qui transcendent les frontières. Tout cela est particulièrement et plus vivement ressenti dans la région de Montréal. L'UQAM, en particulier, doit à la fois participer à des démarches de coordination locale, se développer dans un contexte de compétition qui n'a souvent rien à voir avec une saine émulation et faire plus que sa part lorsqu'il s'agit de payer la note du financement des universités périphériques.

De plus, l'UQAM est absente comme telle de certaines tables de concertation (notamment la CRÉPUQ)[2].

Voilà donc le problème du statut constitutionnel de l'UQAM posé publiquement, d'une manière désormais incontournable. Grande satisfaction dans la communauté de l'UQAM, humeur sans doute funèbre dans le reste du réseau UQ. Le message de l'UQAM a été compris par la Commission, dont certains membres provenaient du corps professoral de l'UQAM. Les longs et fréquents tiraillages entre l'UQAM et UQ, les visions profondément divergentes opposant les communautés universitaires, la situation bizarre d'un établissement de taille impressionnante comme l'UQAM incapable de siéger dans les organismes de concertation universitaire et d'y présenter son opinion de sa propre voix n'étaient pas passés inaperçus. Ni l'UQAM ni l'UQ ne pouvaient se refuser de contempler, dans le miroir que leur tendait la Commission Angers, leur association malaisée. Après dix ans, le problème était clairement formulé .

Excepté que, une fois son travail achevé et ses recommandations publiées, une commission d'étude devient vite incorporelle et ne poursuit son existence que dans la mémoire collective, avec ses homologues, en laissant débattre des suites à donner les protagonistes en question. D'autres pourront mieux expliquer comment la Commission Angers en est venue à recommander l'autonomie complète de l'UQAM. Je m'en tiendrai aux suites qui nous ont accaparés pendant longtemps. Le problème de la situation de l'UQAM dans le réseau de l'UQ a duré pendant dix ans avant d'être reconnu publiquement; il mijotera une décennie supplémentaire avant de parvenir à une solution. J'essaierai de suivre le laborieux cheminement de cette deuxième décennie, pleinement conscient des limites de mon témoignage, mais en espérant qu'il n'en sera pas moins instructif.

En quête d'une revendication précise

Une fois dissipée l'agréable euphorie que leur procure la recommandation du Comité d'étude sur l'organisation du système universitaire, la communauté de l'UQAM et sa direction en particulier doivent préciser leur réaction officielle et formuler une revendication précise. Le recteur Pichette et les membres de la direction, qui vivent quotidiennement les aspérités, les désagréments et les conflits récurrents que vaut à l'UQAM son appartenance au réseau de l'UQ, sont bien tentés d'enfourcher la fringante monture que la Commission Angers leur offre. Cependant, ils procèdent avec prudence; d'une part, ils se méfient d'une réaction trop spontanée formulée sans vérification ni confirmation des sentiments profonds de la communauté de l'UQAM; d'autre part, ils se font rappeler par Claude Pichette les propos que lui avait tenus un jour le ministre de l'Éducation Jacques-Yvan Morin : «L'UQAM demeurera dans le réseau de l'UQ.» Surtout, Pichette redoute comme la peste de s'en tenir à une position d'autonomie totale qui se révélerait éventuellement inaccessible et qui forcerait l'UQAM à une humiliante retraite. Aussi, la direction réagit-elle avec prudence dans le communiqué qu'elle publie le 12 juin 1979 : la recommandation sur l'UQAM illustre que la Commission Angers a «bien compris la situation de l'UQAM (...) et bien saisi l'importance d'accorder à l'UQAM une parité de statut avec les autres universités de la région montréalaise». Redoublant de prudence et désirant s'assurer qu'elle ne se fera pas tirer dans le dos par sa base, la direction déclare que la position définitive de l'UQAM relative à son retrait possible du réseau de l'Université du Québec devra être validée par une «large consultation auprès des diverses composantes de sa collectivité universitaire».

Avant la fin de juin 1979, le Conseil d'administration et la Commission des études se dotent donc d'un lourd comité de travail – treize membres : le président du Conseil, le recteur, trois vice-recteurs, deux doyens, six professeurs – et lui donnent mandat, pour la fin d'août 1979, de concevoir une position institutionnelle sur le statut futur de l'UQAM et de la soumettre à une large consultation. C'est à ce comité que je me joins comme secrétaire, en octobre 1979.

Malgré sa lourdeur, le comité chemine et finit par imaginer, au début de novembre 1979, une position qui propose un statut nouveau pour l'UQAM baptisé à ma suggestion, un «statut de pleine responsabilité institutionnelle assortie de moyens financiers proportionnés à l'exercice de cette pleine responsabilité». Le titre n'est pas simple. À cette époque, l'air du temps, au Québec, comme l'illustrera la question au référendum national du 20 mai 1980, suggérait des approches infiniment nuancées aux nœuds gordiens constitutionnels grands et petits...

Par-delà le titre abscons, le nouveau statut proposé par le comité ne pèche ni par manque d'habileté ni par témérité. Le document issu du comité[3] précise d'abord que «pour l'UQAM l'autonomie n'a jamais constitué un objectif en soi. Ce qui a été et demeure un objectif en soi, c'est la parité des moyens financiers et organisationnels avec les autres universités. (...) un ensemble de moyens et de ressources organisationnels et financiers qui consacrent une réelle parité avec l'ensemble des autres institutions universitaires québécoises[4]». Aux yeux du comité, le statut ainsi réclamé (ci-après, le SPRI) suspend la nécessité d'envisager dès le départ l'autonomie totale de l'UQAM et la sécession d'avec l'UQ, jusqu'à ce que preuve soit faite, notamment aux yeux du gouvernement (qui aurait alors à demander à l'Assemblée nationale un amendement à la Loi de l'Université du Québec), qu'un changement de statut de l'UQAM est impossible dans le cadre même du réseau. Le SPRI exige d'obtenir d'abord une réponse du réseau de l'UQ avant d'aller frapper à la porte d'un gouvernement qui avait d'autres chats à fouetter. Bref, pour l'UQAM, pas nécessairement l'autonomie... mais l'autonomie si nécessaire. Certains ont jugé la position timorée. Cependant, depuis la publication du rapport de la Commission Angers, le gouvernement du Québec n'avait certainement pas enfourché la monture de l'indépendance totale de l'UQAM (sa propre philosophie le poussant plutôt vers les diverses formes chatoyantes de la souveraineté-association). En outre, comme on le verra, certaines composantes importantes de l'UQAM éprouvaient comme un vertige à l'idée d'une sécession totale avec le réseau de l'UQ. Le SPRI offrait donc l'avantage d'une position souple et ouverte, pouvant apporter des gains certains dans une négociation serrée avec l'UQ en évitant à l'UQAM de brûler au départ tous ses vaisseaux.

Mais, qu'y a-t-il derrière le SPRI et dans ce qu'il désigne comme une «parité des moyens financiers et organisationnels avec les autres universités»? Le «statut de pleine responsabilité institutionnelle» vise à procurer à l'UQAM un ensemble de pouvoirs élargis lui permettant d'assumer complètement son développement :

> • le pouvoir de programmation : l'UQAM demande que l'approbation de ses nouveaux programmes d'études et des modifications à ses programmes existants relève de sa propre juridiction et des règles communes à toutes les universités, récusant de la sorte la juridiction du Conseil des études du réseau de l'UQ. De plus, l'UQAM réclame de pouvoir décider seule des ententes bilatérales ou multilatérales qu'elle conclurait avec d'autres établissements;

> • le pouvoir de réglementation : en matière pédagogique et administrative, l'UQAM réclame de n'être assujettie qu'à ses propres règlements ou aux règlements communs à toutes les universités québécoises; cela met en cause le pouvoir réglementaire de l'UQ;

> • le pouvoir administratif : l'UQAM veut s'administrer elle-même, notamment en matière de relations de travail,

domaine où l'UQ exerçait depuis les débuts un contrôle serré sur les agissements de ses constituantes;

• le pouvoir d'octroyer ses propres diplômes;

• le pouvoir de représentation, c'est-à-dire le pouvoir pour l'UQAM de faire partie de plein droit de tous les organismes regroupant des universités, le pouvoir de parler en son propre nom, bref un pouvoir complet en matière de «politique étrangère».

En plus de tous ces pouvoirs nouveaux, l'UQAM réclame surtout et vigoureusement la fin de toute péréquation budgétaire au sein du réseau de l'Université du Québec et ce qu'elle appelle un «financement proportionné et adéquat». Cela constitue une revendication absolument fondamentale dont l'UQAM ne démordra jamais après l'avoir clairement énoncée :

> Aucun des pouvoirs que revendique l'UQAM et qui constituent la pleine responsabilité institutionnelle nécessaire à l'atteinte de ses objectifs n'aurait de sens sans un financement proportionné et adéquat. C'est pourquoi l'UQAM réitère ses demandes connues au titre du financement :
>
> (a) Que l'UQAM reçoive un financement comparable à celui des autres universités et ne soit assujettie, en cette matière, qu'aux seules règles communes à l'ensemble des universités;
>
> (b) que la volonté politique de régionaliser l'enseignement universitaire sur le territoire québécois n'amoindrisse pas les ressources consenties à l'UQAM, mais que ce fardeau soit supporté par toutes les universités québécoises;
>
> (c) que l'UQAM soit financée, au cours des prochaines années, comme le furent les autres universités pendant la période de leur développement[5].

Cette revendication est tellement fondamentale que, s'ils avaient à choisir, plusieurs en préféreraient la pleine satisfaction à l'un ou l'autre ou même à l'ensemble des pouvoirs supplémentaires que l'UQAM revendique. Le choix ne s'est pas offert en ces termes; si elle a gagné de nouveaux pouvoirs d'une façon juridiquement inattaquable, la question du financement de l'UQAM, bien qu'ayant connu de substantiels progrès, demeure comme une blessure ouverte au flanc de l'établissement.

En réclamant un statut de pleine responsabilité institutionnelle, l'UQAM ne proclame pas une déclaration unilatérale d'indépendance ni même une sécession militante avec l'Université du Québec, elle se dit même ouverte à l'idée, sans doute chimérique, d'un «seul ensemble réunissant toutes les universités québécoises». Mais elle prend bien soin d'affirmer qu'un tel regroupement doit «se faire sur la base d'institutions bénéficiant des pouvoirs et des moyens correspondant à leurs responsabilités[6]».

Voilà donc le projet de réponse de l'UQAM à la Commission Angers. Reste à savoir si le comité a conçu une position qui recueillera l'aval de la communauté universitaire. Le document définissant le SPRI part donc en consultation *urbi et orbi* dans l'UQAM, le 5 novembre 1979, avec la date du 30 novembre comme échéance. Au terme du processus de consultation, un consensus se dégage : le SPRI apparaît comme la position la moins risquée et l'UQAM doit l'adopter. Quelques unités demandent l'indépendance pure et simple de l'UQAM; d'autres la jugent nécessaire si l'on n'obtient pas de changements significatifs de l'organisation du réseau de l'UQ; la position sur le financement est universellement endossée. Le comité a le sentiment d'avoir visé assez juste: la demande d'autonomie totale ne rassemble qu'un petit nombre d'appuis et l'idée de disloquer le seul réseau universitaire public du Québec, par le retrait de l'UQAM, apparaît impensable à une partie de la communauté de l'UQAM.

Cette prudence qui se dégage de la consultation et qui confirme le comité dans son analyse, sera illustrée par une réponse à la consultation qui tarde à venir, malgré l'échéance du 30 novembre : celle du Syndicat des professeurs (SPUQ), dont le retard explique l'absence de réponse de certains départements à la consultation. Réuni en conseil syndical, le 13 décembre 1979, le SPUQ délibère longuement. Finalement, vers 1h30 du matin, le 14 décembre, je suis réveillé par un appel téléphonique du président syndical qui veut me communiquer la position adoptée par le SPUQ. Celui-ci est à son tour bien prudent :

> 1. Que l'UQAM revendique la création d'un réseau unique d'universités québécoises ou la réorganisation des structures de l'UQ et, en tout état de cause, un statut qui lui permette d'assumer en particulier les pouvoirs de programmation, de réglementation et d'obtenir un financement lui permettant d'exercer pleinement ces pouvoirs.
>
> 2. Que le retrait pur et simple de l'UQAM du réseau UQ soit envisagé, si la création d'un réseau unique d'universités québécoises ou la réorganisation des structures de l'UQ ne sont pas, dans un délai raisonnable, réalisées de façon satisfaisante.

De cette consultation se dégage donc un appui général à l'idée proposée par le Comité d'un statut nouveau de pleine responsabilité institutionnelle pour l'UQAM. Si certaines instances laissent entendre que le Comité aurait pu être plus audacieux dans ses recommandations, parmi les instances qui ont formulé un avis ne figure aucun défenseur du *statu quo*. Par ailleurs, le problème du financement de l'UQAM est central. La consultation confirme la prudence qui caractérisait les réflexions du Comité. Elle confirme également le recteur Pichette, aux yeux de qui la recommandation de la Commission Angers, si elle survenait comme un baume pour l'UQAM et une légitimation de la volonté institutionnelle de changer des choses, pouvait, prise au pied de la lettre, engager l'UQAM dans un combat voué à l'échec.

La consultation terminée, tout ira très rapidement. Dans la même journée du 17 décembre 1979, tour à tour, la Commission des études et le Conseil d'administration approuvent unanimement la réclamation du statut de pleine responsabilité institutionnelle pour l'UQAM et donnent à la direction le mandat de prendre les dispositions nécessaires pour que le SPRI se réalise. Il est vrai que le Conseil d'administration juge nécessaire de rappeler l'attachement de l'UQAM à l'idée d'un «seul ensemble universitaire québécois», position agréable à l'esprit de bien des universitaires, en signalant toutefois que le nouveau statut réclamé pour l'UQAM est «pleinement compatible avec sa participation à un tel ensemble [7]». Le 18 décembre, le recteur Pichette s'empresse de transmettre la position du Conseil d'administration et le document définissant le SPRI au président de l'Université du Québec, au ministre de l'Éducation et à la présidente du Conseil des universités.

Ainsi donc, six mois après la publication de la recommandation de la Commission Angers lui proposant le retrait de l'Université du Québec et un statut de parité avec les autres universités montréalaises, l'UQAM s'est fixé un objectif, le statut de pleine responsabilité institutionnelle, qui repose sur un consensus institutionnel solide, qui diffère les gestes dramatiques et invite l'Université du Québec à la négociation, qui donne à tous une marge de manœuvre. L'UQAM a une position. Une longue et tenace patience l'attend désormais.

L'offensive et l'enlisement

Sitôt terminé le congé du Nouvel An 1980, la direction de l'UQAM prend l'offensive pour faire avancer la revendication de l'UQAM. Outre un travail d'information interne, les publics externes sont activement courtisés. À la mi-janvier, *Le Devoir* (14 janvier) et *La Presse* (18 janvier) appuient en éditorial un «statut particulier» pour l'UQAM. Le 21 janvier, la direction reçoit à l'Université un groupe de députés représentant la grande région de Montréal à l'Assemblée nationale. Le 29 janvier, l'ensemble des membres de la Fondation de l'UQAM est informé de la position adoptée par l'UQAM. Le 18 février, le maire de Montréal reçoit et écoute le recteur. Plus important encore que toutes ces démarches, le recteur de l'UQAM est reçu, le 15 février, par le Conseil des universités alors présidé par une ancienne professeure et vice-rectrice de l'UQAM. Tôt ou tard, s'il est obligé d'intervenir dans le dossier, le ministre de l'Éducation demandera au Conseil des universités un avis sur le statut de l'UQAM. Il s'impose donc de lui faire bien comprendre la position de l'UQAM et de gagner sa sympathie. D'où l'importance de la rencontre du 15 février.

Avec l'accord du recteur, j'avais cherché à préparer le terrain auprès du Conseil des universités par des échanges téléphoniques avec Paule Leduc, sa présidente. Je lui avais même adressé, dans une longue lettre ne portant aucun en-tête institutionnel, une substantielle documentation illustrant un thème important, à savoir le caractère bien modeste des véritables collaborations de nature pédagogique, académique ou scientifique entre l'UQAM et les autres établissements du réseau de l'UQ. Qu'il se fût agi de programmes d'études, d'activités de recher-che, d'échanges d'étudiants, je m'efforçai de démontrer que l'appartenance de l'UQAM au réseau de l'UQ n'entraînait guère de programmes d'études conjoints, de coopérations scientifiques soutenues, de prêts de professeurs, de mouvements d'étudiants d'un établissement à l'autre et que le plan de développement (1979-1982) de l'UQAM n'annonçait pas de renforcement de telles collaborations au sein du réseau; que le réseau de l'UQ était essentiellement une machine juridico-administrative plutôt qu'une communauté universitaire; que les autres universités montréalaises constituaient le véritable «réseau» de l'UQAM. Cette thématique, dure, cruelle même pour le réseau de l'Université du Québec, fut reprise par le recteur Pichette dans son allocution au Conseil des universités :

> Bien que l'appartenance au réseau de l'Université du Québec entraîne, pour l'UQAM, la participation à une foule de comités, conseils et organismes de toute nature, bien que l'appartenance à ce réseau implique une réglementation et des procédures communes, il faut constater que, dans les activités spécifiquement universitaires d'enseignement, de recherche et de services à la collectivité, l'appartenance de l'UQAM au réseau de l'UQ se réduit à très peu de choses. En réalité, l'UQAM appartient à deux réseaux distincts : au plan administratif, réglementaire et financier, elle appartient au réseau formel de l'UQ; au plan de la vie pédagogique et scientifique, en matière de programmes d'étude et de recherche, elle appartient au réseau informel des institutions universitaires de la région montréalaise.
>
> Ce saisissant contraste entre une appartenance administra- tive et réglementaire et une appartenance pédagogique et scientifique résulte de la nature des choses : par sa taille, par ses programmes d'études, par ses unités de recherche, l'UQAM est très profondément enracinée dans le milieu montréalais; les problèmes, les préoccupations de recherche, le climat culturel du milieu métropolitain de Montréal orientent naturellement les professeurs et chercheurs de l'UQAM vers leurs homologues de l'Université de Montréal et des Universités McGill et Concordia; ces mêmes facteurs ne facilitent ni les contacts ni les échan- ges avec les professeurs et chercheurs qui, à l'UQTR, à l'UQAC, à l'UQAR, œuvrent dans des milieux très différents et participent à des problèmes et à des préoccupations pro- pres aux régions en cause. Pour l'UQAM – et ce fait fondamental est d'une importance capitale – le vrai réseau, le réseau où se vivent les échanges et les collaborations pédagogiques et scientifiques qui sont la raison d'être de

l'Université, c'est le réseau naturel des universités montréalaises... ce phénomène explique bien l'adhésion profonde et généralisée des instances de l'université au projet d'un nouveau statut[8].

Rétrospectivement, il me semble aujourd'hui que cette analyse présentée au Conseil des universités allait vraiment au fond des choses et expliquait très clairement l'humeur institutionnelle soutenant la revendication d'un nouveau statut pour l'UQAM. Au terme d'une rencontre de deux heures avec le Conseil des universités, le recteur et ses collègues eurent le sentiment, bien justifié, on le verra, d'avoir marqué des points pour l'UQAM auprès de cet organisme.

L'offensive engagée dès le début de janvier 1980 par la direction de l'UQAM pour promouvoir le SPRI progressait bien sur tous les fronts, sauf un. Sur tous les fronts secondaires, la cause plaidée était reçue avec attention et sympathie. Sur le front principal, l'Université du Québec (derrière laquelle s'élevait le terrain en pente que menaçait de devenir le ministère de l'Éducation), nous fûmes vite forcés de constater l'enlisement et le passage à la guerre de tranchées; celle-ci durera longtemps avant que l'Université du Québec n'accepte une véritable discussion.

Depuis qu'il a reçu le document sur le SPRI, à la veille de Noël 1979, jusqu'à la mi-février 1980, le président de l'Université du Québec, Gilles Boulet, n'a ni bougé ni même réagi, excepté un très formel accusé de réception envoyé au recteur de l'UQAM. Dans une lettre au recteur Pichette, en date du 20 mars 1980, le président explique son refus initial de réagir au document reçu de l'UQAM : «Je considérais, écrit-il, que la majeure partie des réclamations contenues dans le document se situaient expressément en dehors du cadre de la Loi de l'Université du Québec, et qu'elles s'adressaient ainsi strictement au ministre de l'Éducation et à l'État du Québec, et qu'il ne m'appartenait pas d'y répondre.» La réponse n'est pas déraisonnable : les divers pouvoirs réclamés par l'UQAM au titre du statut de pleine responsabilité institutionnelle mettent clairement en cause des pouvoirs considérables attribués par la loi de l'UQ à l'Assemblée des gouverneurs. En outre, ayant observé que le ministre de l'Éducation n'avait exprimé aucune idée favorable quant au statut autonome recommandé pour l'UQAM par la Commission Angers, le président n'avait aucune raison d'être plus sympathique à l'idée; enfin, il avait également intérêt à retarder le plus longtemps possible toute négociation avec l'UQAM puis, s'il était contraint à de telles négociations, à imposer le terrain sur lequel elles se dérouleraient. Le recteur de l'UQAM avait des intérêts exactement contraires, soit d'accélérer le début des discussions et d'éviter tout autre terrain que le sien. Tout était donc en place pour l'enlisement dans une interminable guerre de tranchées. Mais même les plus fins stratèges sont tributaires des imprévus.

Lors d'une réunion de l'Assemblée des gouverneurs, le 13 février 1980, le président Boulet présente un document intitulé «Principes d'action» qui vise à mettre en œuvre des actions et des orientations découlant du schéma général de développement du réseau de l'Université du Québec. Ce document présente une vision du développement du réseau et des compétences de ses instances, dont l'Assemblée des gouverneurs, qui ne fait aucune espèce de référence à la question du statut de l'UQAM, qui avait pourtant acquis un caractère tout à fait public.

Le dépôt du document «Principes d'action» entraîne une discussion que le président ne souhaitait certainement pas; ce document est perçu par certains gouverneurs comme une fin de non-recevoir adressée à l'UQAM. Le recteur de l'UQAM alimente la discussion en signalant que l'adoption du document compromettrait gravement toute possibilité de discussions sérieuses sur la question du statut de l'UQAM. Le document du président donne donc lieu à une longue discussion sur le nouveau statut de l'UQAM. Au terme de celle-ci, alors que le recteur de l'UQAM a quitté la réunion, l'Assemblée des gouverneurs adopte à l'unanimité une résolution prévoyant une réunion au cours de laquelle seraient discutés l'évolution de l'UQ et le document de l'UQAM. Par suite de cette réunion de l'Assemblée des gouverneurs, le président Boulet est donc contraint d'entreprendre des discussions avec l'UQAM et l'adoption du document «Principes d'action» se trouve ainsi différée. Entre-temps, sachant que le Conseil des universités rencontrera l'UQAM deux jours plus tard, certains pressent l'UQAM de reporter cette rencontre.

Un dialogue particulièrement laborieux – pour ne pas dire un dialogue de sourds – s'engage entre l'UQAM et l'Université du Québec, tantôt avec les chefs d'établissements, tantôt avec les instances dirigeantes. Les deux parties éprouvent le plus grand mal à trouver un cadre de référence partagé pour leurs discussions. Cela caractérisera leurs rapports pendant les années 1980 et 1981. D'une part, l'UQAM, qui a pris une position globale couvrant son statut, veut traiter à la fois de questions d'organisation et de règlements et de questions financières; de plus, elle juge que l'on ne doit pas exclure une modification de la loi de l'Université du Québec. D'autre part, la direction du réseau de l'UQ prend la loi comme un cadre intangible et propose de discuter de modalités réglementaires et de modes d'organisation dans le respect de cette loi. L'UQ hésite à aborder simultanément les dimensions réglementaires et les dimensions financières; l'UQAM se refuse à discuter des unes sans discuter aussi des autres. Le diagnostic n'est pas le même pour les deux parties : la direction du réseau de l'UQ veut améliorer le fonctionnement du réseau; l'UQAM demande un statut nouveau, dans ou hors du réseau. Quand deux parties à une négociation ne s'entendent pas sur les objets de la négociation, quand chaque partie décide *a priori* de soustraire de la négociation des objets que l'autre juge indispensable à la discussion, le processus ne peut que s'enliser dans l'incompréhension réciproque. C'est ce que vécurent l'UQAM et l'UQ pendant de longues années dans ce dossier. À répétition, l'UQ a répliqué que la loi était une donnée indiscutable, qu'il fallait chercher à améliorer les choses de l'intérieur, que les questions financières constituaient un chapitre distinct. Il me semble, rétrospectivement, que cela résume l'essentiel du cheminement du dossier du statut de l'UQAM au début de 1980 jusqu'à la fin de 1981, première période de la longue et tenace patience dont a fait preuve l'UQAM.

Cela dit, vaut-il la peine de reconstituer par le menu détail les péripéties du cheminement du dossier du statut de l'UQAM pendant ces deux années? Sans prétendre reconstituer minutieusement les choses, je veux tout de même rappeler certaines étapes qui illustrent le bien-fondé de mes propos.

Pressé par l'Assemblée des gouverneurs, le président Boulet rencontre une première fois le recteur Pichette, le 21 février 1980. Rencontre à caractère très préliminaire : le président explique que le document «Principes d'action», qui a provoqué une première discussion de la question de l'UQAM à l'Assemblée des gouverneurs, n'a jamais été conçu par ses auteurs comme une réponse aux demandes de l'UQAM, mais comme une étape dans les processus normaux de planification du réseau. Le recteur Pichette énonce ce qui sera souvent répété par la suite : il faut que l'Université du Québec réponde par une contre-proposition globale aux demandes de l'UQAM. Mais, réplique Boulet, l'UQAM considère-t-elle, oui ou non, que l'actuelle Loi de l'Université du Québec constitue un cadre intangible? Le représentant de l'UQAM se garde bien de répondre à cette question et réitère la nécessité pour l'UQ de faire à son tour une contre-proposition globale raisonnable. Il n'est pas possible d'aller plus loin. Le Conseil d'administration de l'UQAM, quelques jours plus tard, confirme la nécessité d'une contre-proposition globale de la part de l'UQ et, surtout, demande à la direction de l'UQAM de ne s'engager dans de nouvelles discussions que sur la base de propositions globales du réseau. Tout au long de ces deux années, l'UQAM redoutera sans cesse toute discussion dissociant les aspects juridiques et les aspects financiers de la question et l'UQ réitérera ses motifs de crainte à cet égard.

En effet, dès le 13 mars 1980, le président de l'UQ présente verbalement au recteur et au vice-recteur de l'UQAM une «hypothèse de travail de nature juridico-administrative» visant une restructuration du cadre réglementaire et organisationnel du réseau de l'Université du Québec. Compte tenu du mandat donné à la direction par le Conseil d'administration, le 25 février, les représentants de l'UQAM informent le président que sa proposition verbale est incomplète et que, faute de propositions en matière financière, l'UQAM ne peut prendre en considération cette hypothèse partielle. Une consultation avec l'ensemble des membres de la direction de l'UQAM permet au recteur de confirmer par écrit au président de l'UQ, le 18 mars, que la direction de l'UQAM ne peut prendre en considération une hypothèse qui n'aborderait que l'aspect réglementaire de la question soulevée par le statut de pleine responsabilité institutionnelle. Malgré cette réponse de la direction de l'UQAM – réponse qui résulte directement de la position adoptée par le Conseil d'administration le 25 février – la direction de l'Université du Québec présente son hypothèse juridico-administrative à l'Assemblée des gouverneurs, le 19 mars, et reçoit le mandat de mettre au point une version détaillée de l'hypothèse, ladite Assemblée approuvant l'hypothèse.

Les choses s'engagent mal et la direction de l'UQAM appréhende de faire un faux pas stratégique. Il est hors de question de se laisser entraîner dans une discussion à la pièce, où les dimensions financières seraient reportées à plus tard; par ailleurs, il ne faut pas être accusé de faire preuve de mauvaise foi dans les échanges; en outre, l'UQAM attend un avis du Conseil des universités et ne veut pas trop s'engager avant de connaître la teneur de cet avis. En fait, pendant les mois de février et de mars 1980, la direction de l'UQAM est en quelque sorte contrainte de poursuivre deux objectifs contradictoires. D'une part, elle doit mettre tout en œuvre pour amener l'Université du Québec à présenter une contre-proposition sur la question du statut de l'UQAM et pour amener la direction du réseau à sortir de son mutisme et de son attentisme, car si le dossier traîne en longueur, la cause de l'UQAM ne pourra que s'affaiblir; en tout état de cause, la direction de l'UQAM doit être perçue comme raisonnable et pleinement disposée à négocier de bonne foi. D'autre part, l'UQAM n'a pas intérêt à s'engager dans une négociation trop décisive tant qu'elle n'aura pas reçu d'autres appuis à sa cause, particulièrement l'avis sympathique qu'elle espère du Conseil des universités. Cette prudence est d'autant plus justifiée que, le 3 mars 1980, le ministre d'État au développement culturel, M. Camille Laurin, a confié au recteur Pichette son intérêt pour la question du statut de l'UQAM ainsi que son désir de faciliter une solution qui, sans affaiblir le réseau de l'UQ, répondrait bien aux aspirations et aux besoins de l'UQAM. Dans cet éventuel contexte, l'UQAM a tout intérêt à différer des négociations substantielles tout en réclamant simultanément que l'UQ se mette sérieusement à l'œuvre pour lui formuler des propositions substantielles.

La direction de l'UQAM a raison de temporiser. Le 27 mars 1980, quelques jours après le dépôt par le président Boulet à l'Assemblée des gouverneurs de son «hypothèse de réforme du cadre juridico-administratif» du réseau de l'UQ, document déposé malgré l'avertissement de Claude Pichette, le Conseil des universités publie son avis au ministre de l'Éducation en réponse aux rapports de la Commission d'étude sur les universités (Commission Angers). Dans cet avis, qui aborde beaucoup de questions et qui s'intitule *L'université québécoise des années 80*, le Conseil recommande à son tour un nouveau statut pour l'UQAM :

> Le Conseil des universités recommande au ministre de l'Éducation d'accorder à l'Université du Québec à Montréal une charte confirmant son statut d'université à part entière[9].

Une telle recommandation consolide significativement la position de l'UQAM et justifie rétrospectivement sa direction d'avoir poursuivi, au cours des deux mois précédents, des objectifs proprement contradictoires. L'avis du Conseil des universités en poche, l'UQAM peut préparer sa résistance aux offensives de l'UQ en matière de réforme «juridico-administrative».

L'avis du Conseil des universités survient quelques jours, donc, après que le président Boulet eut tenté de reprendre l'initiative en déposant à l'Assemblée des gouverneurs son hypothèse de réforme du cadre juridico-administratif de l'Université du Québec. En poste depuis 1978, Gilles Boulet a hérité du régime de son prédécesseur, Robert Després, un volumineux et complexe ensemble de dispositions réglementaires et administratives, c'est-à-dire trente et une «Politiques générales», une cinquantaine de «Politiques opérationnelles» qui donnent naissance, à leur tour, à des «Procédures opérationnelles», cet ensemble devant régir minutieusement toutes les dimensions de la vie académique et administrative du réseau de l'Université du Québec. Le président Boulet veut simplifier ce volumineux ensemble juridico-administratif en distinguant «un cadre juridique obligatoire pour l'ensemble du réseau» et un «cadre administratif pouvant faire l'objet d'un droit d'option pour les institutions du réseau».

L'hypothèse proposée par le président est accueillie avec intérêt par beaucoup de gens dans le réseau. Suffisamment, en tout cas, pour que l'Assemblée des gouverneurs y réagisse favorablement en demandant au siège social de préparer un dossier détaillé. Une réunion spéciale de l'Assemblée des gouverneurs est convoquée pour le 30 avril suivant afin d'en prendre connaissance.

L'UQAM réagit négativement à l'hypothèse de réforme du cadre juridico-administratif présentée par le président et ce, pour des raisons que rendra explicites son Conseil d'administration, le 28 avril. En premier lieu, l'hypothèse du président ne met nullement en cause la Loi de l'Université du Québec, qui est toujours conçue comme une donnée intangible. Il s'ensuit, en second lieu, que si l'hypothèse simplifie la réglementation et les procédures en vigueur au sein du réseau, elle n'offre à l'UQAM aucun des nouveaux pouvoirs qu'elle réclame pour son SPRI. En troisième lieu, ce qui est fondamental, l'hypothèse du président ne dit toujours rien des questions financières auxquelles l'UQAM attache la plus grande importance. Encore une fois, l'UQ et l'UQAM voient les choses de façon radicalement différente : celle-là parle de règlements et de procédures, celle-ci réclame un statut nouveau assorti d'assises financières solides. Pour comprendre toute l'importance attachée par l'UQAM à la question financière, il convient de citer une lettre du 27 mars 1980 du recteur Pichette au président Boulet, qui résume à la fois dix ans de doléances financières de l'UQAM, rappelle la nécessité de considérer dans son ensemble la question du statut de l'UQAM et confirme l'impasse dans laquelle le dossier sera condamné à stagner :

> L'UQAM, la direction le répète, n'attend pas une solution finale et complète, pour discuter de son dossier; elle attend une proposition globale de l'UQ, <u>une proposition portant sur tous les éléments du dossier</u>. Il y a là une nuance importante qui semble vous échapper malgré que nous nous soyons efforcés de vous l'expliquer clairement.

Un financement proportionné et adéquat est un élément central, fondamental et essentiel du statut de pleine responsabilité institutionnelle que réclame l'UQAM. Cette question est vitale pour l'UQAM et aucune discussion sérieuse des demandes de l'UQAM n'est possible sans que soient simultanément considérées les questions financières. La direction, pour établir l'importance des questions financières, veut vous rappeler ce qui suit :

(a) la question financière se discute depuis 10 ans; il est grand temps que cela se règle;

(b) la péréquation existe et l'UQ le reconnaît; l'UQAM en subit une perte de ressources importantes;

(c) la question financière est très difficile à régler. Dans le passé, alors que l'UQAM était dans une très difficile situation financière, suite à un conflit de travail, seules l'UQAR et l'UQ, à l'instigation du président Després, ont accepté de l'aider;

(d) dans l'hypothèse où la question financière et la question réglementaire se discuteraient séparément, l'UQAM n'a aucune assurance qu'une fois la question réglementaire réglée – chose relativement simple puisque toutes les constituantes vont en profiter – la question financière se règle aussi, car, cette fois, les autres constituantes pourront craindre d'y perdre, ce qui pourra les amener à s'opposer aux demandes de l'UQAM.

Ce sont ces motifs qui amènent l'UQAM – et d'abord son Conseil d'administration – à exiger une proposition globale et complète en réponse à ses demandes et exiger que se discutent ensemble les questions réglementaires et financières.

La direction comprend bien mal votre attitude en ce qui concerne l'aspect financier.

Vous vous déclarez, en effet, incapable de formuler une proposition financière tant que le ministre de l'Éducation n'aura pas fait connaître les règles de financement pour l'année qui vient. Pourtant, dans le cas du financement du régime de rentes de l'Institut Armand-Frappier, vous n'avez pas hésité à proposer au réseau et à ses constituantes un programme de contributions s'échelonnant sur quinze (15) années, qui pourrait coûter à l'UQAM 2 millions de dollars. Dans le cas des Presses de l'Université du Québec, les constituantes seront invitées à s'engager financièrement pour cinq (5) années. Enfin, vous êtes prêt à retirer de l'enveloppe des constituantes, pour l'engager dans des projets réseau, une somme pouvant atteindre un million, comme vous l'avez annoncé aux cadres supérieurs le 13 décembre 1979.

Devant ces faits, la direction de l'UQAM, constatant votre prudence à l'égard de notre Université et votre libéralité à l'égard d'autres unités du réseau, s'étonne que vous soyez incapable de proposer des principes (avant même de parler de chiffres précis) en réponse à sa demande. Contrairement aux propos que vous m'imputez, d'ailleurs, je vous dis qu'en matière financière l'Assemblée des gouverneurs pourrait prendre des engagements de principe, la connaissance des règles de financement du MEQ permettant de préciser, le cas échéant, le détail des montants impliqués.

Le Conseil d'administration endosse pleinement cette analyse de l'importance du chapitre financier, dans la question du statut de l'UQAM, et ceci explique bien pourquoi il a, par deux fois, demandé une contre-proposition complète et donné instruction à la direction de l'UQAM de ne s'engager dans des discussions avec l'UQ que sur la base de propositions complètes.

Le 30 avril 1980, l'Assemblée des gouverneurs tient la réunion spéciale décidée quelques semaines plus tôt au sujet de l'hypothèse de réforme du cadre juridico-administratif du réseau de l'UQ. L'Assemblée est saisie d'une version détaillée du projet du président, en même temps que d'un télégramme provenant du Syndicat des professeurs de l'UQAM réitérant la position du Conseil syndical du 14 décembre 1979. Une très longue discussion s'engage sur la proposition du président Boulet.

Au terme de cette discussion, quatre résolutions sont adoptées par l'Assemblée des gouverneurs, dont deux méritent d'être citées. D'une part, l'Assemblée adopte, à la majorité, une résolution acceptant «en principe le projet de *Propositions de mise à jour du cadre juridico-administratif de l'Université du Québec*» comme «une approche valable à la réorganisation juridico-administrative de l'Université du Québec». Il convient de signaler que des membres de l'Assemblée n'ont pas manqué de soulever certaines questions qu'avait déjà évoquées le Conseil d'administration de l'UQAM sur la portée réelle de la réforme. Par cette résolution, l'Assemblée des gouverneurs demande en outre que rapport lui soit fait en septembre 1980, rapprochant ainsi de beaucoup une échéance importante et refusant la recommandation de la direction de l'UQ qui souhaitait que le rapport sur cette question ne soit déposé à l'Assemblée des gouverneurs qu'au mois de mars 1981.

D'autre part, l'Assemblée des gouverneurs vote une seconde résolution qui s'adresse nommément à l'UQAM et, sur ce point encore, l'Assemblée des gouverneurs adopte une position différente de celle souhaitée par la direction de l'UQ. En effet, la direction de l'UQ avait soumis un projet de résolution constituant ce que certains ont interprété comme un ultimatum à l'UQAM et se lisant ainsi :

> I Que les solutions envisagées pour répondre aux problèmes soulevés par l'UQAM quant à son «statut» se situent à l'intérieur de la loi actuelle de l'Université du Québec;
>
> II Que l'Assemblée des gouverneurs demande à l'UQAM de donner son adhésion aux orientations manifestées par la résolution portant sur le cadre juridico-administratif;
>
> III Qu'aucune autre démarche ne soit entreprise dans ce dossier d'ici à ce que le Conseil d'administration de l'UQAM ait assuré l'Assemblée des gouverneurs de son adhésion aux deux principes présentés dans les volets I et II de la présente résolution.

Ayant pris acte de la résolution adoptée par le Conseil d'administration de l'UQAM le 28 avril, et ayant pris connaissance du télégramme du 30 avril du SPUQ, l'Assemblée des gouverneurs, après en avoir longuement débattu, refuse le projet de résolution proposé par la direction de l'UQ et se borne à adopter une résolution plus réaliste qui ne revête plus l'allure d'un ultimatum à l'UQAM :

QUE

a) compte tenu des résolutions A-200-S-2586, concernant la communauté scientifique, A-200-S-2587, concernant le cadre de coopération inter-institutionnelle et A-200-S-2588, concernant le cadre juridico-administratif;

b) nonobstant la résolution 80-A-2763 du Conseil d'administration de l'Université du Québec à Montréal, annexée à la présente résolution,

l'Assemblée des gouverneurs poursuive ses réflexions et ses travaux sur la revitalisation de la communauté scientifique réseau, la mise à jour du cadre juridico-administratif, et ce, dans les échéances prévues;

QUE

l'Assemblée des gouverneurs avise le Conseil d'administration de l'Université du Québec à Montréal, qu'au moment où elle aura terminé ces travaux, elle sera mieux en mesure de répondre aux demandes de l'Université du Québec à Montréal.

L'année universitaire 1979-1980 prend donc fin dans un contexte d'enlisement du dossier relatif au statut de l'UQAM. Celle-ci, si elle a gagné des appuis substantiels à sa cause, dans le sillage de la recommandation de la commission Angers, n'a pas réussi à faire véritablement discuter du fond de sa demande; ses revendications financières, en particulier, n'ont suscité aucune proposition digne de ce nom. En plus, elle doit combattre sans relâche des propositions de réformes juridico-administratives qui intéressent l'ensemble du réseau mais qui risquent de la piéger. Tout absorbé par ses projets de réforme, le réseau de l'UQ cherche à gagner du temps et diffère toute action décisive sur les demandes de l'UQAM; gagner du temps, on le sait, sert toujours plus les tenants du *statu quo* que ceux qui cherchent le changement. Mais l'état du dossier n'apporte pas nécessairement un très grand réconfort au président Boulet : quels que soient ses gains immédiats et son autorité dans le réseau, il est confronté à la mauvaise humeur, à la grogne permanente du plus important établissement du réseau et la maîtrise complète du terrain lui échappe. En fait, la question du statut de l'UQAM a été posée avec trop de force et d'éclat pour être ensuite enterrée sous une réforme juridico-administrative. Le feu couve sous la cendre, et s'il brûle parfois faiblement, il résiste néanmoins aux tentatives d'étouffement.

À certains moments, des événements extérieurs viennent rappeler l'existence et l'acuité de la question de l'UQAM. Par exemple, le 3 février 1981, devenu ministre de l'Éducation, le Dr Camille Laurin, dans une allocution sur l'avenir des universités, évoque la nécessité de bien considérer la situation de l'UQAM :

> Je tiens cependant à exprimer une préoccupation plus globale, qui devrait faire partie du cadre d'analyse du statut de l'UQAM : il s'agit de l'avenir du développement de l'ensemble des institutions universitaires de la région montréalaise. En effet, le statut de l'UQAM peut difficilement être repensé indépendamment des liens que cette institution doit entretenir avec le complexe universitaire de la région de Montréal. La concertation et la coordination dont nous avons parlé posent, à Montréal, des défis d'une acuité toute particulière. L'harmonisation de la programmation, l'intégration ou la mise en commun de certains services, le partage des aires de développement sont autant de tâches qui s'imposent. Plus fondamentalement, c'est la coopération des deux réseaux

linguistiques qu'il faudra améliorer et rendre plus étroite et plus organique. Pour ma part, je suis prêt à étudier cette question avec les quatre institutions concernées.

L'UQAM avait donc de bonnes raisons de maintenir ses revendications même si le dossier stagnait. À partir de la réunion de l'Assemblée des gouverneurs du 30 avril 1980, la question du statut de l'UQAM entre dans une longue période de piétinement. Des événements aussi spectaculaires qu'imprévus se dérouleront avant que le dossier ne connaisse un début de déblocage. Il convient, ici, de résumer cette période de stagnation concernant la question du statut de l'UQAM.

Sur la base de l'hypothèse de réforme du cadre juridico-administratif du réseau, approuvée en principe par l'Assemblée des gouverneurs, le 30 avril 1980, l'Université du Québec, par sa direction, s'engage dans la préparation d'un Nouveau cadre réglementaire. Une première version, incomplète, est présentée à l'Assemblée des gouverneurs à la mi-novembre 1980. Une version à peu près complète sera présentée par le président Boulet quelques mois plus tard, à l'Assemblée des gouverneurs du 26 mars 1981. Dans sa présentation du document, Boulet indique que le Nouveau cadre réglementaire vise à alléger le cadre juridico-administratif de l'Université du Québec et à ramener la réglementation à l'essentiel. La proposition se situe dans le cadre de la loi de l'Université du Québec, encore une fois tenue pour une donnée intangible. Cette proposition est strictement d'ordre réglementaire et ne traite en rien du partage des ressources financières au sein du réseau; à travers dix règlements, le projet définit les dispositions régissant tant les affaires académiques que les affaires administratives de l'Université du Québec. Du point de vue de l'UQAM, le Nouveau cadre réglementaire a la vertu de s'en tenir à l'essentiel; mais il a surtout l'inconvénient de confirmer l'essentiel, c'est-à-dire le *statu quo* quant à la place de l'établissement dans le réseau de l'UQ. En dépit de l'opposition de l'UQAM, exprimée sur la base d'une vaste consultation interne, l'Assemblée des gouverneurs adopte, morceau par morceau, le Nouveau cadre réglementaire au cours de l'année 1981 à seule fin de consultation dans les constituantes du réseau. Celle-ci s'achève sans que le dossier du SPRI ait progressé par rapport à la situation prévalant au printemps de 1980. Mais l'UQAM ne renonce pas. Un comité mis sur pied par le Conseil d'administration de l'Université pour procéder à une consultation interne sur le projet de Nouveau cadre réglementaire conclut son document de consultation en invitant la communauté de l'UQAM à réaffirmer sa demande : «En réaffirmant sa revendication d'un statut de pleine responsabilité institutionnelle, écrit ce Comité, l'UQAM forcera, tôt ou tard, les instances intéressées (UQ, Conseil des universités, ministère de l'Éducation) à rouvrir la discussion sur la question de son statut.»

Vaine protestation? Pas nécessairement. Dans cette guerre de tranchées qui oppose l'UQAM et l'UQ, il est vrai que le front semble s'enliser pour de bon et aucun mouvement significatif n'est perceptible alors que débute l'année 1982. Les parties sont fermement ancrées dans leurs positions respectives. L'Université du Québec a refait complètement sa réglementation, l'a allégée d'un appareil juridico-administratif lourd, compliqué, excessif, projette l'image d'un ensemble universitaire dynamique désormais capable de s'occuper de l'essentiel et d'accorder à ses membres un peu plus de flexibilité dans leur développement, sans pour autant altérer la substance de son fédéralisme très orthodoxe et encore centralisateur. Le président Boulet, pour sa part, peut avoir le sentiment non seulement d'avoir réussi une réforme à laquelle il tenait, mais d'avoir contenu de son mieux l'offensive de l'UQAM, ou, à tout le moins, d'avoir définitivement évité la sécession du plus important membre du réseau. Quant à l'UQAM, elle se replie sur ses positions, ne renonce aucunement à la substance de ses revendications, même si elle ne parvient pas à entrevoir le jour où elle aura gain de cause. Le front est vraiment figé! Cependant, bien mal avisé serait celui qui s'estimerait définitivement vainqueur ou perdant. Dans les affaires universitaires, comme dans celles du monde en général, l'Histoire est toujours capable de rebondissements imprévisibles.

Premier intermède :
le putsch raté de l'Université du Québec
contre le recteur Pichette

Nommé recteur de l'UQAM le 19 octobre 1977, Claude Pichette achève son mandat de cinq ans lorsque débute l'année 1982. Selon les règlements de l'Université du Québec, il doit faire savoir six mois avant le terme de son mandat s'il en sollicite le renouvellement. Je me souviens qu'à la fin d'une réunion spéciale de la direction de l'Université, en janvier 1982, je me fais, à titre de vice-recteur à l'Enseignement et à la recherche, le porte-parole de mes collègues et lui demande s'il a pris une décision quant à son avenir. Les quatre premières années de son mandat ont été particulièrement éprouvantes. Il a hérité d'un établissement presque en lambeaux après les grèves des employés (mars-avril 1976) et des professeurs (octobre 1976 - février 1977); il a dû tenter de faire repartir la machine, et de reconstituer une équipe de direction, pour affronter une nouvelle grève, des chargés de cours cette fois, au printemps 1979. Si l'entrée dans la première phase du campus et le lancement de la Fondation à l'automne 1979, si la croissance accélérée des inscriptions à partir du même automne ont marqué un nouveau départ pour l'UQAM, de sérieuses difficultés financières et l'affrontement avec l'Université du Québec à propos du statut de l'UQAM ont assombri les années 1980 et 1981. De plus, la volatilité de l'opinion de la communauté de l'UQAM au sujet de son recteur et de sa direction – cela, du moins, semble être une préoccupation pour lui à ce moment-là – laisse le recteur songeur quant à la possibilité d'être reconduit pour un second mandat. Après cinq dures années à la direction de l'UQAM, ayant réalisé infiniment plus que ce qu'il espérait quand il était entré en fonction, Claude

Pichette pourrait légitimemement tirer sa révérence et partir la tête haute.

Tel n'est pourtant pas le cas. Sentant l'appui que lui accorde son équipe de direction, Pichette nous informe qu'il sollicitera un renouvellement de mandat. Nous en sommes tous très soulagés et l'assurons, malgré son scepticisme et ses doutes («les institutions, répète-t-il, n'ont ni mémoire ni cœur»), que la communauté de l'UQAM appuiera décisivement le renouvellement de son mandat. Sur ce point, nous avons tout à fait raison.

Selon les règlements de l'Université du Québec, qui s'appliquaient à l'époque intégralement à l'UQAM, le recteur qui sollicite un renouvellement de mandat a le privilège de voir sa demande soumise à la consultation de tous les professeurs et de tous les cadres de l'établissement et ce, en l'absence de toute autre candidature. Ce type de consultation s'apparente de près à un plébiscite, même si ce n'en est pas un au sens strict du terme. En effet, la nomination du recteur de l'UQAM relève du Conseil exécutif du gouvernement du Québec, à partir d'une recommandation que lui fait l'Assemblée des gouverneurs de l'Université du Québec. Cette dernière tient normalement compte de la consultation effectuée dans l'établissement dont le recteur sollicite un nouveau mandat, mais elle n'est pas juridiquement liée par les résultats qui en découlent. En outre, tout le processus, depuis la consultation jusqu'à la présentation d'une recommandation à l'Assemblée des gouverneurs, est confié à la responsabilité d'un comité nommé par cette Assemblée. Le comité est présidé par le président du réseau de l'Université du Québec, en l'occurrence Gilles Boulet, et se compose de quatre autres membres: deux sont membres de l'Assemblée des gouverneurs et nommés par celle-ci, et deux sont nommés par le Conseil d'administration de l'établissement en cause, qui se retrouve donc minoritaire au comité responsable du processus de sélection de son premier dirigeant.

Claude Pichette ayant confirmé qu'il sollicite un renouvellement de mandat, les procédures prévues aux règlements s'enclenchent. Le 27 janvier 1982, l'Assemblée des gouverneurs nomme les membres du comité de sélection; celui-ci procède à la consultation auprès des professeurs et cadres de l'UQAM et auprès des membres de ses instances. Tout se déroule normalement; les membres de la direction et beaucoup d'autres personnes de l'UQAM s'activent pour «faire sortir le vote» en faveur du renouvellement du mandat du recteur. Mes souvenirs sont assurément très fidèles car je me souviens que toute cette opération s'est déroulée dans un climat tout à fait normal.

Le 23 avril 1982, toujours en conformité avec les règlements de l'Université du Québec, le comité de sélection convoque une réunion spéciale conjointe des membres statutaires du Conseil d'administration et de la Commission des études de l'UQAM. La réunion s'annonce comme une affaire de routine; cette impression se confirme lorsque le président Boulet explique que les résultats de la consultation favorisent à 88 % le renouvellement du mandat de Claude Pichette. L'impression de routine reflète alors un sentiment dense et solide comme le granit lorsque Boulet ajoute que le comité de sélection a décidé à l'unanimité de recommander le mandat de Claude Pichette. La réunion conjointe, convoquée pour 12 h 30, semble sur le point de se conclure vers 13 h.

Alors, l'équivalent politico-administratif d'une bombe de forte puissance éclate dans la salle silencieuse. Citons le procès-verbal de la réunion tel qu'établi par le secrétaire général de l'UQAM :

> Toutefois, le président Boulet tient à informer les membres réunis qu'il a l'intention, à titre cette fois de président de l'Assemblée des gouverneurs, de recommander aux membres de cette assemblée de ne pas donner suite pour l'instant à cette recommandation du comité de sélection tant que les résultats de la consultation en cours de la communauté universitaire de l'UQAM sur son statut ne seront pas connus

et que les instances décisionnelles de l'UQAM et de l'UQ ne se seront pas prononcées à cet égard et ce, précise-t-il, afin d'éviter que les membres de l'Assemblée des gouverneurs lient les deux dossiers, ce qu'il ne souhaite pas par ailleurs, et puissent discuter du renouvellement du mandat de M. Pichette en toute sérénité. En effet, M. Boulet est persuadé de la nécessité d'éviter une situation délicate à l'Assemblée des gouverneurs qui pourrait se trouver à recommander le renouvellement du mandat du chef d'un établissement qui, parallèlement, demanderait son retrait du réseau de l'UQ.

Ceci dit, de conclure le président, la présente réunion a pour but la consultation des instances que sont la Commission des études et le Conseil d'administration de l'UQAM, ainsi qu'il est prévu à la procédure[10].

Instantanément, des vagues successives d'émotions diverses traversent la salle de réunion : stupeur, incrédulité, colère, rage, humiliation. Sans distinction de statut, les gens de l'UQAM présents, professeurs, doyens, vice-recteurs, répliquent vigoureusement au président Boulet et contestent son intention. Ils lui contestent le droit de lier le dossier du statut de l'UQAM (puisque cette dernière n'a toujours pas pris position sur le projet de Nouveau cadre réglementaire, ni renoncé à son propre projet de SPRI) et celui du renouvellement du mandat du recteur, puisque la communauté de l'UQAM, elle, n'a pas lié les deux. Ils s'insurgent contre une application incorrecte des propres procédures de l'Université du Québec. Ils dénoncent ce qu'ils tiennent pour un mépris inqualifiable de l'opinion de la communauté de l'UQAM. Ils enjoignent au président de soumettre le dossier de Pichette à l'Assemblée des gouverneurs sans préalable et sans condition. Ils concluent en endossant sans réserve l'appui de la communauté universitaire au renouvellement de mandat du recteur et exigent que l'Assemblée des gouverneurs le recommande au gouvernement dans les meilleurs délais et «sans établir de lien avec quelqu'autre dossier précédent». Il est presque 16 h lorsque la réunion prend fin, le président Boulet assurant les personnes présentes qu'«il réfléchira de nouveau à cette question à la lumière des interventions qu'il a entendues[11]».

Quelle qu'ait pu être la réflexion du président de l'Université du Québec dans les jours qui suivirent, l'Assemblée des gouverneurs, elle, le 28 avril 1982, refuse, par une majorité serrée, dans un vote secret et à huis clos, de recommander au gouvernement le renouvellement de mandat de Claude Pichette.

Si les longues et ennuyeuses discussions sur les textes soporifiques de l'hypothèse de réforme du cadre juridico-administratif de l'UQ, sur les arides textes juridiques du Nouveau cadre réglementaire, si la lassitude qu'inspirent des discussions prolongées et peu concluantes, si cela avait pu refouler dans un demi-oubli chez beaucoup de gens la question du statut de l'UQAM, la décision de l'Assemblée des gouverneurs de refuser à Claude Pichette un deuxième mandat eut l'effet d'un électro-choc et, en cimentant à neuf l'union sacrée au sein de l'UQAM, elle eut pour effet de rouvrir les hostilités entre l'UQAM et l'UQ et de les porter à un niveau d'intensité et de férocité inédit. Si la communauté de l'UQAM décidait, par une majorité de 88 %, d'appuyer le renouvellement de mandat de son recteur, malheur à ceux qui s'y opposaient! L'Assemblée des gouverneurs allait l'apprendre, qui devrait sous peu modifier sa décision et reconnaître l'échec de son putsch contre Claude Pichette. En même temps, ceux et celles de l'UQAM qui traitaient un peu légèrement la question du statut de l'établissement ou qui s'en désintéressaient, comprirent, avec les autres et avec une conviction désormais inébranlable, l'absolue nécessité pour l'UQAM de contrôler au moins son budget et la nomination de son recteur.

Mais, pourquoi donc l'Assemblée des gouverneurs et le directeur du réseau, y compris son président, choisirent-ils d'ouvrir, à propos du mandat de Claude Pichette, un deuxième front d'hostilités avec l'UQAM, alors que les hostilités, même sous la forme d'une guerre de tranchées, faisaient déjà rage sur le front du statut de l'établissement montréalais?

Assumant pleinement son rôle de porte-parole et de défenseur de l'UQAM, même si certains, agacés par sa prudence naturelle et son tempérament placide qui l'éloignaient des gestes d'éclat théâtraux, lui reprochaient de manquer d'agressivité, Claude Pichette se trouvait au centre de conflits multiples entre son établissement et le réseau de l'UQ. Il y avait, bien sûr, le conflit sur le statut nouveau réclamé par l'UQAM, mais il y avait aussi d'autres conflits également compliqués entre l'UQAM et l'UQ.

Depuis 1977, l'UQAM avait connu une très forte croissance de ses effectifs étudiants (91 %, contre 9 % pour les autres universités québécoises, UQ exclue). L'UQAM assumait pleinement sa mission d'accessibilité. Mais le financement gouvernemental ne suivant pas la croissance des effectifs étudiants (chaque étudiant supplémentaire étant financé à une fraction du coût moyen) et les frais de scolarité étant maintenus à leur niveau de 1969, l'UQAM éprouvait des difficultés de plus en plus insolubles à équilibrer son budget. En fait, le déficit accumulé allait atteindre, au 31 mai 1982 (soit au moment où l'Assemblée des gouverneurs considérait le renouvellement de mandat de Pichette), le niveau de 9 millions de dollars sur un budget annuel de 87 millions. L'UQAM appliquait plan de compression après plan de compression; pourtant le déséquilibre financier allait en s'aggravant, tout simplement en raison d'une carence structurelle de revenus, qui fut du reste établie à 20 millions de dollars par le ministre de l'Éducation lui-même au printemps 1982. Il faut comprendre que le réseau de l'Université du Québec étant, dans son ensemble, responsable du déficit accumulé de chacun de ses établissements, les recteurs membres de l'Assemblée des gouverneurs ne pouvaient qu'appréhender les impacts, sur leurs établissements respectifs, de la dégradation de la situation financière de l'UQAM. De là à s'inquiéter sur la qualité de la gestion de l'équipe dirigée par Claude Pichette, la distance n'était pas nécessairement infranchissable.

L'UQAM elle-même s'inquiétait, depuis un bon moment, de l'évolution de sa situation financière. Le 23 mars 1981, donc un an avant la consultation sur le renouvellement du mandat du recteur Pichette, afin d'indiquer la gravité de la situation financière à court et à long terme de l'établissement, le Conseil d'administration émet un coup de semonce bruyant. Contre la longue tradition d'accessibilité de l'UQAM, il décide d'abord de suspendre totalement l'admission de nouveaux étudiants pour l'hiver 1982 puis de procéder, dès l'année universitaire 1982-1983, à un blocage général des admissions pour ramener les effectifs au niveau de l'automne 1980. La décision provoque une onde de choc : dans l'UQAM, qui rompt avec la tradition d'accessibilité, dans l'UQ, dont le budget fluctue avec les inscriptions dans l'ensemble de ses établissements, dans le milieu montréalais où nombre de cégépiens redoutent d'être écartés des études universitaires. La décision est suivie d'une intense campagne d'information menée par l'UQAM sur le sort qui lui est fait par le financement gouvernemental.

Le coup de semonce porte fruit. Des discussions avec le Ministère persuadent l'UQAM de rescinder d'abord sa décision concernant la session d'hiver 1982. Puis le 21 octobre 1981, le ministre de l'Éducation, Camille Laurin, demande par écrit au Conseil d'administration de retirer toute mesure de blocage général des admissions et lui promet de réviser la base de financement de l'UQAM et la formule de financement des nouvelles clientèles. De fait, il ajoutera 2,6 millions récurrents au budget de l'UQAM en 1982-1983. Sur la base de la lettre du ministre de l'Éducation du 21 octobre 1981, le Conseil d'administration de l'UQAM accepte de lever le blocage des admissions pour l'année universitaire 1982-1983. Mais un obstacle imprévu se dresse : le 27 janvier 1982, l'Assemblée des gouverneurs, peu rassurée par les engagements et les assurances du ministre de l'Éducation, décide d'imposer un contingentement à l'UQAM pour mettre un terme à la croissance des effectifs étudiants et à l'hémorragie financière qu'elle entraîne. Cette décision heurte de front l'UQAM et doublement : outre la mise en cause de la politique d'accessibilité de l'établissement, laquelle est empreinte, à l'UQAM, de la dignité des valeurs fondatrices et sacrées, la décision de l'Assemblée des gouverneurs donne à la communauté de l'UQAM le sentiment d'être mise en tutelle. Il ne faut donc pas s'étonner si, le 23 février 1982, le Conseil d'administration de l'UQAM, coincé entre les encouragements du ministre et l'ordre de contingentement de l'Université du Québec, choisit de ne pas donner suite au contingentement général et demande, de toute urgence, que soit établi dans la région de Montréal un mécanisme de répartition des nouveaux étudiants entre les divers établissements afin qu'elle ne soit pas la seule à assumer le fardeau de l'accessibilité aux études universitaires.

Quand s'engage la procédure d'examen du renouvellement de mandat du recteur Pichette, le contentieux entre l'UQAM et l'UQ s'alourdit donc considérablement. La question du statut, la divergence de vues profonde sur l'évolution des effectifs étudiants dans la constituante montréalaise, les appréhensions quant à la qualité de la gestion financière de la direction de l'UQAM, la crainte que cette dernière pratiquât délibérément une politique de déficit, une véritable «délinquance administrative», pour forcer le règlement de ses difficultés financières structurelles, tout vient absorber la réflexion des membres de l'Assemblée des gouverneurs au moment où ils considèrent l'opportunité de recommander le renouvellement de mandat du recteur Pichette. Leur décision négative du 28 avril 1982 n'est donc pas étonnante, dans le cadre de leur propre logique. De plus, l'Assemblée des gouverneurs ne sait plus très bien comment considérer l'hypothèse du siège social de l'Université du Québec de contracter un emprunt de 25 millions de dollars, dont vingt seraient consacrés à soulager financièrement l'UQAM.

Le refus de recommander le renouvellement de mandat de Claude Pichette déclenche la tempête à l'UQAM. Le 3 mai, le Conseil d'administration «affirme la nécessité de respecter la volonté démocratiquement et légitimement exprimée par la collectivité de l'UQAM concernant le choix de son recteur» et «demande qu'à son assemblée spéciale du 12 mai prochain, l'Assemblée des gouverneurs reconsidère sa décision[12]». L'affaire fait l'objet de toutes les attentions de la presse, chaque partie s'employant activement à s'y faire entendre. Pour sa part, le Syndicat des professeurs refuse catégoriquement que le choix de son recteur échappe à la communauté de l'UQAM et désavoue par anticipation toute personne qui serait tentée d'usurper le fauteuil de Pichette, qu'elle vienne de l'extérieur ou même de l'intérieur de l'UQAM. Le débat s'empoisonne quand le président Boulet invoque le huis clos pour résister aux demandes d'explications sur les motifs précis ayant conduit l'Assemblée des gouverneurs à refuser un second mandat à Pichette. La direction de l'Université du Québec fait l'objet de pressions intenses, orchestrées depuis l'UQAM, pour que l'Assemblée des gouverneurs revienne sur sa décision. Malgré toutes les pressions, l'Assemblée des gouverneurs refuse, le 12 mai, de revoir le dossier et en diffère la discussion, après, selon les termes du président Boulet, «la venue d'éléments nouveaux avant de reconsidérer le dossier, le cas échéant[13]». Le lendemain, 13 mai 1982, le Conseil d'administration intervient à nouveau en haussant fortement le ton. Le Conseil de l'UQAM :

1. DÉNONCE l'obstination de l'Assemblée des gouverneurs à ne pas reconsidérer son incompréhensible décision
relative au renouvellement du mandat du recteur;

2. AFFIRME son indignation profonde devant un tel mépris
de la volonté institutionnelle aussi clairement exprimée;

3. CONSTATE que, par ses gestes, l'Assemblée des
gouverneurs a détruit les ultimes motifs de confiance de
l'UQAM dans la volonté et la capacité de l'Assemblée des
gouverneurs de comprendre, d'aider et d'appuyer sa
principale constituante et de mener correctement les dossiers les plus importants pour l'UQAM, notamment
l'accessibilité et le financement;

4. S'OPPOSE fermement à l'imposition de tout autre recteur que celui que le Conseil d'administration nommerait si
son statut était conforme à sa capacité et réaffirme sa
volonté bien arrêtée de voir les autorités compétentes
renouveler le mandat de monsieur Claude Pichette comme
recteur de l'UQAM[14].

Les positions des parties sont arrêtées d'une façon tellement
absolue que toute possibilité de compromis est vouée à l'échec.
Dans cet affrontement, il est inévitable que l'une des deux parties
soit amenée à capituler complètement. L'UQAM met tout en
œuvre – conférence de presse, rencontres avec le milieu
montréalais, rencontres avec le milieu politique, tant le parti au
pouvoir que l'opposition, pressions sur les membres de
l'Assemblée des gouverneurs, etc. – pour forcer l'Université du
Québec à plier. Ces péripéties illustrent, dans son milieu du
moins, que l'UQAM dispose de sympathies, d'amitiés certaines
et même d'appuis puissants.

Finalement, l'UQAM obtient gain de cause : l'Assemblée
des gouverneurs capitule le 7 juillet 1982 et se résigne à
recommander au ministre de l'Éducation le renouvellement de
mandat du recteur Pichette. Le gouvernement du Québec approuve
la recommandation et Pichette se retrouve bien en selle pour un

deuxième mandat de cinq ans. Un premier intermède dans le long cheminement de l'UQAM vers un nouveau statut se conclut. Le dossier redevient d'actualité. De cet affrontement avec l'Université du Québec, l'UQAM tire des leçons qu'elle n'oubliera pas.

Le grand compromis

Ceux qui espéraient, sans oser l'avouer, que l'éventuel départ de Claude Pichette aurait pour effet de résoudre définitivement le conflit sur le statut de l'UQAM durent, avec l'année universitaire 1982-1983, se résigner à une résurgence de la question. Pichette était en poste pour cinq ans et, s'il avait voulu lui-même oublier le dossier du statut, la communauté de l'UQAM ne l'aurait certainement pas permis. Ni l'UQAM ni le réseau de l'UQ ne pouvaient simplement tourner la page et passer à autre chose. Au contraire, il faudrait tôt ou tard entreprendre de vider la question, sinon elle empoisonnerait durablement tous les aspects, toutes les dimensions des relations entre l'UQAM et le réseau de l'UQ. Cependant, après le brutal affrontement à propos du renouvellement de mandat du recteur de l'UQAM, les plaies étaient encore trop vives pour que les principaux protagonistes puissent s'engager ensemble dans la recherche d'une solution. Il fallut compter avec le temps, non pour que le problème se dissolve par lui-même, mais pour que soient réunies les conditions propices à des discussions significatives. Le recteur Pichette, son équipe et l'UQAM étaient contraints à la patience, encore une fois et le président Boulet au réalisme, un réalisme qui lui dictait l'impérieuse nécessité de trouver enfin une façon diplomatique plutôt que belliqueuse de trancher le nœud gordien l'opposant à l'UQAM. Pendant des mois, le président de l'Université du Québec et le recteur de l'UQAM ne se parlèrent pratiquement pas, ni évidemment du statut, ni de beaucoup d'autres choses.

Conscient qu'il ne peut tenter indéfiniment de gagner du temps et que la question du statut de l'UQAM pèsera lourdement sur la vie du réseau de l'Université du Québec tant qu'elle n'aura pas été résolue d'une façon ou de l'autre, le président Boulet prend la décision de proposer à l'Assemblée des gouverneurs, le 15 juin 1983, la création d'un comité de trois personnes pour reconsidérer de front le dossier : d'une part, le recteur Pichette et lui-même et, d'autre part, un membre socio-économique de l'Assemblée, M. Paul Gourdeau. Il s'agit d'un moment tout à fait décisif dans l'histoire du statut de l'UQAM.

Au moment où ce comité fut constitué, Claude Pichette ne pouvait pas refuser d'y participer. C'eût été invalider la position tenue par l'UQAM depuis les débuts du dossier, soit la nécessité pour les parties en conflit de se mettre sérieusement à table pour trouver enfin une solution et d'arracher à l'Université du Québec des contre-propositions raisonnables aux demandes de l'UQAM. Par-delà le sentiment de nécessité, le recteur de l'UQAM s'engageait dans le comité avec un certain optimisme. D'après son analyse, dont il fit part à l'époque à ses collègues, Paul Gourdeau lui avait témoigné une ouverture d'esprit pour les revendications de l'UQAM et même une certaine sympathie, plus que tout autre membre socio-économique de l'Assemblée des gouverneurs. De plus, nous disait le recteur, non seulement Paul Gourdeau jouissait-il de la confiance des deux chefs d'établissements en cause, mais encore «c'est un homme d'affaires, pas un idéologue». Et, ajoutait Pichette, «Gourdeau passe son temps à négocier et il est convaincu qu'une solution peut être trouvée à tout problème, même au plus compliqué». Le recteur de l'UQAM s'engagea donc dans le comité mandaté par l'Assemblée des gouverneurs.

Paul Gourdeau prit les affaires en main rapidement en convoquant une première réunion du comité, peu de temps après sa création, à sa résidence de l'Île d'Orléans. Il s'employa d'abord à rétablir des canaux de communications entre le président et le recteur, malgré les réticences du premier à offrir quoi que ce soit de neuf et celles du second à atténuer ses revendications. Au cours d'une série de séances de travail, échelonnées tout au long de l'année universitaire 1983-1984, les trois hommes cherchèrent une solution de compromis acceptable aux parties et aussi au ministre de l'Éducation. Il incombe aux trois hommes de raconter, s'ils le choisissent, comment ils sont parvenus à réaliser le mandat que leur avait confié l'Assemblée des gouverneurs. L'essentiel est qu'ils y soient parvenus. Et ce fut un premier déblocage du dossier du statut de l'UQAM qui prit la forme d'un grand compromis. Comme dans tout compromis, chaque partie dut se consoler de pertes significatives en considérant des gains qui avaient l'incomparable avantage d'être des réalités, plutôt que des rêves à jamais inaccessibles.

Le 15 juin 1984, un an après sa création, le comité Gourdeau présente à l'Assemblée des gouverneurs un rapport unanime; ce rapport confère à l'Université du Québec à Montréal un statut inédit au sein du réseau de l'Université du Québec, le statut d'«université associée». L'idée de base de ce qu'on appellera le rapport Gourdeau est donc de répondre aux attentes les plus fondamentales des deux parties : la revendication par l'UQAM d'un statut particulier correspondant à sa situation et à ses besoins particuliers; la sauvegarde de l'intégrité du réseau de l'Université du Québec, puisque l'UQAM en demeurera membre. Pour réconcilier ces attentes apparemment inconciliables, le rapport Gourdeau propose l'idée que le maintien de la dimension académique du réseau de l'Université du Québec soit pleinement compatible avec des ajustements et des modifications aux dimensions juridiques et administratives du réseau. Le statut d'«université associée» comporte des pouvoirs et des privilèges nouveaux pour l'UQAM. En référence au statut de pleine responsabilité institutionnelle (SPRI) défini en 1979, on peut résumer ainsi les propositions au rapport Gourdeau.

1. Pouvoirs nouveaux accordés à l'UQAM[15] :
   a) le pouvoir de représentation :

      • «le pouvoir de conclure, avec tout établissement d'enseignement ou de recherche, tout accord qu'elle juge utile à la poursuite de ses fins, après en avoir informé l'Université du Québec»;

      • «le pouvoir de participer de plein droit aux organismes de concertation interuniversitaire québécois, canadiens et internationaux et le pouvoir d'intervenir directement auprès des organismes gouvernementaux et paragouvernementaux aux fins de faire les représentations sur des sujets qui la concernent directement, le tout en informant l'Université du Québec de ses interventions»;

      • «le pouvoir d'intervenir directement auprès du ministère de l'Éducation en informant l'Université du Québec.»

   b) le pouvoir de diplômation;

   c) une forme nouvelle de pouvoir administratif, soit le «pouvoir de recommander directement au Gouvernement la nomination de son recteur et des membres de son Conseil d'administration». Le pouvoir de recommandation du recteur ne figurait pas explicitement dans le SPRI; mais, la leçon de 1982 a porté fruit.

Cependant, pour obtenir son nouveau statut et ces pouvoirs nouveaux qui le concrétisent, l'UQAM doit sacrifier, au nom de l'intégrité académique, juridique et administrative du réseau de l'Université du Québec, les autres pouvoirs (programmation, réglementation, administration générale) qu'elle revendiquait au titre du SPRI. Sur ce point, le rapport Gourdeau prononce un verdict clair et sans appel :

> Toutes les dispositions de la Loi sur l'Université du Québec continueront de s'appliquer intégralement à l'Université du Québec à Montréal. Également, tous les règlements généraux actuels [du réseau de l'UQ], sauf les dispositions de ceux-ci qui seraient incompatibles aux dispositions des nouveaux «règlements généraux spécifiques à l'université associée» continueront de s'appliquer intégralement à l'Université du Québec à Montréal.

Sur le terrain politique, l'UQAM marque des points en obtenant un statut particulier d'université associée. Mais elle renonce à d'importantes revendications académiques, pédagogiques et réglementaires. Pour ses programmes d'études, ses règlements et son administration courante, elle demeurera assujettie aux règles de l'Université du Québec et son appartenance de base au réseau est confirmée. Le statut d'université associée est-il payé trop chèrement par rapport aux ambitions du SPRI? Avant de porter un jugement, il faut considérer les dispositions financières du rapport Gourdeau.

2. Autonomie et intégrité financières de l'UQAM

En revanche, le rapport Gourdeau fait droit à une revendication encore plus fondamentale de l'UQAM, comme le précisait en décembre 1979 le document sur le SPRI : que l'«UQAM reçoive un financement comparable à celui des autres universités et ne soit assujettie en cette matière qu'aux seules règles communes à l'ensemble des universités». L'UQAM, ayant souffert de la péréquation au sein du réseau de l'UQ et ayant vu la subvention à laquelle elle avait droit réduite au profit d'impératifs du réseau, tenait férocement à son intégrité financière. Sur ce point, le statut d'université associée que propose le rapport Gourdeau consacre l'intégrité financière de l'UQAM et la fin de la péréquation au sein de l'UQ :

D'assurer l'Université du Québec à Montréal que son financement sera établi selon les règles de financement qu'applique le ministère de l'Éducation à l'ensemble des universités.

et, plus précisément, le rapport Gourdeau énonce clairement ce que signifie cette disposition :

Nonobstant toute disposition incompatible avec les règlements généraux de l'Université du Québec applicables aux constituantes, l'université du Québec à Montréal reçoit annuellement un financement établi selon les règles de financement qu'applique le ministère de l'Éducation du Québec à l'ensemble des universités, moins les prélèvements pour les services communs du réseau de l'Université du Québec établis d'un commun accord.

Sur la question fondamentale du financement, l'UQAM obtient donc du rapport Gourdeau la reconnaissance du principe auquel elle attache depuis le début la plus grande importance. L'UQ renonce au principe de la péréquation aux dépens de l'UQAM et s'oblige à lui verser intégralement ce qu'elle recevrait si elle était financée par le ministère de l'Éducation du Québec (moins le coût des services communs auxquels l'UQAM choisit de participer). En outre, des dispositions transitoires du rapport Gourdeau consacrent l'accord du président Boulet et du recteur Pichette pour évaluer ensemble quel doit être le financement de base de l'UQAM et pour apporter les ajustements qui seraient nécessaires au cours d'une période de trois années.

Il est vrai que l'«Assemblée des gouverneurs conserve cependant le pouvoir d'intervenir dans l'enveloppe globale afin de faire face à une situation d'urgence exigeant telle intervention». L'Assemblée des gouverneurs est juridiquement responsable des résultats financiers de chacun de ses établissements et de leur équilibre financier global; aussi, elle se réserve le pouvoir de recourir à nouveau à la péréquation aux dépens de l'UQAM si cela est nécessaire, pour pallier la dégradation de la situation

financière de l'un de ses établissements. Mais le rapport Gourdeau limite l'exercice de ce pouvoir à des situations d'«urgence»,
non répétitives et à une ponction financière s'appliquant à tous
les établissements (et non à la seule UQAM), d'une façon
forfaitaire qui n'altère pas leur base de financement. Aussi
l'UQAM juge-t-elle possible d'accepter cette restriction :
l'essentiel est sauf en matière d'intégrité financière et la péréquation à ses dépens est abrogée en principe.

3. Procédure de réalisation du statut de l'UQAM

Le rapport Gourdeau propose enfin une procédure de
réalisation du statut d'université associée de l'UQAM. Trois
étapes séparent l'UQAM de son nouveau statut. Dans un premier
temps, il est nécessaire que l'Assemblée nationale du Québec
modifie la Loi de l'Université du Québec en y insérant un nouvel
alinéa à son article 29, permettant à un établissement du réseau
d'obtenir du Conseil exécutif des «lettres patentes supplémentaires» lui assurant le statut d'université associée. Dans un
deuxième temps, de telles lettres patentes supplémentaires doivent
être approuvées par décret gouvernemental. Enfin, l'Université
du Québec, par résolution de l'Assemblée des gouverneurs,
devra adopter des «règlements généraux spécifiques à l'Université
du Québec à Montréal» pour harmoniser ses règlements avec les
dispositions du statut d'université associée reconnu à l'UQAM.
Pour faciliter et accélérer les choses, le comité Gourdeau conçoit,
rédige et propose à l'unanimité le texte de l'amendement à la
Loi de l'Université du Québec, celui des lettres patentes
supplémentaires et le projet de règlements généraux spécifiques à l'UQAM. Tout est donc bien ficelé et la question du statut
particulier de l'UQAM trouve enfin une solution.

Le rapport Gourdeau conclut donc sur une note très positive et annonce une nouvelle ère dans la vie de l'Université du Québec et les relations entre l'UQAM et le réseau de l'UQ :

> Les litiges entre l'Université du Québec à Montréal et l'Université du Québec étant réglés, toutes les énergies pourront être canalisées vers une meilleure coordination et concertation, notamment en matière d'enseignement et de recherche, consolidant et développant ainsi le réseau académique de l'Université du Québec.

Chacun des trois membres du comité formé un an plus tôt par l'Assemblée des gouverneurs peut se féliciter des résultats obtenus. Paul Gourdeau a réussi à accorder le président de l'Université du Québec et le recteur de l'UQAM autour d'un règlement honorable et, à titre de membre socio-économique de l'Assemblée des gouverneurs, à rendre un service significatif au réseau. Gilles Boulet s'est enlevé une grosse épine du pied : il a sauvegardé l'intégrité du réseau universitaire qu'il préside, donné une mesure de satisfaction à l'UQAM, dissipé pour de bon un litige qui empoisonnait la vie de tout le monde et mis en place les conditions d'un développement inédit de l'Université du Québec. Claude Pichette, enfin, a trouvé une solution honorable à une crise qui s'annonçait durable et sans issue, gagné un statut nouveau pour son établissement, protégé, ce qui est capital, sa base financière et arraché l'UQAM à l'enlisement dans une revendication qu'elle n'avait pas la force d'imposer totalement à l'UQ et au gouvernement du Québec, sans pour autant devoir accepter une retraite humiliante. S'il pouvait nourrir des appréhensions quant à la recevabilité du rapport Gourdeau par la communauté de l'UQAM, compte tenu des compromis importants qu'il a consentis pour arracher l'accord du président Boulet, le recteur Pichette est vite rassuré. Quatre jours après son dépôt à l'Assemblée des gouverneurs, le Conseil d'administration l'approuve unanimement et sans modification, le 19 juin 1984, et demande à l'Assemblée des gouverneurs de faire de même et d'approuver à la fois le projet d'amendement à la loi, de lettres patentes supplémentaires et de règlements généraux spécifiques à la future université associée [16]. L'Assemblée des gouverneurs approuve à son tour le rapport Gourdeau, le 17 octobre 1984.

Cinq ans après avoir posé la question de son statut, dans le sillage de la recommandation d'autonomie formulée en mai 1979 par la Commission Angers, recommandation confirmée en mars 1980 par le Conseil des universités, l'UQAM a enfin obtenu gain de cause, au moins sur l'essentiel: statut reconnu d'université associée, pouvoirs supplémentaires, intégrité financière. L'accord passé avec l'Université du Québec, la communauté de l'UQAM peut envisager avec confiance l'accession prochaine au statut d'université associée qui lui donne en particulier les moyens de se mieux situer dans l'environnement montréalais qu'elle doit partager avec trois autres universités. Une fois approuvé par l'Assemblée des gouverneurs, le rapport Gourdeau devient la position commune de l'UQAM et de l'Université du Québec. Les deux établissements s'emploient, au cours de l'année universitaire 1984-1985, à peaufiner les textes et à persuader l'appareil gouvernemental de s'engager dans la modification de la loi et dans la préparation et l'adoption finales des lettres patentes supplémentaires nécessaires à la reconnaissance formelle et juridique du nouveau statut de l'UQAM.

Alors survient un deuxième intermède, un deuxième enlisement du dossier du statut de l'UQAM.

Deuxième intermède : de nouveau, l'enlisement

L'entente sur le statut de l'UQAM exigeait l'action du gouvernement du Québec pour se concrétiser. Hélas! en cette fin de 1984 et au début de 1985, le gouvernement du Québec avait bien d'autres chats à fouetter que de retoucher la Loi de l'Université du Québec pour y inscrire la notion d'université associée. Comme l'écrit dans ses mémoires René Lévesque, à propos de son dernier cabinet, «les secousses des derniers mois avaient laissé des fissures que rien ni personne ne pouvait plus réparer. Au lieu de faire corps, le Conseil des ministres n'était plus désormais qu'un assemblage hétéroclite[17].» Dans ce contexte, tous les efforts pour faire inscrire au feuilleton de l'Assemblée nationale, avant l'ajournement de ses travaux en juin 1985, le projet de loi amendant la Loi de l'Université du Québec se heurtent à l'indifférence d'un gouvernement à bout de souffle et de mandat. On connaît la suite. Le 20 juin 1985, René Lévesque confirme sa démission comme chef de son parti. La course au *leadership* s'engage et se conclut à la fin septembre. À peine entré en poste, le nouveau Premier ministre décide d'affronter l'électorat plutôt que l'Assemblée nationale. Les élections du 2 décembre 1985 portent au pouvoir les Libéraux de Robert Bourassa. Celui-ci confie le ministère de l'Éducation et de l'Enseignement supérieur à Claude Ryan. Plus d'un an déjà s'est écoulé depuis l'approbation du rapport Gourdeau par l'UQAM et par l'Université du Québec et le dossier n'a plus progressé.

On peut penser que le nouveau ministre, Claude Ryan, montréalais de longue date qui a visité l'UQAM à plus d'une reprise et lui a témoigné sa sympathie, devrait rapidement régler une question longtemps litigieuse mais dont les parties partagent maintenant une solution commune et ingénieuse. Mais le nouveau ministre n'est pas homme à bâcler les dossiers; au contraire, il continue dans sa fonction de ministre les habitudes d'analyse minutieuse et d'étude approfondie des dossiers qu'il avait déployées comme directeur du *Devoir* et qui précédaient invariablement ses prises de position. Si de telles habitudes l'avaient bien servi pour la préparation des éditoriaux, il n'allait pas les mettre au rancart pour les affaires de l'État. Aussi, au moment où un nouveau ministre prend la responsabilité de l'Éducation et de l'Enseignement supérieur, le dossier de l'UQAM demeure inscrit à l'ordre du jour, certes, mais la communauté universitaire doit refaire le plein de patience et de ténacité, car la route vers le statut d'université associée s'annonce encore longue.

D'ailleurs, même s'il voulait agir rapidement, le ministre Ryan devait composer avec divers développements qui l'obligeront à procéder à un rythme plus lent. D'une part, il est confronté, à l'UQAM même, à un interrègne et à une vacance du rectorat. En effet, à la fin octobre 1985, Claude Pichette annonce qu'il quittera son poste le 31 janvier 1986. Lorsqu'il entre en fonction, le ministre Ryan n'a donc plus de véritable interlocuteur à la tête de l'UQAM, qui se trouve engagée en pleine course à la succession de Claude Pichette. Celui-ci expédie les affaires courantes et quitte à la date annoncée. Ce n'est qu'à la mi-avril 1986 que l'Assemblée des gouverneurs, encore maîtresse du processus de sélection des recteurs des établissements du réseau, recommandera au ministre ma nomination comme successeur de Claude Pichette. Pendant tout cet interrègne de plus de six mois – depuis l'instant où Pichette annonce son départ jusqu'au moment où le ministre reçoit une candidature, et le nouveau recteur n'est nommé par le Gouvernement que le 18 juin 1986 – le dossier du statut ne peut évidemment être sérieusement discuté.

Mais le ministre Ryan a sans doute d'autres bonnes raisons pour ne pas précipiter le règlement du dossier. En effet, le ministre de l'Éducation, l'ensemble du monde universitaire québécois et le réseau de l'Université du Québec sont saisis, à la fin du printemps 1986, d'un autre dossier qui leur mettra beaucoup de pain sur la planche et qui, dans le cas du milieu universitaire, déferle avec toute la délicatesse d'un raz-de-marée.

Peu de temps après son arrivée au pouvoir, le Premier ministre du Québec crée, le 17 janvier 1986, un «Groupe de travail sur la révision des fonctions et des organisations gouvernementales», dont il confie la présidence à l'un de ses ministres, président du Conseil du trésor, Paul Gobeil. Ce groupe de travail fonctionne rapidement et remet au printemps un premier rapport sur l'organisation gouvernementale et à la veille de l'été, un second rapport sur la gestion des programmes gouvernementaux. Ce deuxième des «rapports Gobeil» examine l'ensemble des programmes gouvernementaux, notamment ceux de l'éducation primaire, secondaire, collégiale et universitaire. Le rapport Gobeil ne se perd pas corps et âme dans les sables mouvants des nuances infinies; il va plutôt droit au but et prononce des conclusions péremptoires et tranchantes.

Ainsi, à propos des droits de scolarité universitaires, le groupe du ministre Gobeil affirme qu'«il est temps que le gouvernement procède à un ajustement substantiel des frais de scolarité[18]». Ces droits devraient être fixés à 20 ou 25 % du coût des études universitaires et varier selon la discipline. Voilà pour les étudiants. Par ailleurs, le groupe de travail «désire porter à l'attention du gouvernement le problème actuel de gestion qui lui semble le plus important : c'est celui de la charge de travail des enseignants et des professeurs (...) inférieure au Québec à ce qu'on trouve ailleurs au Canada et dans les autres pays industrialisés[19]». Pour le niveau universitaire, ajoute le groupe de travail, «le nombre de cours devait passer de 4 à 6 par année[20]». Voilà pour les professeurs. Toujours aussi direct, le groupe Gobeil formule une autre recommandation tout aussi percutante, celle-là pour le réseau de l'UQ :

> Enfin, le comité désire soulever une dernière question concernant la gestion du réseau de l'éducation. Dans la mesure où il existe un ministère distinct de l'enseignement supérieur, l'existence du siège social de l'Université du Québec devrait être remise en question. Cette structure organisationnelle a été utile pour la mise sur pied des différentes constituantes. Maintenant qu'elles sont solidement établies, elles devraient devenir complètement autonomes et le siège social devrait être aboli[21].

Les dirigeants de l'Université du Québec, Gilles Boulet en tête (celui dont les nouveaux gouvernants libéraux du Québec n'ont pas oublié qu'il avait publiquement appuyé le *Oui* au référendum de 1980), sont horrifiés par cette dernière recommandation du rapport Gobeil. En outre, aucune des constituantes du réseau de l'Université du Québec ne se précipite vers l'indépendance proposée par Paul Gobeil et ses associés. La très forte odeur de néo-conservatisme reaganien qui émane du rapport suffit à rendre suspectes ses recommandations concernant les affaires universitaires, y compris celle proposant l'abolition du siège social de l'Université du Québec. Le siège social ne se laissera pas exécuter comme une brebis propitiatoire. Le 10 juillet 1986, je dois quitter précipitamment une réception familiale suivant les funérailles de mon père décédé subitement trois jours plus tôt, pour assister à une réunion spéciale de l'Assemblée des gouverneurs, à Montréal même, au terme de laquelle est proclamée solennellement la nécessité de maintenir l'intégrité du réseau de l'Université du Québec «en tant que réseau voué à une mission de planification, de coordination et de développement[22]».

L'Assemblée des gouverneurs se prononce à l'unanimité sur cette question, moi y compris en tant que recteur de l'UQAM. Aurais-je plutôt dû saisir au vol la recommandation du rapport Gobeil comme une occasion de relancer le débat sur l'autonomie complète de l'UQAM, bien au-delà du statut d'université associée? J'avais deux bonnes raisons de ne pas le faire et de souscrire à l'unanimité concernant la position de maintenir l'intégrité de l'Université du Québec. D'une part, je n'avais reçu aucun signal du ministre exprimant une ouverture claire en faveur de cette recommandation du rapport Gobeil; et jamais par la suite, à ma connaissance, le ministre Ryan n'a-t-il sérieusement envisagé de démanteler purement et simplement le réseau de l'Université du Québec. D'autre part, et c'est le plus important, je n'avais à ce moment aucun mandat de la communauté et des instances de l'UQAM pour emboîter le pas au rapport Gobeil; au contraire, en approuvant le rapport Gourdeau et le statut d'université associée, le Conseil d'administration avait accepté, au nom de l'UQAM et de sa communauté, que l'établissement demeure membre du réseau à condition d'y obtenir un nouveau statut. En consentant au projet de résolution affirmant la nécessité du maintien de l'Université du Québec dans son intégrité, j'ai tout de même demandé et obtenu l'ajout, au préambule de la résolution, d'un texte qui, sous une forme un peu sibylline, réitérait l'adhésion de l'Université du Québec au rapport Gourdeau et au statut d'université associée pour l'UQAM. La suite des choses me donne aujourd'hui à penser que mon vote du 10 juillet 1986 était fondé et qu'une tentative pour engager à ce moment-là une nouvelle revendication autour de l'idée d'indépendance totale de l'UQAM eut conduit à une impasse.

Le ministre Ryan, pour sa part, ne peut prendre à la légère les recommandations du rapport Gobeil. D'une part, ce comité est composé de personnes qui ont l'oreille du Premier ministre – le président du Conseil du trésor lui-même, Michel Bélanger de la Banque Nationale du Canada, Pierre Lortie de Provigo, Yvon Marcoux de la Banque d'Épargne, et son propre conseiller politique, Jean-Claude Rivest – et ils lui formulent des idées auxquelles il n'est certes pas insensible. Aussi, Claude Ryan ne peut-il balayer les recommandations du revers de la main. D'autre part, le ministre sait très bien que les deux autres recommandations du rapport Gobeil, le dégel et la hausse marquée des droits de scolarité universitaires et l'augmentation de la tâche d'enseignement des professeurs, circulent depuis un bon moment dans le milieu et paraissent mériter un examen sérieux. Les méchantes langues disent même que ces idées expriment à haute voix les rêves inavoués qui reviennent de façon récurrente et irrépressible dans l'inconscient de beaucoup d'administrateurs universitaires... Mais Claude Ryan, par méthode, abhorre les jugements sommaires et les conclusions péremptoires : il est trop fin politicien pour imaginer qu'il peut implanter du jour au lendemain des recommandations qui soulèvent déjà des levées de bouclier chez les étudiants et les syndicats de professeurs. Incapable de récuser sans appel les recommandations du rapport Gobeil, soucieux de gagner du temps, désireux, surtout, d'approfondir les questions soulevées au sujet des affaires universitaires, le ministre Ryan décide de demander à la Commission parlementaire de l'éducation de tenir des audiences au cours desquelles les différentes dimensions de la situation des universités pourront faire l'objet d'un examen approfondi.

Il est clair que la question particulière du statut de l'UQAM ne pourra être considérée avant la fin des travaux de cette Commission parlementaire.

La Commission parlementaire de l'éducation tient donc, en septembre et octobre 1986, de longues audiences. Tour à tour, les directions des universités, les syndicats de professeurs, les associations étudiantes et de nombreux autres groupes témoignent devant la commission, multipliant les démonstrations et les demandes contradictoires : gel des droits de scolarité, hausse des droits, justification de la lourde tâche des professeurs, illustration de leur sous-productivité, surtout nécessité de mieux financer les universités, etc. Chaque intervenant, y compris le ministre lui-même et l'opposition parlementaire, s'emploie à consolider ses positions et à faire progresser ses intérêts. Les audiences de la Commission parlementaire n'auront pas été inutiles; outre le large débat qu'elles provoquent sur les affaires universitaires, elles conduiront le Ministre à instituer un comité chargé d'examiner plus attentivement la tâche professorale (Comité Archambault); elles aideront le Ministre à améliorer le financement des universités, elles mettront en perspective les recommandations sommaires du rapport Gobeil et, aussi, elles prépareront les esprits au dégel des droits de scolarité, lequel sera confirmé en décembre 1989 pour application à partir de l'année universitaire 1990-1991.

Reste la recommandation du comité Gobeil d'abolir le siège social de l'Université du Québec. Beaucoup de pression se fait sentir sur le Ministre pour qu'il l'oublie, pression émanant des dirigeants du réseau et des régions où se trouvent des établissements du réseau de l'UQ (et des électeurs). La recommandation du rapport Gobeil sur cette question n'est pas aussi évidente que sur d'autres matières. Pour en avoir le cœur net, le ministre Ryan décide, à l'issue des audiences de la Commission parlementaire sur l'éducation, en décembre 1986, de fouiller plus avant la question. Pour ce faire, il constitue un Comité d'étude dont il confie la présidence au deuxième président (1974-1978) de l'Université du Québec, Robert Després, qui a par ailleurs établi sa réputation au cours d'une longue carrière dans la Fonction publique et autres milieux. Pour compléter le comité, Claude Ryan fait appel à l'ex-recteur de l'Université Concordia, John O'Brien, au directeur de l'École des Hautes Études Commerciales, Pierre Harvey, et à un membre de l'Assemblée des gouverneurs de l'Université du Québec, Paul Gourdeau. La désignation des membres du comité donne lieu à de longues et difficiles tractations entre le ministre et le président de l'Université du Québec. Ce dernier réussit à dissuader le ministre de nommer au comité un universitaire qu'il tient en haute estime et d'accepter que le vice-président exécutif, Michel Leclerc, de l'Université du Québec, son homme de confiance très expérimenté et très fin dialecticien, agisse comme personne-ressource auprès du comité.

Derechef, il se confirme que la question particulière du statut de l'UQAM devra attendre et ne pourra être considérée avant la fin des travaux du Comité Després, officiellement dénommé «Groupe de travail sur l'évolution de l'Université du Québec». Au moment où ce groupe est constitué, la question du statut de l'UQAM est vieille de sept ans. Heureusement, la patience constitue une ressource renouvelable!

À un mois près, le Groupe présidé par Robert Després respecte son échéancier en déposant son rapport le 29 juin 1987. Le rapport contient plus de quarante recommandations traitant d'un large éventail de questions, comme demandé par le ministre : les procédures de nomination des membres de l'Assemblée des gouverneurs et des chefs d'établissement; les orientations et le financement tant des universités en région que des établissements spécialisés du réseau; le rôle du siège social. Et l'UQAM?

L'UQAM a droit à la quatre-vingt deuxième des 83 pages du rapport Després et à la quarantième et dernière de ses recommandations. Se référant au rapport Gourdeau, le groupe de travail Després constate que «certaines des recommandations du rapport [Gourdeau] sont incompatibles avec plusieurs des principes que le Groupe de travail juge essentiels au bon fonctionnement du réseau et à son développement en synergie[23]». La recommandation qui en découle en toute logique condamne le statut d'université associée :

> Que ne soient pas mis en application au sein du réseau de l'Université du Québec des projets de réforme qui contreviendraient aux objectifs exposés précédemment[24].

Faut-il s'étonner d'une telle recommandation? Non. Cela, pour au moins deux raisons.

D'une part, et malgré le risque de recourir à un argument *ad hominem,* il me semble qu'aucun des membres du Groupe d'étude n'avait de raisons particulièrement pressantes d'endosser les revendications autonomistes de l'UQAM. Robert Després avait été président de l'Université du Québec de 1974 à 1978 et ne pouvait qu'épouser une vision fédéraliste très orthodoxe et même centralisatrice du réseau. Mais comment Paul Gourdeau, qui avait réalisé avec Gilles Boulet et Claude Pichette un rapport unanime proposant pour l'UQAM un statut d'université associée, pouvait-il souscrire à une telle recommandation? J'offre, comme explication, une note citée textuellement et intégralement, qui, dans le rapport Després accompagne la recommandation sur l'UQAM :

> Comme ancien président du comité d'étude sur le réseau de l'université du Québec, M. Paul Gourdeau a exprimé le souhait de prendre une part discrète à la discussion sur le statut de l'UQAM, pour favoriser parmi ses collègues une discussion objective de la question. Cependant, il exprime son accord sur l'ensemble du présent rapport et sur ses conclusions[25].

D'autre part, quant aux principes, non seulement le rapport Després confirme la nécessité de maintenir intégralement le réseau de l'Université du Québec, mais il propose même une vision qui accroît le rôle et renforce les compétences et le rôle du siège social dans la dynamique du réseau :

RECOMMANDATION 40

QUE l'Université du Québec, en tant que Corporation centrale, concentre ses activités autour des grandes fonctions habituelles d'un tel organisme :

- planification stratégique et répartition des ressources entre les unités constituantes,

- coordination de leurs activités et de leur développement,

- évaluation institutionnelle,

- approbation des budgets et contrôle budgétaire,

QUE l'Université du Québec, en outre, favorise la mise en commun d'un certain nombre de services et en fasse assumer la gestion, au nom de l'ensemble des partenaires du réseau, par une commission créée par l'Assemblée des gouverneurs, composée de représentants des principaux utilisateurs nommés par l'Assemblée des gouverneurs, et présidée par le Président de l'Université du Québec.

RECOMMANDATION 41

QUE soient maintenues les structures corporatives usuelles que sont la Présidence et le secrétariat général de l'Université du Québec, avec les vice-présidences suivantes :

• la Vice-présidence à l'enseignement et à la recherche qui ajouterait à ses responsabilités celle de l'évaluation systématique des études et de la recherche, et se doterait des outils nécessaires au développement de relations plus organiques entre les groupes de recherche de l'ensemble du réseau et l'industrie;

• la Vice-présidence à la planification qui ajouterait à ses responsabilités la répartition des ressources financières et des ressources humaines;

• la Vice-présidence aux affaires administratives et financières qui concentrerait ses activités sur les fonctions de gestion budgétaire et de contrôle;

• une Vice-présidence aux services communs, ayant pour mandat d'assumer la gestion de l'ensemble de ces services, qui serait instituée sous l'autorité de la Commission dont la création fait l'objet de la recommandation 40 (dernier paragraphe)[26].

Sur cette base, le rapport Després réintroduit avec force dans le débat un principe contre lequel l'UQAM se bat depuis les débuts de son existence, le principe de la péréquation :

RECOMMANDATION 43

QUE l'Université du Québec, conformément à son mandat de planification stratégique et de répartition des ressources, mette au point une nouvelle formule de répartition interne permettant d'assurer l'équilibre financier du réseau, dans le respect du mandat et des exigences du développement de chaque constituante[27].

On ne saurait être plus clair ni plus contraire aux aspirations de l'UQAM. Pour celle-ci, tout semble compromis. Si le Groupe d'étude qu'il a lui-même institué lui recommande de refuser à l'UQAM le statut d'université associée, comment le ministre de l'Enseignement supérieur et de la Science pourra-t-il aller dans la voie opposée, surtout si l'Université du Québec s'empresse de souscrire elle-même à ce rapport qui a tout pour lui plaire?

Le dépôt du rapport Després comporte au moins un avantage pour l'UQAM : le deuxième intermède, dans le long cheminement du dossier de son statut, prend fin. Après l'interrègne au rectorat, l'entrée en fonction d'un nouveau ministre, le rapport Gobeil, les audiences de la Commission parlementaire de l'éducation sur la situation des universités et le rapport Després, le temps est venu pour l'UQAM de reprendre l'offensive et de tout mettre en œuvre pour arracher le statut auquel elle tient toujours autant. L'arracher, car il ne lui sera pas facilement donné.

L'offensive décisive de l'UQAM

Le 26 août 1987 se tient une réunion de la Commission de planification de l'Université du Québec. Cette Commission existe en vertu même de la Loi de l'Université du Québec qui la charge d'«étudier toute question relative au développement de l'Université du Québec, des universités constituantes, des écoles supérieures et des instituts de recherche, et de faire des recommandations à l'Assemblée des gouverneurs[28]». Elle se compose du président de l'Université du Québec, en l'occurrence Gilles Boulet qui arrive aux derniers mois de son deuxième mandat, et des recteurs ou directeurs des onze établissements du réseau. Comme les vice-présidents y siègent également, quoique sans droit de vote, la Commission de planification est un forum extrêmement important où se discutent de façon décisive les enjeux fondamentaux du devenir du réseau de l'UQ. Le président et la majeure partie des chefs d'établissement étant également membres de l'Assemblée des gouverneurs, les orientations et les choix arrêtés à la Commission de planification ont de très fortes chances d'être acceptés par l'Assemblée.

Il est donc tout naturel que le rapport Després constitue le plat principal et unique proposé aux membres de la Commission de planification lorsqu'ils se réunissent le 26 août 1987. Il est très instructif de constater, aujourd'hui, que le procès-verbal de cette assemblée est totalement muet sur les discussions qui y ont eu lieu; outre les présences, le procès-verbal indique, entre l'heure du début de la réunion (10 h 30) et celle de clôture (18 h 55), que le «huis clos est décrété pour la discussion» du rapport du Groupe de travail sur l'évolution de l'Université du Québec. La Commission s'assigne donc la tâche de préparer une recommandation sur ce rapport pour la réunion de l'Assemblée des gouverneurs prévue pour le 16 septembre suivant.

Je me souviens bien de cette réunion de la Commission de planification à laquelle je participais pour la première fois comme recteur. Je me souviens qu'elle a discuté avec beaucoup de satisfaction du rapport Després qui lavait énergiquement l'outrage fait à l'honneur de l'Université du Québec par le rapport Gobeil. Je me souviens aussi de mon long plaidoyer pour convaincre mes collègues de la nécessité pour le réseau de maintenir son accord de 1984 en faveur du statut d'université associée pour l'UQAM. Je me souviens particulièrement des réticences, de l'indifférence, du scepticisme ou même de l'hostilité que manifestèrent, selon les personnes, les collègues membres de la Commission. Je me souviens encore que, de tous les membres de la Commission de planification, un seul, Jean-Guy Béliveau, alors directeur de la Télé-Université, eut le courage et la droiture de dire à ses collègues que l'Université du Québec devait respecter l'accord qu'elle avait donné au statut particulier de l'UQAM en 1984. Malgré une position claire et raisonnée – «Il vaut mieux, dit-il, une UQAM au statut particulier dans le réseau qu'une UQAM perpétuellement insatisfaite de son statut et perpétuellement tentée de sortir de l'UQ» – Béliveau ne trouva pas d'émules parmi ses collègues. La demande réitérée de l'UQAM de réaffirmer l'entente de 1984 resta sans écho. Je me souviens donc d'avoir quitté la Commission de planification à la fin de la réunion en concluant que la bataille serait très dure et qu'il faudrait trouver les moyens de forcer l'Université du Québec à s'en tenir à l'accord de 1984. À cela s'ajoutaient l'amertume et la colère de constater que mon appui à l'Université du Québec, au moment où le rapport Gobeil en proposait le démembrement, ne me valait plus aucun appui, hormis celui de Jean-Guy Béliveau.

Après l'épisode peu encourageant de la Commission de planification, il fallait agir rapidement. Quelques jours plus tard, le 1er septembre 1987, le Conseil d'administration tient son assemblée régulière à l'UQAM. C'est la première occasion de porter à son attention le rapport Després. Les membres du Conseil ne mettent pas beaucoup de temps à identifier la vision très homogénéisante et centralisatrice du réseau de l'Université du Québec que véhiculent les recommandations du Groupe Després et, évidemment, le refus total qu'il oppose au statut d'université associée. Aussi, le Conseil réitère la demande de statut d'université associée pour l'UQAM et presse le ministre Ryan d'y donner suite et l'Assemblée des gouverneurs de l'«appuyer dans cette demande (...) et d'honorer ainsi l'engagement formel de l'Assemblée pris en date du 17 octobre 1984[29]».

À partir de ce moment, un processus décisif s'engage entre l'UQAM et l'UQ. Voyant qu'il ne peut amener l'UQAM à renoncer à sa demande, le président Boulet, écoutant les voix modérées qui l'entourent, consent enfin à mes invitations réitérées de reprendre la discussion à partir de l'entente issue du rapport Gourdeau. Nous convenons de mandater chacun un collaborateur pour examiner le dossier et chercher un nouveau terrain d'entente qui préviendrait un affrontement à l'Assemblée des gouverneurs, le 16 septembre suivant, comme ce fut le cas à la Commission de planification.

Le président désigne son homme de confiance, le vice-président exécutif Michel Leclerc, à qui il confie les dossiers les plus difficiles et les plus délicats, et qui sait faire preuve de beaucoup d'ingéniosité et de créativité lorsqu'il est nécessaire d'atteindre un compromis. De plus, Michel Leclerc est familiarisé avec l'UQAM où il fut successivement professeur (1969), doyen du Premier cycle et deux fois vice-recteur, à l'Enseignement et à la recherche et à l'Administration et aux finances, avant de devenir vice-président exécutif de l'UQ (1983). Comme depuis 1969 j'entretiens des liens personnels amicaux avec Leclerc, j'ai donc l'avantage de pouvoir lui parler directement, tout en parlant aussi au président Boulet, selon les circonstances. Leclerc est un homme sensible, qui garde un attachement certain pour l'UQAM. La perspective d'un interminable conflit avec l'UQAM lui pèse et le mine. Il est de ceux qui poussent le président à une entente. Pour ma part et avec l'accord de la direction, je demande à Pierre Brossard (qui s'apprête à quitter l'UQAM après y avoir servi comme secrétaire général depuis 1980 et vice-recteur exécutif depuis 1986) de représenter l'Université. Avocat de formation, attentif aux textes et même aux détails des textes, Brossard est très attaché à l'UQAM. S'il a décidé de la quitter, c'est qu'il n'est pas un «académique» et qu'après avoir fait l'expérience du milieu universitaire, il a l'envie de vivre de nouvelles expériences professionnelles dans le milieu financier (où l'appelle mon prédécesseur). Mais avant de quitter l'UQAM, Pierre Brossard désire réussir une nouvelle entente avec l'UQ; son attachement à l'UQAM, son départ imminent, sa familiarité aussi avec Michel Leclerc feront de lui un négociateur très énergique et efficace.

Le mandat de négociation que mes collègues et moi-même confions à Brossard est simple et exigeant. D'une part, il doit trouver les moyens de protéger l'UQAM contre la vision du rapport Després: il sait très bien que la remise en cause du statut d'université associée est totalement inacceptable à la communauté de l'UQAM. Il sait aussi que la réaffirmation du principe de la péréquation par le groupe Després est particulièrement dangereuse pour l'UQAM dans un contexte où l'Université du Québec traîne un déficit accumulé de plus de 8 millions de dollars, dont les trois quarts sont imputables aux autres établissements. Brossard doit donc convaincre son interlocuteur que la réédition de l'entente de 1984 est l'absolu minimum qu'exige et qu'exigera l'UQAM. D'autre part, l'expérience nous ayant instruits, nous donnons aussi mandat à notre collègue de chercher à améliorer encore l'entente de 1984 et d'arracher l'une ou l'autre concession supplémentaire à l'Université du Québec.

Pendant la première quinzaine de septembre 1987, pendant la deuxième semaine du mois en particulier, d'intenses négociations se déroulent entre l'UQAM et la direction de l'UQ. Il faut rencontrer l'échéance de la prochaine Assemblée des gouverneurs. Il faut aussi (du moins dans mon esprit) rencontrer l'échéance du départ imminent de Pierre Brossard que son nouveau patron attend impatiemment. Cette deuxième échéance m'apparaît très utile dans les circonstances : je suis convaincu que les gens du siège social préféreront s'entendre avec quelqu'un qui est sur le point de partir et qui peut se montrer plus accommodant, car voulant quitter sur une réussite, que de se condamner à discuter avec des gens résolus à soutenir un siège prolongé. Pendant plusieurs jours, Brossard fait la navette (surtout par téléphone) entre Michel Leclerc et ses collègues. Il est très fidèle à ses mandats et il ne manque pas d'utiliser cet atout supplémentaire que représente son prochain départ. Inlassablement, il presse Michel Leclerc de multiplier les efforts de conciliation et lui répète qu'il a tout intérêt à s'entendre avec lui «avant son départ plutôt que de se condamner à traiter avec ceux qui resteront à l'UQAM».

Finalement, le dossier est ouvert à nouveau, comme ce fut le cas en 1984, et les deux négociateurs rapportent à leurs mandants une nouvelle entente. Au vu des résultats, il est immédiatement clair que Pierre Brossard a intégralement respecté les deux parties de son mandat. La nouvelle entente reprend textuellement l'entente de 1984, excepté sur deux points où elle améliore significativement l'ancienne. Comme l'entente de 1984, celle de 1987 reconnaît à l'UQAM le statut d'université associée, y incluant les pouvoirs de diplômation, de représentation, de relations avec les autres établissements et organismes universitaires et autres, de communication directe avec le Ministère et de recommandation directe de la nomination de son recteur. L'entente de 1987 réitère le droit de l'UQAM à un financement sans péréquation établi selon les règles appliquées par le ministère de l'Enseignement supérieur et de la Science à toutes les universités. Elle prévoit les mêmes trois étapes d'accession de l'UQAM au statut d'université associée : modification à la loi de l'UQ, octroi de lettres patentes supplémentaires et adoption, par l'Assemblée des gouverneurs, de «règlements généraux spécifiques» à l'université associée. À cet égard, l'entente de 1987 reprend les textes déjà convenus en 1984. Le préambule et la conclusion de l'entente de 1987 sont, *verbatim,* à peu près ceux de 1984.

Sur deux points, l'entente de 1987 marque un progrès par rapport à celle de 1984. D'abord, le mécanisme de nomination du recteur de l'UQAM est précisé d'une manière beaucoup plus détaillée :

> Le pouvoir de nommer son recteur selon des procédures établies par le Conseil d'administration de l'Université du Québec à Montréal : ces procédures devant prévoir la présence de deux membres de l'Assemblée des gouverneurs sur les cinq membres du comité de sélection, les trois autres étant nommés par le Conseil d'administration, incluant son président.

Ainsi se trouve explicité et précisé le principe général établi en 1984 et reconnaissant le pouvoir de l'UQAM de recommander «directement au Gouvernement la nomination de son recteur».

L'autre progrès réalisé en 1987 concerne la question vitale du financement de l'UQAM. Le rapport Gourdeau, tout en reconnaissant que l'UQAM devait recevoir le même financement, par l'intermédiaire de l'Université du Québec, que si elle était financée directement par le ministère de l'Enseignement supérieur et de la Science, donc un financement protégé de toute diminution à des fins de péréquation, réservait tout de même à l'Assemblée des gouverneurs le «pouvoir d'intervenir dans la distribution de l'enveloppe globale [attribuée à l'Université du Québec] afin de faire face à une situation d'urgence exigeant telle intervention». Bien que le rapport Gourdeau prît soin de définir la notion de «situation d'urgence», cette disposition donnait à l'Assemblée des gouverneurs les moyens juridiques de réinstaurer la péréquation et la contribution forcée de l'UQAM pour rétablir la situation financière de l'un ou l'autre établissement du réseau confronté à une dégradation financière grave. En termes pratiques, une telle disposition justifiait à l'avance l'Assemblée des gouverneurs de retirer d'une main à l'UQAM ce qu'elle lui donnait de l'autre. L'entente de 1987 procure à l'UQAM des garanties beaucoup plus solides, au moins au plan politique, d'un financement protégé de toute péréquation. Conscient de l'importance que l'Université du Québec accorde à la consolidation du réseau dans ses dimensions académiques, pédagogiques et scientifiques et de la nécessité d'y consentir des moyens financiers, l'entente de 1987 abandonne complètement l'idée de «situations d'urgence» autorisant l'Assemblée des gouverneurs d'enrôler ses établissements à secourir l'un d'entre eux en proie à des difficultés financières majeures, en proposant plutôt d'imposer à toutes les unités du réseau une contribution annuelle et récurrente à un fonds de développement aca-démique :

> Afin d'assurer le développement académique du réseau, l'Université du Québec à Montréal contribuera à l'établissement d'un fonds réseau en consacrant annuellement 500 000 $ à cette fin. Cette somme sera indexée chaque année au taux d'indexation que fixe le ministère de l'Enseignement supérieur et de la Science pour les salaires et les avantages sociaux. Cette contribution est liée à une contribution égale ou supérieure du réseau de l'Université du Québec.

Ainsi, le statut d'université associée coûte 500 000 $ par année (somme annuellement indexée à compter de 1988-1989) à l'UQAM. Le droit d'aînesse se paye. Cependant, la formule de 1987 comporte deux grands avantages sur celle de 1984. En premier lieu, l'UQAM sait précisément ce qu'il lui en coûte pour être une université associée; l'entente de 1984 ouvrait la porte à des ponctions à répétition de l'enveloppe financière de l'UQAM et pour des montants indéterminés; en second lieu, si l'UQAM doit payer un tribut au réseau de l'UQ, cet argent ne servira pas à équilibrer le budget ou à faciliter l'administration courante d'autres établissements. Le fonds réseau servira à financer des projets précis – projets de recherche, développement de nouveaux programmes d'études, etc. – présentés par les professeurs du réseau, chaque demande devant obligatoirement associer des professeurs de plus d'un établissement, choisis par voie de concours où le critère de pertinence des projets, en regard du développement académique du réseau, se trouve balisé par le critère de la qualité intrinsèque de chaque projet. En plus, les professeurs de l'UQAM étant éligibles au soutien financier du fonds du réseau pour leurs projets, cette dernière peut espérer récupérer sa mise initiale. Dans les faits, au cours des années, l'UQAM a récupéré à peu près sa contribution au fonds. Pour ces deux raisons, la formulation précise des dispositions de l'entente de 1987 en matière financière, garantissant l'UQAM de toute péréquation autre que la contribution annuelle de 500 000 $ au fonds du développement académique du réseau et lui donnant la possibilité d'en récupérer à peu près l'équivalent, marque un net progrès par rapport aux conclusions du comité Gourdeau.

Ayant pleinement réalisé son mandat, Pierre Brossard put quitter l'UQAM vers un nouveau milieu professionnel, avec la conscience d'avoir mené à terme, et favorablement, son dernier dossier. Le 16 septembre 1987, la nouvelle entente est signée à Québec par Gilles Boulet et moi-même. Le 30 septembre, le Conseil d'administration de l'UQAM l'approuve à l'unanimité; et l'Assemblée des gouverneurs la ratifie à son tour le 2 octobre, mais après un long débat au terme duquel le recteur de l'Université du Québec à Chicoutimi et premier président du réseau (1969-1974), Alphonse Riverin, maintient résolument sa dissidence solitaire et la fait explicitement consigner au procès-verbal. Dans les années qui suivirent, les éditorialistes de Chicoutimi ne ratèrent aucune occasion, légitime ou non, de critiquer les actions de l'UQAM; mais cela ne tira pas à conséquence. Quant à l'Assemblée des gouverneurs, elle ne revint jamais plus sur sa décision du 2 octobre 1987, après avoir eu la prévoyance et l'élégance à la fois de donner, par la même résolution, mandat au «président de l'Université du Québec pour transmettre l'entente précitée au ministre de l'Enseignement supérieur et de la Science[30]».

L'accord renouvelé et consacré, les deux parties entreprirent l'étape suivante : convaincre le ministre Claude Ryan de faire sa part. Celui-ci dispose désormais de toutes les données nécessaires pour agir, suite au dépôt du rapport du Groupe d'étude sur l'évolution de l'Université du Québec, car, outre l'entente avec l'UQAM, l'Assemblée des gouverneurs a adopté, le 2 octobre 1987, une réaction officielle au rapport Després. Le ministre Ryan, chargé de l'Enseignement supérieur et de la Science, est aussi titulaire de l'énorme ministère de l'Éducation et d'autres dossiers difficiles que lui réfère à l'occasion le Premier ministre. Aussi, ce n'est que le 20 novembre 1987 qu'il accordera un entretien au président Boulet et à moi-même pour recevoir officiellement notre demande conjointe de procéder à une modification de la Loi de l'Université du Québec afin de concrétiser le nouveau statut de l'UQAM. La rencontre se déroule très simplement et très cordialement. Le Ministre est visiblement soulagé que l'UQAM et l'UQ soient parvenues à s'entendre. Il nous confirme qu'il nous fera connaître sa position définitive en janvier 1988, quand il aura fixé sa position sur d'autres éléments du rapport Després, en particulier la nomination des chefs d'établissement et des membres socio-économiques de l'Assemblée des gouverneurs et des Conseils d'administration. S'il n'endosse pas sur-le-champ l'entente UQAM-UQ, le Ministre ne semble pas éprouver de réticence à l'idée d'un statut particulier. Il laisse même au président Boulet une impression de véritable sympathie au sujet de l'entente. Pour ma part, la rencontre me confirme que le Ministre juge caduque toute recommandation de démembrer le réseau ou d'en abolir le siège social et qu'il n'a vraisemblablement jamais sérieusement considéré cette possibilité.

L'échéance de janvier 1988 qu'avait laissé entrevoir le ministre Ryan s'avère beaucoup trop proche. En fait, tout au long de l'hiver 1988, Claude Ryan réfléchit, consulte largement, médite le sort qu'il fera aux recommandations du rapport Després. Il demande à me rencontrer. Cette rencontre a lieu à mon bureau un samedi après-midi, dans un édifice désert. Le moment choisi par le ministre lui donne passablement de loisir et nous permet d'examiner longuement divers aspects du devenir de l'UQAM et de l'Université du Québec, à travers la fumée de son cigare et celle de ma pipe. Il me laisse clairement entendre que sa réflexion sur les questions universitaires progresse bien et que l'entente UQAM-UQ ne lui inspire pas de difficultés sérieuses. Mais sa réalisation requiert l'intervention de l'Assemblée nationale du Québec, il veut préparer les choses minutieusement et, surtout, répondre à toutes les questions qui peuvent surgir à propos tant de l'UQAM que de l'Université du Québec et des constituantes, afin de prévenir et d'éviter tout dérapage.

Le ministre Ryan dévoile finalement ses décisions dans une longue lettre au président Boulet, lettre datée du 24 mai 1988, impatiemment attendue. Le Ministre commence par enterrer sans appel le rapport Gobeil en faisant un bilan très positif de la contribution de l'Université du Québec et en l'assurant qu'elle «peut compter sur l'appui du gouvernement dans la poursuite de son mandat». Puis il signale son accord général aux recommandations du groupe Després en se réservant, pour certaines, d'apporter des précisions qu'il juge nécessaires. Le Ministre annonce ensuite de multiples orientations, dont l'augmentation du nombre de membres socio-économiques à l'Assemblée des gouverneurs et aux conseils d'administration des constituantes. Après avoir formulé des commentaires sur la situation particulière de plusieurs des établissements du réseau de l'UQ et sur le rôle et la composition du siège social, il aborde enfin la question de l'UQAM à l'avant-dernière des dix-sept pages de sa lettre. Pour l'UQAM, la victoire, bien que substantielle, n'est pas totale.

L'UQAM aura son statut d'université associée :

> Malgré la recommandation du rapport du Groupe de travail sur l'évolution de l'Université du Québec, je compte proposer au gouvernement les amendements nécessaires à la Loi de l'Université du Québec pour donner suite à l'entente intervenue et pour accorder à l'Université du Québec à Montréal un statut d'université associée.

Mais sur la question du financement de l'UQAM, le ministre prend ses distances dès le départ et entend n'avoir pas les mains liées :

> L'entente prévoit que l'Université du Québec à Montréal doit être financée par l'Université du Québec conformément aux sommes qu'elle recevrait si elle était financée directement par le ministère de l'Enseignement supérieur et de la Science. Je dois vous prévenir que cette situation ne saurait lier le ministre ni faire l'objet d'un amendement en ce sens à la Loi de l'Université du Québec (...). La répartition proposée dans l'entente ne saurait par ailleurs procurer à l'Université du Québec des ressources plus abondantes que celles qui lui sont attribuées par la formule actuelle, laquelle la considère comme un tout pour les fins de financement.

Le Ministre refuse de se mêler du financement de l'UQAM et remet sans appel le dossier sur la table de l'Assemblée des gouverneurs, tout comme il refuse d'assurer par voie législative la protection de la base de financement de l'UQAM; rien ne le convaincra de changer de position même si, à l'occasion, il fera certains gestes concrets pour améliorer son financement.

À partir de ce 24 mai 1988, de la lettre du ministre Ryan qui est rendue publique le jour même lors d'une conférence de presse, la question du statut de l'UQAM est définitivement (bien qu'incomplètement) réglée quant aux principes et personne ne remettra plus en question le statut d'université associée qu'a arraché l'UQAM avec une longue et tenace patience.

Les journaux montréalais confirment le succès de l'UQAM; malgré la diversité des questions et des thèmes abordés dans la lettre et la conférence de presse du Ministre, ils font du statut de l'UQAM leurs manchettes : «L'UQAM obtient le statut d'université associée», selon *Le Devoir* du 25 mai 1988; «Un statut particulier pour l'UQAM», selon *La Presse* et, pour *Le Journal de Montréal*, «L'UQAM aura son statut particulier». Après une telle clarification des choses, après que le ministre se fut publiquement prononcé, la communauté de l'UQAM n'a plus qu'à attendre que s'accomplisse pleinement son nouveau statut.

Il faudra encore une année de patience, de vigilance et d'efforts imprévus. La suite de l'histoire, ce sera l'histoire de l'adoption d'une loi par l'Assemblée nationale du Québec et d'un règlement par l'Assemblée des gouverneurs de l'Université du Québec.

J'en dirai quelques mots car chacun de ces deux processus a comporté des rebondissements imprévus et parce que, si l'adoption de modifications à la Loi de l'Université du Québec s'est déroulée dans un cadre échappant pour l'essentiel aux interventions de l'UQAM, celle-ci a dû s'occuper très activement du processus d'approbation du règlement de l'Assemblée des gouverneurs relatif à son statut particulier.

Le 8 novembre 1988 le ministre Ryan dépose à l'Assemblée nationale du Québec le projet de loi 63, intitulé: «Loi modifiant la Loi sur l'Université du Québec». Ce projet tient en cinq pages et compte vingt-trois articles dont la teneur est fort prosaïque et la lecture guère emballante. Il s'agit, après tout, d'une loi modifiant une autre loi et donc d'un texte qui se réfère constamment à un autre texte. Nonobstant le style, le projet de loi honore pleinement l'engagement du Ministre à l'endroit de l'UQAM. Cependant, la consécration du statut d'université associée s'y réalise d'une manière totalement différente de celle qui avait été suggérée dans les ententes de 1984 et de 1987. En effet, plutôt que de recourir à deux démarches différentes – l'introduction par l'Assemblée nationale du statut général d'université associée dans la Loi de l'Université du Québec et l'attribution de ce statut à l'UQAM par décret gouvernemental subséquent – le ministre Ryan propose de tout régler en une seule étape : l'Assemblée nationale elle-même qui conférera à l'UQAM son nouveau statut. Le projet de loi le prévoit à l'article 16 :

> 16. Cette loi [sur l'Université du Québec] est modifiée par l'insertion, après l'article 40 du suivant :
>
> 40.1 L'Université du Québec à Montréal, instituée par lettres patentes émises le 9 avril 1969, conformément à l'article 27 de la présente loi, est une université associée de l'Université du Québec.
>
> À ce titre :
>
> 1. malgré le paragraphe a.1 de l'article 4, elle décerne ses propres grades, diplômes ou certificats universitaires;
>
> 2. malgré le deuxième alinéa de l'article 31, elle peut conclure sans autorisation, avec tout établissement d'enseignement ou de recherche, tout accord qu'elle juge utile à la poursuite de ses fins;
>
> 3. malgré l'article 38, elle fait la recommandation pour la nomination de son recteur;
>
> 4. malgré l'article 38.1, elle désigne elle-même parmi ses vice-recteurs, le remplaçant du recteur.

L'article 19 du projet de loi apporte une précision de même nature en matière d'attribution de grades ou diplômes.

On aurait pu imaginer une proclamation plus éloquente ou plus lyrique pour un nouveau statut si longtemps recherché. Malgré l'étonnement que suscite cette façon d'établir ce statut d'université associée (étonnement relatif en vérité : dès la mi-septembre 1988, le bureau du Ministre m'avait informé de la teneur du projet de loi en cours d'élaboration finale), la solution retenue par Claude Ryan comporte un important avantage pour l'UQAM et pour l'Université du Québec. À celle-là elle assure que son statut, conféré par la voie difficile d'une loi, ne pourra être modifié, altéré ou supprimé que par une nouvelle intervention de l'Assemblée nationale elle-même. À celle-ci elle confirme que le statut de l'UQAM est un cas d'espèce et qu'aucun autre des établissements du réseau ne pourra obtenir un statut semblable à celui de l'UQAM si ce n'est par décision de l'Assemblée nationale. Aussi, cette liberté prise par le Ministre à l'égard des ententes UQAM-UQ ne suscite-t-elle aucune question. Enfin, sur la question du financement de l'UQAM, le projet de loi demeure aussi muet qu'indifférent; le Ministre n'a pas changé d'idée.

Entre son dépôt à l'Assemblée nationale, le 8 novembre 1988, et son adoption, le 14 juin 1989, le projet de loi ne subira pas de modifications substantielles ou significatives en ce qui concerne le statut de l'UQAM. Ayant sollicité un avis du Conseil des universités sur son projet de loi, le Ministre reçoit le commentaire suivant sur le statut de l'UQAM et doit constater que le Conseil n'a pas oublié son avis de 1980 :

> Le Conseil considère que l'octroi d'un statut d'université associée tel qu'il est présenté dans le projet de loi est une solution qui constitue une étape dans un cheminement vers l'autonomie complète de l'UQAM [30].

Mais l'adoption du projet de loi ne sera pas précipitée et le processus donnera à l'occasion des sueurs froides à la communauté de l'UQAM. Le projet de loi 63 traite de plusieurs questions, outre celle du statut de l'UQAM : ainsi, il vise à accroître le nombre de membres externes («socio-économiques») à l'Assemblée des gouverneurs et dans les Conseils d'administration et renforce considérablement le pouvoir de nomination du gouvernement en cette matière. Cela suscite des inquiétudes dans divers milieux, notamment chez les syndicats de professeurs des établissements, qui n'apprécient pas davantage la réduction du nombre de professeurs dans ces instances. Le 9 décembre 1988, il me paraît prudent d'écrire au *leader* parlementaire de l'Opposition, M. François Gendron, pour lui confirmer l'importance et l'urgence d'accorder à l'UQAM son nouveau statut. Plus inquiétante est l'intervention dans le débat de la Centrale de l'enseignement du Québec (CEQ); le 14 décembre 1988, après approbation en deuxième lecture du projet de loi, la CEQ demande au Ministre de le retirer. Dans une longue conversation téléphonique et une aussi longue lettre, j'essaie de convaincre, dans les jours qui précèdent le congé de Noël, la présidente de la CEQ, madame Lorraine Pagé, de l'importance du projet de loi pour l'UQAM et la prie vivement de ne pas s'opposer à son adoption.

L'idée s'affirme, appuyée par l'Opposition officielle, de tenir des audiences publiques sur le projet de loi. La perspective ne me comble pas de joie; mais il faudra passer par des audiences publiques de la Commission parlementaire de l'éducation. La Commission y consacrera trois journées, au début d'avril 1989.

La direction de l'Université du Québec, celle de l'UQAM, les Syndicats des professeurs et des chargés de cours de l'UQAM participent tour à tour aux audiences. Leurs interventions soulignent l'importance d'accorder à l'UQAM son statut; sur d'autres aspects du projet de loi, l'unanimité est moins évidente. Malgré nos appréhensions, cette étape du processus législatif ne porte pas préjudice aux espoirs de l'UQAM. Un mois plus tard, le 9 mai 1989, la Commission parlementaire de l'éducation procède à l'étude, article par article, du projet de loi; de nombreux amendements sont introduits, discutés, adoptés ou rejetés. Le statut d'université associée sort indemne de cette longue démarche.

Le 14 juin, dans la bousculade habituelle des fins de session, le projet de loi 63 est adopté à l'unanimité par l'Assemblée nationale; l'assentiment du lieutenant-gouverneur survient le 19 juin 1989. Dix ans et quelques semaines après la recommandation de la Commission Angers qui a ouvert tout ce long processus...

Mais le statut d'université associée n'est pas encore complètement réalisé. Parallèlement au processus législatif, il a fallu obtenir de l'Assemblée des gouverneurs l'adoption d'un règlement général complétant le projet de loi 63, qui ne sera pas acquis avant le 21 juin 1989.

Les ententes de 1984 et 1987 prévoyaient que le statut d'université associée de l'UQAM s'accompagnerait d'un règlement général ou de règlements généraux de l'Université du Québec en assurant la complète application, et à chacune des deux ententes fut annexé un projet de règlement spécifique au statut de l'UQAM. Cependant, depuis que la lettre du ministre Ryan avait annoncé, le 24 mai 1988, que la modification éventuelle de la Loi de l'Université du Québec ne traiterait pas des assises financières du statut d'université associée, la question du règlement général sur l'université associée se présentait sous un éclairage bien différent.

131

Aussi, depuis sa publication jusqu'à l'adoption de la modification de la Loi de l'Université du Québec en juin 1989, l'UQAM mettra tout en œuvre pour faire consacrer par les règlements de l'Université du Québec les dimensions de son nouveau statut que la loi ne sanctionnera pas. Cette démarche de l'UQAM se butera à des résistances certaines. Et, toujours, l'UQAM s'efforcera de trouver un arrangement juridique empêchant l'Assemblée des gouverneurs, qui aura une fois adopté un règlement consacrant le statut d'université associée, de pouvoir un jour le modifier unilatéralement.

L'aspect le plus préoccupant de toute l'affaire reste incontestablement celui du financement. Par l'entente de 1987, l'Université du Québec prend l'engagement, en contrepartie du tribut annuel de 500 000 $ versé par l'UQAM au fonds de développement académique du réseau, d'assurer à cette dernière tout le financement auquel elle aurait droit si elle était financée directement par le ministère de l'Enseignement supérieur et de la Science. Or, la Loi de l'Université du Québec confère à l'Assemblée des gouverneurs les pleins pouvoirs en matière financière et budgétaire. La subvention gouvernementale pour l'ensemble des établissements du réseau est versée à l'Université du Québec, non aux établissements; l'Assemblée des gouverneurs décide du partage entre les établissements, établit les règles de préparation des budgets et approuve le budget de chaque établissement. À cet égard, la Loi de l'Université du Québec est parfaitement claire.

Sur la base de la loi, le Règlement général 7 de l'Université du Québec, relatif aux affaires administratives et financières, comporte des dispositions tout aussi claires sur les pouvoirs de l'Assemblée des gouverneurs à l'égard des finances des établissements :

7.2 Financement

Le financement global des dépenses de fonctionnement des établissements est assuré par la formulation et la négociation par l'Université des demandes budgétaires préparées selon les règles de financement du ministère de l'Éducation. Les demandes particulières de financement sont préparées par l'Université en concertation avec les établissements concernés. L'ordre de priorité en est fixé par l'Assemblée des gouverneurs.

Les règles de partage, le cadre budgétaire, la forme de présentation des budgets et des plans d'effectifs sont approuvés par l'Assemblée des gouverneurs.

7.3 Processus budgétaires

L'Assemblée des gouverneurs adopte les budgets de fonctionnement et d'investissement et les plans d'effectifs ainsi que les budgets et les plans d'effectifs modifiés le cas échéant et les dispositions concernant la résorption des déficits.

Comme Claude Ryan a annoncé qu'il ne modifierait pas la loi pour incorporer des dispositions de nature financière, l'Assemblée des gouverneurs conservera donc intact le pouvoir d'adopter en matières financières des résolutions qui pourraient invalider l'entente du 16 septembre 1987. La résolution par laquelle l'Assemblée des gouverneurs ratifiait cette entente, le 2 octobre 1987, n'a d'autres assises que la bonne volonté de cette Assemblée de la maintenir et cette même Assemblée pourrait en tout temps la révoquer, à tout le moins pour ses matières financières. Dans ce contexte, l'Assemblée des gouverneurs pourrait décider d'adopter, si elle le jugeait nécessaire, comme l'y autorise l'article 7.2 du Règlement général 7, des «règles de partage» de la subvention que le Ministère accorde au réseau de façon à réduire la subvention effectivement autorisée à

133

l'UQAM en deçà de celle que justifient les règles du Ministère. L'Assemblée des gouverneurs pourrait, par simple résolution lors d'une réunion ordinaire, instaurer entre les établissements du réseau une péréquation préjudiciable aux plus gros établissements. Et, connaissant l'état d'endettement grave de certains établissements du réseau et l'urgence éventuelle d'y remédier efficacement, un tel retour à la péréquation paraît-il vraiment si invraisemblable?

Dès le 29 juin 1988, je confirme au président Boulet la demande claire de l'UQAM : que l'Assemblée des gouverneurs, compte tenu des orientations énoncées par le Ministre, prenne les dispositions nécessaires pour asseoir juridiquement les clauses financières de l'entente du 16 septembre 1987. Par ailleurs, l'UQAM demande que l'Université du Québec fasse avec elle les pressions nécessaires pour que le Ministère entreprenne de corriger sa base de financement – une autre histoire où l'UQAM devra faire preuve d'une longue et tenace patience.

Pour que la demande de l'UQAM ait des suites réglementaires appropriées, il faut mettre au point rapidement des textes clairs. À la fin du mois d'août 1988, l'UQAM saisit la direction du réseau de propositions précises. Il s'agit alors de réécrire le Règlement général 7 de l'Université du Québec afin d'y intégrer les dispositions financières de l'entente du 16 septembre 1987 : principe de communications directes entre l'UQAM et le ministère de l'Enseignement supérieur et de la Science (pour les prévisions budgétaires et les états financiers); principe d'un financement sans péréquation pour l'UQAM, financement établi par l'Assemblée des gouverneurs selon les règles communes que le Ministère applique à toutes les universités. Il y a une autre proposition de l'UQAM qui deviendra vite la pomme de discorde majeure entre les deux parties. En effet, l'UQAM propose d'ajouter au Règlement 7 de l'Université du Québec sur les affaires financières, non seulement les principes de l'entente de 1987, mais un petit paragraphe qui aurait pour effet de garantir à long terme les gains réalisés par l'UQAM en matière de financement :

> 7.9   Amendements au Règlement 7
>
> Les dispositions particulières à l'Université du Québec à Montréal du Règlement 7, ainsi que la présente disposition, ne peuvent être modifiées par l'Assemblée des gouverneurs qu'avec le consentement préalable de l'Université du Québec à Montréal, par son Conseil d'administration.

Ainsi, l'Assemblée des gouverneurs ne pourrait plus revenir à son gré sur l'entente de 1987 et renoncerait en quelque sorte à perpétuité, sauf accord explicite de l'UQAM, à l'exercice de certains de ses pouvoirs à l'égard du financement de la constituante montréalaise.

Les demandes de principe une fois formulées, à la fin de l'été, il faut attendre que le Ministre dépose son projet de loi, le 8 novembre 1988, pour poursuivre la discussion sur les modifications réglementaires destinées à l'Assemblée des gouverneurs. Tout ce temps s'écoule dans une relative inactivité, excepté pour les avocats qui se préparent à de vigoureux débats. Le début de l'automne 1988 est aussi l'occasion d'un changement à la tête de l'Université du Québec. Après deux mandats à la présidence, Gilles Boulet quitte son poste. Pas plus que Claude Pichette il ne sera en fonction lorsque sera définitivement réglée la question du statut de l'UQAM. Le 15 août 1988, Claude Hamel, vice-président à l'enseignement et à la recherche depuis 1985, accède à la présidence de l'Université du Québec. Ingénieur de formation, Hamel a fait carrière à l'Université de Sherbrooke, en devenant recteur en 1981. Quatre ans plus tard, sa communauté universitaire lui refuse un renouvellement de mandat. Il devient alors vice-président à l'Université du Québec. Il assiste, avec un regard neuf, aux débats entourant les rapports Gobeil et Després. Ne s'étant pas épuisé dans les conflits entre l'UQAM et le réseau de l'Université du Québec, ayant fait carrière dans un établissement disposant depuis ses origines de sa propre charte et de la pleine autonomie, Hamel témoigne d'une sympathie réelle pour l'UQAM et ses aspirations. Pacifique et courtois, il ne tire aucun plaisir des affrontements et s'efforce toujours de dédramatiser les conflits et d'inspirer des solutions de compromis. Cela ne signifie pas qu'il donnera toujours raison à l'UQAM; à sa manière pleine d'urbanité, il illustre le dicton (que je prends la liberté de citer dans sa langue d'origine) : *Where you sit is where you stand*. Son arrivée à la présidence de l'UQ rend le climat plus serein. Entre le président de l'Université du Québec et le recteur de l'UQAM se développent, à partir de l'entrée en fonction de Claude Hamel, des relations plus simples, plus chaleureuses et limpides que ce ne fut le cas entre nos prédécesseurs. La loyauté de Claude Hamel à son établissement d'adoption est certaine mais elle n'a pas été assombrie par de trop longs et trop fréquents combats au sein du réseau. Si la présence d'un nouveau président n'entraîne pas de miracles pour la réalisation du nouveau statut de l'UQAM, elle fait au moins l'économie de difficultés et d'aspérités inutiles.

Pendant que se déroulent l'étude et la discussion du projet de loi 63 à l'Assemblée nationale du Québec, les conseillers juridiques de l'UQAM examinent la question des modifications à apporter aux règlements de l'Université du Québec, compte tenu de la teneur du projet de loi 63, pour réaliser le statut d'université associée. Après analyse, il apparaît que la meilleure solution réside, comme prévu à l'origine dans les ententes de 1984 et de 1987, dans l'adoption d'un unique «Règlement relatif au statut d'université associée accordé à l'Université du Québec à Montréal». Un texte est préparé qui est agréé par l'équipe de direction de l'UQAM à la mi-janvier 1989. Il compte neuf articles; cinq de ces articles reprennent les dispositions non financières du statut d'université associée (pouvoir de diplômation, pouvoir de représentation et de contrats avec d'autres établissements, nomination du recteur). Trois articles reprennent les dispositions financières de l'entente de 1987 : financement sans péréquation pour l'UQAM, contribution de l'UQAM au fonds de développement académique du réseau et transmission directe au Ministère par l'UQAM de ses prévisions budgétaires, états financiers et rapport annuel. En principe, en transmettant le projet de règlement à l'Université du Québec, nous n'appréhendons aucune difficulté importante. Ces questions ont été débattues *ad nauseam* et ont été réglées en principe par les ententes de 1984 et 1987. Mais la direction de l'Université du Québec veille au grain. L'UQAM devra encore insister pour obtenir un règlement satisfaisant.

Le projet de règlement mis de l'avant par l'UQAM comporte un neuvième et bref article :

> 9. Disposition générale
>
> Le présent règlement ne peut être abrogé ou amendé sans l'accord de l'Université du Québec à Montréal.

Sur ce point, le bât blesse; il laboure douloureusement la chair de l'Université du Québec. Les secrétaires généraux de l'UQ et de l'UQAM s'engagent dans des discussions préliminaires sur l'ensemble du projet de règlement à la fin janvier 1989. À ce moment-là, je juge nécessaire d'inviter le président Hamel à examiner lui-même le dossier et à le faire avancer. Enfin, le 29 mars, ce dernier réagit et propose un texte comportant quelques modifications.

La plupart sont anodines; cependant, deux sont problématiques. D'une part, le président Hamel demande de modifier l'article 4 du projet de règlement qui traite du financement de l'UQAM. Il souhaite ajouter à cet article (assurant l'UQAM de recevoir «annuellement de l'Université du Québec un financement établi selon les règles de financement qu'applique le Ministère à l'ensemble des universités québécoises») une restriction qu'il formule ainsi : «dans la mesure où l'Université dispose elle-même d'un tel financement». L'UQAM rejette d'entrée de jeu cette modification : sur la question vitale du financement, aucune concession ne sera acceptée et seul le principe d'un financement sans aucune péréquation, établi selon les règles que le Ministère applique à l'ensemble des universités peut être accepté. L'Université du Québec n'insistera pas et cet amendement sera vite oublié.

D'autre part, la proposition du président Hamel ne contient pas l'article 9 auquel l'UQAM tient absolument et grâce auquel l'Assemblée des gouverneurs s'interdirait de modifier ou d'abroger l'un ou l'autre article du règlement ou le règlement dans son ensemble sans solliciter l'accord de l'UQAM. Sur ce point, le dossier achoppe. Il restera bloqué tout au long du processus conduisant à l'adoption du projet de loi 63 par l'Assemblée nationale du Québec. Il sera toujours bloqué lorsque le projet de loi est adopté le 14 juin et le sera encore au moment de l'approbation de la loi par le lieutenant-gouverneur, le 19 juin 1989. Or, l'Assemblée des gouverneurs doit se réunir le 21 juin pour disposer, entre autres dossiers, du projet de règlement sur l'université associée. Alors que le processus législatif a déjà reconnu à l'UQAM le statut d'université associée, trois lignes litigieuses menacent de différer encore une fois le règlement final du dossier.

Pour tenter de dénouer ce dernier conflit, l'Université du Québec sollicite l'avis d'un spécialiste en droit administratif, le juriste René Dussault, professeur à l'École nationale d'administration publique. Analysant le texte de la loi 63, dûment adopté et sanctionné, le juriste constate que «rien n'y est compris qui permette à l'Assemblée des gouverneurs, une fois qu'elle a exercé le pouvoir réglementaire qui lui est conféré, de se lier pour le futur et de s'engager à ne pas abroger ou amender le règlement relatif à l'Université du Québec à Montréal, sans l'accord de cette Université, comme le veut l'article 9 du projet de règlement soumis à notre attention[32]». Selon lui, une telle «abdication de pouvoir» devrait être «autorisée très clairement par la loi elle-même». Tel que libellé, l'article 9 donne un droit de veto à l'UQAM (sur ce point, le juriste a parfaitement compris nos intentions). René Dussault arrive donc à la conclusion que «l'article 9 du projet de règlement (...) serait illégal, nul et *ultra vires* des pouvoirs de l'Assemblée des gouverneurs[33]».

Personnellement, la conclusion de Dussault ne me surprend pas. La proposition de l'article 9 de l'UQAM visait bien une renonciation de l'Assemblée des gouverneurs à ses pouvoirs, ou, si l'on préfère, une abdication de pouvoirs. Sur la base de cet avis juridique, il est évident que la direction de l'Université du Québec ne changerait pas de position; il est tout aussi prévisible que l'Assemblée des gouverneurs adhérerait à la position du siège social. À ce stade-ci, il est inutile d'en appeler au ministre Ryan.

À quelques heures de la réunion de l'Assemblée des gouverneurs, le choix est offert : accepter la proposition de règlement général sur le statut d'université associée de l'UQAM sans article 9 (ou en cherchant un substitut au texte initial) ou en différer l'adoption, laissant filer ce dernier morceau du nouveau statut qui est à portée de la main et, conséquence logique, engager une bataille juridique qui s'annonce extrêmement difficile.

Il me semble bien périlleux de différer l'adoption du règlement : il est impossible de savoir où cela pourrait nous mener et, autant je juge nécessaire l'article 9 ou quelque texte semblable, autant je juge nécessaire de conclure enfin l'interminable dossier du statut de l'UQAM. Il y a des occasions dans la vie que l'on regrette de n'avoir pas saisies au moment où elles surgissaient. Fiévreusement, coincés par l'échéance inamovible de la réunion de l'Assemblée des gouverneurs, nous cherchons une issue, un compromis qui protégerait un tant soit peu efficacement l'UQAM pour l'avenir. Claude Hamel fait un pas. Enfin, un compromis se dessine que l'Assemblée des gouverneurs adopte et ajoute, le 21 juin 1989, au «Règlement relatif à l'Université du Québec à Montréal» :

> 9. Disposition générale
>
> Toute modification aux dispositions du présent règlement est adoptée à la majorité des deux tiers et après avis du Conseil d'administration de l'Université du Québec à Montréal.

La règle inusitée de la majorité des deux tiers et la nécessité d'un avis préalable du Conseil d'administration de l'UQAM – donc d'un débat public sur tout projet d'amendement au règlement de l'Université du Québec consacrant le statut d'université associée – nous apparaissent, dans les circonstances, comme le meilleur compromis possible. Si jamais l'Assemblée des gouverneurs voulait revenir sur l'accord de 1987, elle aurait à composer non seulement avec une loi de l'Assemblée nationale du Québec, mais aussi avec une procédure accordant à l'UQAM la possibilité de saisir les autorités politiques et l'opinion publique des intentions intolérables du réseau auquel elle a choisi de continuer d'appartenir. L'article 9 n'est pas celui auquel tenait l'UQAM; mais du moins il existe un tel article 9 et l'UQAM n'est pas dépourvue de toute protection.

Adopté par l'Assemblée des gouverneurs le 21 juin 1989, le «Règlement relatif à l'Université du Québec à Montréal» est publié dans la *Gazette officielle du Québec*, le 8 juillet suivant[34]. Tout est terminé.

Une longue et tenace patience a conduit l'Université du Québec à Montréal au statut d'université associée. Est-ce un «statut de pleine responsabilité institutionnelle»? Selon les termes formulés par le Conseil d'administration du 17 décembre 1979, ce statut est incomplet; mais il représente plus qu'un statut ordinaire accordé aux autres établissements du réseau de l'Université du Québec. Depuis 1989, en matières financières comme en d'autres matières, l'UQAM a eu plus d'une occasion de s'en réjouir.

NOTES

1. Commission d'étude sur les universités, Comité d'étude sur l'organisation du système universitaire, *Le réseau universitaire*, Québec, mai 1979, p. 312. Texte à rapprocher de cet extrait du <u>Mémoire</u> présenté par l'UQAM à la Commission en juin 1978 (p. 36) : L'UQAM affirme que son autonomie est limitée par son appartenance à un double réseau et, partant, à un double système de contrôle bureaucratique. Une importante simplification du réseau universitaire dans son ensemble est nécessaire, qui permette aux partenaires d'entretenir des relations plus claires et qui évite les inutiles dédoublements, particulièrement au niveau où doit se dégager une vision univoque du développement du système.»

2. *Ibid.*

3. *Un statut de pleine responsabilité institutionnelle pour l'UQAM. Réponse de l'Université du Québec à Montréal à la recommandation de la Commission d'étude sur les universités concernant le statut de l'UQAM.* Ce document a été déposé au Conseil d'administration lors de son assemblée du 17 décembre 1979, et la version citée porte la date du 18 décembre 1979.

4. *Ibid.*, p. 5-6.

5. *Ibid.*, p. 11.

6. *Ibid.*, p. 12.

7. Conseil d'administration de l'UQAM, résolution 79-A-2656 du 17 décembre 1979.

8. *Déclaration de la direction de l'Université du Québec à Montréal au Conseil des universités, le 15 février 1980*, p. 5-6.

9. Conseil des universités, *L'université québécoise des années 80*, Québec, 1980, p. 337.

10. Compte rendu, p. 2.

11. *Ibid.*, p. 7.

12. Résolution 82-A-3631.

13. Assemblée des gouverneurs, procès-verbal de la deuxième séance de la 232ᵉ réunion, tenue le 12 mai 1982, p. 3.

14. Résolution 82-A-3632.

15. Les citations proviennent du document intitulé *Rapport du comité de l'Assemblée des gouverneurs sur le réseau de l'Université du Québec, le 15 juin 1984.*

16. Résolutions 84-A-4741 et 4742.

17. LÉVESQUE, René, *Attendez que je me rappelle...*, Montréal, Québec-Amérique, 1986, p. 29.

18. Groupe de travail sur la révision des fonctions et des organisations gouvernementales, *Deuxième rapport : la gestion des programmes gouvernementaux*, Québec, 26 mai 1986, p. 29.

19. *Ibid.*

20. *Ibid.*

21. *Ibid.*, p. 30.

22. Résolution A-299-S-4193.

23. Groupe d'étude sur l'évolution de l'Université du Québec, *Rapport*, p. 82.

24. *Ibid.*, p. 83.

25. *Ibid.*

26. *Ibid.*, p. 14-15.

27. *Ibid.*, p. 15.

28. Loi de l'Université du Québec, article 21.

30. Résolution 87-A-6044 du Conseil d'administration de l'UQAM et Résolution A-319-S-4501 de l'Assemblée des gouverneurs de l'Université du Québec.

31. Conseil des universités, *Projet de Loi 63 modifiant la Loi sur l'Université du Québec, avis n° 88.8*, p. 5.

32. Lettre de René Dussault à Pierre Nadeau, secrétaire général de l'Université du Québec, le 19 juin 1989, p. 2-3.

33. *Ibid.*, p. 4.

34. *Gazette officielle du Québec,* 121ᵉ année, n° 27, 8 juillet 1989, p. 2406-2407.

UNE LONGUE ET TENACE PATIENCE 2

LA RECHERCHE INACHEVÉE D'UN
FINANCEMENT GOUVERNEMENTAL ÉQUITABLE

J'étais recteur depuis quelques mois lorsque j'eus l'occasion de rencontrer celui qui fut, de 1965 à 1975, le premier recteur laïque de l'Université de Montréal, M. Roger Gaudry. Me félicitant de mon accession récente au rectorat de l'UQAM, Roger Gaudry me dit presque aussitôt : «Comme je vous plains, mon ami, d'avoir à gérer une université avec autant de restrictions budgétaires! Il me semble qu'à mon époque nous avions de réels moyens financiers.» Je ne pus lui répondre qu'une seule chose : «J'ai l'impression, M. Gaudry, que je n'ai jamais connu autre chose que des restrictions budgétaires depuis que je suis membre de la direction de l'UQAM.» En effet, depuis ma nomination comme doyen par intérim responsable des personnels enseignants de l'UQAM, en janvier 1978, jusqu'à ma nomination comme recteur, en juin 1986, je garde le souvenir d'omniprésents et permanents problèmes budgétaires, année après année, et d'innombrables – vraiment innombrables – discussions sur les finances et les budgets universitaires. Les années que j'ai vécues depuis 1986 ont aussi été pleines de problèmes budgétaires, pour l'UQAM et pour l'ensemble des universités québécoises, même si le gouvernement du Québec fut périodiquement contraint à accroître ses efforts financiers et même si, depuis 1990, il a autorisé un dégel et une augmentation des droits de scolarité. Dans ces conditions, il n'est pas étonnant qu'une éditorialiste bien connue, Lise Bissonnette, se soit autorisée à plus d'une reprise à décrire, assez justement, les recteurs québécois comme des «quêteux professionnels».

En réalité, en matière de financement des universités, tout est relatif. Si on compare le sort fait aux universités de beaucoup de pays, les universités québécoises jouissent d'un niveau de ressources humaines, financières et matérielles qui les fait souvent paraître comme particulièrement opulentes et privilégiées. Cependant, lorsqu'elles tournent leur regard vers certaines universités canadiennes et américaines, à leur tour les universités québécoises se trouvent bien pauvres. La richesse des universités est le reflet de la richesse des sociétés; celles qui sont enviées par les unes trouvent toujours une raison d'envier les autres.

Dans le concert ou la cacophonie qui exprime les doléances, souvent largement justifiées, des universités québécoises (auxquelles on demande de rivaliser avec les meilleures de ce monde), l'Université du Québec à Montréal fait entendre sa propre voix depuis longtemps. Je laisse à d'autres le soin de juger, s'ils veulent s'aventurer sur ce terrain, jusqu'à quel point les doléances de l'UQAM sont justifiées, à la lumière des standards dont ils choisiront de s'inspirer. Pour ma part, je pourrais leur fournir des données qui montrent, quel que soit le contexte (québécois, canadien ou américain), que cette Université ne croule pas sous les richesses accumulées, même si, je le reconnais volontiers, de très nombreuses universités à travers le monde pourraient l'envier.

Mon propos, dans les pages qui suivent, n'est d'abord pas de formuler un plaidoyer pour assurer un meilleur financement à l'UQAM. Je l'ai fait et le ferai encore dans les tribunes appropriées. Dans ces pages qui rassemblent des «matériaux fragmentaires pour une histoire de l'UQAM», je veux illustrer un épisode de l'histoire du financement de l'UQAM qui décrit un moment de la longue et tenace patience de l'UQAM pour corriger une iniquité persistante dans le financement qu'elle reçoit du gouvernement, moment que j'ai vécu de près. Je crois bien pouvoir indiquer que si l'UQAM a déployé toute la patience et la ténacité dont elle a su faire preuve pour accéder à un statut distinct au sein du réseau de l'Université du Québec, lequel lui a valu et lui vaut une meilleure protection de son financement, cette patience et cette ténacité n'ont pas été aussi fructueuses dans le cas de son financement par le gouvernement du Québec. Je crois aussi pouvoir faire mieux comprendre une chose intéressante et importante au sujet de l'UQAM et de sa communauté : le senti-ment profond et durable qu'elles éprouvent de n'être pas traitées équitablement en termes de financement des opérations. Le sentiment de souffrir d'une iniquité ne se dissipe pas facilement; si des observateurs extérieurs, désintéressés ou intéressés, parvenaient à démonter qu'un tel sentiment était injustifié, la seule démonstration rationnelle ne suffirait pas à éteindre le ressentiment qui habite depuis longtemps la conscience de l'UQAM et de ses gens.

Quelques notes préliminaires sur le financement des universités québécoises

Le financement des universités québécoises est une question très compliquée que peu de gens connaissent à fond. Cette question n'est pas récente. Au cours des années 50, Maurice Duplessis, au faîte de sa puissance comme Premier ministre, a mené de durs combats au gouvernement fédéral sur la question du financement des universités du Québec. Ce gouvernement fédéral, comprenant l'importance croissante des universités pour le maintien et le développement de la compétitivité et de l'identité canadiennes, subissant les assauts répétés des universitaires des diverses parties du pays qui se trouvaient mal soutenus par leurs gouverne-ments provinciaux respectifs, prenant à cœur son mandat de «gouvernement national», le gouvernement fédéral jugea donc de son devoir d'apporter une aide financière aux universités. On connaît la suite. Invoquant la Constitution canadienne qui réserve aux provinces la juridiction exclusive en matière d'éducation, invoquant aussi l'«autonomie» provinciale, Maurice Duplessis refusa l'intervention fédérale dans ce domaine, parvenant à trouver quelques alliés inattendus. Duplessis finit par mourir. Ses successeurs trouvèrent des arrangements et, Révolution tranquille aidant, les universités québécoises purent bénéficier de moyens financiers accrus. Mais la dimension constitutionnelle de la question du financement des universités n'est pas complètement morte. Il se trouve régulièrement des gens au Canada qui en appellent à un transfert de juridictions constitutionnelles, au moins pour l'enseignement postsecondaire, et cela ne convient toujours pas au Québec.

Dépouillée de ses atours constitutionnels, réduite à la nudité technique, la question du financement des universités cesse très rapidement d'émoustiller le commun des mortels – qui, de façon bien compréhensible, se préoccupe beaucoup plus, en matière de finances publiques, de sujets tels les services de santé, le niveau des taxes, l'équité du fardeau fiscal, etc. – pour devenir une question n'intéressant que les spécialistes ou les bénéficiaires directs. Pourtant, la question est bien d'intérêt public; il s'agit, après tout, de fonds publics destinés à une activité qui a des conséquences pour l'ensemble de la population, et de fonds qui sont distribués à travers un processus éminemment politique. Dans le budget du gouvernement du Québec, les subventions de fonctionnement des universités (soit en gros 75 % des revenus des établissements) représentent une part minime (à peu près 2 milliards sur 40 et quelques milliards). Mais le partage de ces deux milliards de dollars donne lieu à des rivalités aussi ardentes que feutrées entre les établissements dont l'objectif est d'influencer, en les alourdissant ou en les affaiblissant, l'un ou l'autre des nombreux «paramètres» de la formule de financement des universités, élaborée par les hauts fonctionnaires, qui est discutée et critiquée depuis des lustres, qui a un caractère essentiellement historique, qui est ajustée à la marge année après année et dont le principal mérite est d'exister alors que de nouvelles et présumées formules plus «rationnelles» ne parviennent jamais à susciter un large consensus. Les universités ne sont pas toutes taillées selon le même patron : ainsi, certaines offrent des programmes de médecine et de sciences de la santé ou de génie, d'autres pas, les diverses disciplines ne comportant pas les mêmes dépenses *per capita*. Certaines universités comptent beaucoup d'étudiants à la maîtrise et au doctorat, d'autres peu; certaines universités ont beaucoup d'activités de recherche, d'autres peu. La formule de répartition des subventions gouvernementales de fonctionnement entre les divers établissements peut avantager ou désavantager une université donnée selon le poids accordé à l'une ou l'autre des variables en cause – répartition des étudiants selon les disciplines ou les cycles, niveau de l'activité de recherche, nombre annuel de diplômés, etc. D'où les efforts ardents et feutrés de chaque université pour influencer le poids accordé aux diverses variables ou aux divers paramètres de la formule de partage des subventions, efforts portant sur les crédits disponibles à la marge, puisque la formule comporte un financement de base historique qui tend à assurer un minimum acquis à chaque établissement. Au fil des ans, certains paramètres particuliers bénéficient d'une importance accrue, avantageant certains établissements; ou encore, le gouvernement de l'heure décide d'ajouter un peu de fonds à l'enveloppe destinée aux universités pour favoriser certains développements. Au fil des ans, également, l'un ou l'autre établissement entreprend, par des interventions publiques ou par le *lobbying* privé, d'influencer particulièrement certains détails de la formule générale de partage des subventions.

De tout cela résulte que le financement gouvernemental des universités est un processus tout à fait politique, qui implique des pressions sur l'appareil gouvernemental par des intervenants multiples dont la plupart sont directement intéressés par les résultats et une réponse de cet appareil qui s'exprime par l'allocation différenciée de fonds aux divers établissements.

La formule de financement des universités évolue depuis le début des années 60. Pendant cette décennie, le financement des universités repose sur la notion de «subventions d'équilibre» : les universités tirent leurs revenus d'abord des droits de scolarité et, ceux-ci étant insuffisants pour couvrir toutes les dépenses, le gouvernement ajoute sa propre contribution. En 1971-1972, le ministre de l'Éducation applique la méthode dite «historique» : cette méthode prend pour base les dépenses réelles des universités au cours de l'année 1969-1970 et les indexe d'année en année en fonction de la croissance observée des effectifs étudiants. L'année 1969-1970 formera la première année de fonctionnement du réseau de l'Université du Québec et de ses établissements. Cela constitue une base bien fragile pour une méthode dite historique : il est pour le moins problématique de retenir une année qui est la première du réseau de l'Université du Québec en pleine émergence, alors que les autres universités ont déjà eu l'occasion d'établir et de développer leur base de référence. Les niveaux de dépenses atteints par les anciennes universités et les nouvelles sont difficilement comparables. Pour sa part, le Conseil des universités s'interroge très tôt sur le choix de 1969-1970 comme année de référence, puisqu'elle comporte le risque de perpétuer des disparités criantes entre l'état de développement des diverses universités. Aussi, en 1973, un comité mixte (ministère de l'Éducation, universités et Conseil des universités) entreprend d'imaginer une nouvelle formule de financement : vaste projet qui sera abandonné en raison de sa complexité. Première d'une série de vaines tentatives...

Le Ministère, faute de mieux, reconduit d'année en année au cours de la décennie 70 la méthode historique, malgré les problèmes non résolus liés à l'année de référence (1969-1970). Des ajustements mineurs s'y additionnent année après année : par exemple, à compter de 1978, le Ministère décide de financer à moins de 100 % du coût unitaire moyen, les nouveaux étudiants s'ajoutant aux effectifs de l'année antérieure. Ce n'est pas un choix dénué de sens : la croissance des inscriptions peut amener des économies d'échelle et une université a beau augmenter le nombre de ses étudiants, elle n'aura jamais qu'un seul recteur. Cependant, cette pratique, équitable pour des établissements anciens qui ont eu le temps d'édifier une base générale de ressources diversifiées, ne l'est plus pour les jeunes établissements qui vivent une forte et constante croissance de leurs effectifs étudiants et qui tirent de cette croissance les deniers leur permettant de constituer leur base de ressources. Aussi, de plus en plus de voix aspirent à une nouvelle formule de financement. En 1977, le Conseil des universités réclame une formule mixte (historique et normative) : l'enveloppe financière de base de chaque université étant établie de façon historique, des prélèvements à même la subvention générale réservée aux universités permettraient au Ministère de financer des projets jugés prioritaires et même de corriger les iniquités du financement historique. Le Conseil propose même de substituer à une comptabilisation indifférenciée des effectifs étudiants un mode de calcul les distinguant par discipline et cycle d'études. Ce sont là des idées qui s'insèrent de façon permanente dans les débats sur la formule de financement. Pour sa part, en 1979, la Commission d'étude sur les universités (Commission Angers) critique aussi la formule historique. Cette formule défavorise les petits établissements par le choix de 1969-1970 comme année de référence; elle encourage les universités à la course aux clientèles dans les programmes les moins coûteux, puisqu'elle ne tient compte ni des disciplines ni des cycles auxquels les étudiants sont inscrits; enfin, elle conduit à des coûts croissants. La Commission propose une méthode de financement fondée sur des normes précises (coût des étudiants par discipline, *per capita* pour les fonctions de soutien qui tienne compte des économies d'échelle, etc.)

Avec les années 80 et la récession de 1981-1982, le gouvernement commence à imposer des compressions budgétaires aux universités et des prélèvements à l'enveloppe générale pour financer certaines activités particulières. En 1982, le ministère de l'Éducation, suite aux recommandations du Conseil des universités, introduit dans la formule de financement une pondération des étudiants par cycle et par discipline, pour financer les clientèles additionnelles qu'assument les universités par rapport aux effectifs de l'année précédente. La même année, le Ministère mène une étude sur le financement des universités montréalaises qui l'amène à conclure, entre autres, que l'UQAM souffre d'un sérieux sous-financement. De plus en plus, les carences de la formule historique sont dénoncées ; de plus en plus, on réclame une nouvelle formule. Au printemps de 1984, le Ministère propose une formule significativement modifiée qui introduit de nouveaux paramètres, dont la taille des établissements et les coûts indirects de la recherche. Cela satisfait bien inégalement les universités, en vérité certaines, mais pas toutes. Le projet du Ministère est discuté à la Commission parlementaire de l'éducation, en automne 1984, mais faute de consensus dans le milieu universitaire, il est abandonné. C'est finalement en 1987 que le ministère de l'Enseignement supérieur et de la Science mettra en chantier une révision de la formule promise à un plus grand succès, comme on le verra. Entre-temps, le débat s'est élargi : non seulement faut-il améliorer la façon de partager l'argent entre les universités, mais encore doit-on accroître leur part des fonds publics.

Voilà donc, dans les grandes lignes, l'évolution de la formule de financement des universités par le ministère de l'Éducation. Il s'agit d'une formule qui évolue dans le temps pendant de nombreuses années, qui se modifie de façon généralement mineure d'année en année, avant d'être revue de façon significative (encore qu'incomplète) à la fin des années 80.

Avant d'aller plus loin, il sera utile d'examiner sommairement comment fonctionne effectivement la formule de partage des subventions.

Aujourd'hui, la subvention accordée à un établissement (mais cela éclaire les années passées) résulte de l'addition des éléments suivants :

SUBVENTION D'OPÉRATION pour 1993-1994 =
    (1) Subvention de base pour 1992-1993   +
    (2) Ajustements spécifiques

Pour mieux comprendre, on se référera au budget 1993-1994 de l'UQAM présenté au tableau 1.

Tableau 1
BUDGET DE FONCTIONNEMENT SANS RESTRICTION 1993-1994
REVENUS – (000 $)

	1993-1994 Initial – 1/6/93
SUBVENTION D'OPÉRATION	
Subvention de base	
Dépenses de base pour les calculs	152 828
Indexation	1 904
Financement des effectifs étudiants 91/90	6 247
Dépenses de base pour l'année suivante	160 979
Indexation 93-94	1 161
Compression	- 4 096
Sous-total subvention de base	158 044
Ajustements spécifiques	
Financement effectifs étudiants 92/91	5 709
Rémunération forfaitaire	0
Locations	12 590
Service aux étudiants	1 935
Frais indirects de recherche	1 800
Ajustement transfert aide financière	- 5 094
Diplômation	2 321
Nouveaux espaces en propriété	1 307
Autre ajustement	0
Forfaitaire Étudiants étrangers	- 1 229
Actions structurantes	515
Sous-total des ajustements	19 854
SUBVENTION D'OPÉRATION	177 898

Note. L'année financière considérée est l'année budgétaire en cours.

Il est nécessaire d'expliquer quelque peu les points suivants du tableau 1 :

Indexation

L'indexation est déterminée dans les règles de financement en tenant compte des augmentations de traitement prévues dans l'ensemble du secteur public sans référence exacte à la situation particulière dans les universités. De plus, il arrive qu'il y ait une indexation des dépenses autres que salariales, pour tenir compte de la variation des prix. De façon générale, l'indexation est inférieure au coût réel de l'augmentation des masses salariales et des autres dépenses.

Financement des effectifs étudiants (91/90 et 92/91)

Il s'agit des hausses d'étudiants de l'année civile 1992 par rapport aux effectifs de l'année civile 1991 (ou de 1991 par rapport à 1990); elles sont financées à compter du 1er juin 1993 (ou 1992 selon le cas).

Compression

Pour toutes espèces de raisons, notamment le contrôle de son propre déficit, le gouvernement peut imposer des compressions à portée générale de ses dépenses, qui frappent aussi les universités.

Diplômation et frais indirects

Exemples de variables ou de paramètres nouveaux que le Ministère peut ajouter de temps à autre à sa formule de partage des subventions.

Ajustement transfert aide financière

Au fur et à mesure qu'il autorise l'augmentation des droits de scolarité, le gouvernement en soutire une partie aux universités pour accroître les fonds disponibles de son programme de prêts et bourses.

Subvention d'opération

À la subvention d'opération s'ajoutent les autres revenus des universités (en millions de dollars) : droit de scolarité (38 308 $), cotisations (1 703 $), prélèvements UQ pour services communs (- 1 338 $), revenus autres (6 359 $), ventes externes des entreprises auxiliaires (6 598 $), fonds N (1 350 $), autres ventes externes (2 660 $), soit un total d'autres revenus de 55 640 $ et un grand total des revenus de 233 538 $.

Trois remarques importantes doivent être faites à cette présentation schématique. Premièrement, la formule de répartition de la subvention aux universités est «historique» : depuis le début des années 70, elle prend comme point de départ l'année précédente et corrige (à la hausse ou à la baisse) la subvention précédente de chaque université selon l'évolution de la situation observée dans cette université suivant des facteurs telles les variations du nombre d'étudiants inscrits, des espaces loués, et des fonds de recherche, etc. On peut imaginer des alternatives à une formule historique : par exemple, on pourrait imposer aux universités de présenter chaque année une demande étayée et une défense de besoins. En second lieu, le Ministère responsable manque souvent de fonds pour appliquer intégralement les règles de sa formule : ainsi, les hausses de clientèles étudiantes peuvent être telles que la formule ne permette qu'un financement très minime (par rapport au coût moyen de formation d'un étudiant dans une discipline donnée) ou encore le gouvernement peut retirer d'une main, par des compressions qu'il détermine lui-même, ce qu'il donne théoriquement de l'autre. En troisième lieu, les ajustements se font, pour l'essentiel, à la marge, par l'introduction de variables ou de paramètres nouveaux : cela oblige les universités à des efforts pour s'assurer que de telles nouveautés les avantagent (ou, au minimum, aient un effet aussi neutre que possible). Enfin, il convient d'ajouter que les universités sont tenues, en principe, de maintenir d'année en année leur équilibre budgétaire; de fait, elles sont responsables de leurs déficits accumulés.

Voilà donc, dans ses grandes lignes, le mécanisme d'après lequel le gouvernement du Québec subventionne ses universités. Toutes les universités sont soumises à la même formule. Un établissement public comme le réseau de l'Université du Québec ou l'UQAM elle-même ne bénéficie d'aucun privilège de la part du gouvernement en matière de financement par rapport aux universités «privées». Tour à tour, toutes les universités, individuellement ou collectivement, ont eu l'occasion de commenter, de critiquer et même de dénoncer la formule de partage des subventions, dans l'ensemble ou en regard de l'une ou l'autre de ses composantes. Le rêve d'une formule «rationnelle» a souvent accaparé la conscience des universités et des universitaires; mais jamais le consensus ne s'est établi autour d'une telle formule «rationnelle». C'est pourquoi, au fil des ans, on a cherché à corriger tel ou tel élément de la formule ou à y introduire des éléments nouveaux, que ce soit pour répondre à des attentes des universités ou pour concrétiser des choix politiques du gouvernement.

L'insatisfaction profonde à l'égard de la formule de financement appliquée par le Ministère responsable de l'Enseignement supérieur est certes l'une des constantes de l'histoire de l'UQAM. Cette insatisfaction provoque même un sentiment de traitement inéquitable de la part du gouvernement en matière de financement. Pourquoi l'UQAM a-t-elle éprouvé et éprouve-t-elle de tels sentiments? C'est ce que je tenterai d'expliquer dans les pages suivantes. Dans cette dimension de son expérience institutionnelle, l'UQAM a aussi témoigné d'une longue et tenace patience.

Les racines du mal

Il me paraît utile, sans remonter à la naissance même de l'UQAM ni m'engager dans des analyses budgétaires détaillées, d'illustrer quelques jalons qui ont marqué dans l'établissement et sa communauté, l'affirmation non seulement d'un sentiment d'insatisfaction, mais aussi la conviction d'être l'objet d'un traitement inéquitable, en matière de financement, de la part du gouvernement. Ces sentiments tiennent à deux constatations que l'UQAM fait à propos de son financement tout au long des années 70. D'une part, au sein du réseau de l'Université du Québec, l'UQAM subit une «péréquation» au profit d'autres établissements, une partie de la subvention qui lui reviendrait si elle était financée directement par le gouvernement, se trouve détournée par l'Assemblée des gouverneurs vers des établissements que leur éloignement des grands centres ou leur faible population étudiante forcent à des coûts de fonctionnement unitaires supérieurs à ce que permettent les subventions gouvernementales. Ainsi, un document issu d'un comité spécial du conseil d'administration de l'UQAM mis sur pied par le recteur Claude Pichette, au lendemain du conflit de travail ayant opposé le Syndicat des professeurs à l'établissement pendant quatre mois, en 1976-1977, décrit ce phénomène de la péréquation :

> L'Université du Québec à Montréal en effet contribue grandement à la péréquation au sein de l'Université du Québec. D'après un document récent de l'Université du Québec [janvier 1978], l'UQAM aurait contribué à la péréquation entre 1972 et 1977 pour un montant de sept millions, l'équivalent de 5,8 % de sa base de financement. Ce qu'elle paie en péréquation pour l'année 1977-1978 couvrirait largement le déficit prévu au budget de fonctionnement[1].

La péréquation imposée à l'UQAM par son appartenance au réseau de l'Université du Québec fait l'objet d'une dénonciation claire dans le *Mémoire de l'UQAM à la Commission d'études sur les universités,* qui fut publié en juin 1978 :

> Le financement inadéquat de l'enseignement supérieur n'ayant pas permis à l'Université du Québec d'assumer pleinement les coûts impliqués par la décentralisation du réseau universitaire, elle a dû régler son problème de financement via une redistribution des argents que lui fournit l'enveloppe établie à partir des dépenses admissibles des unités constituantes. Les règles de partage budgétaire que s'est données à cet égard l'Assemblée des gouverneurs de l'Université reposent en bonne partie sur le principe des économies d'échelle et ont eu pour effet de faire assumer par l'UQAM une part très importante du coût de la décentralisation universitaire au Québec. [...] l'UQAM aurait subi, sur une période de cinq (5) ans, une péréquation «négative» de plus de 7 millions. Par ailleurs, l'étude plus détaillée du phénomène montre que la péréquation représente, d'année en année, une proportion croissante des dépenses autorisées de l'UQAM[2].

Peu importe le degré d'exactitude des chiffres et des estimés – un bon historien, capable d'analyses financières et comptables précises et doué de beaucoup de patience, pourra trouver là un thème de recherche fort intéressant – une chose est essentielle : très tôt, dans son histoire, l'UQAM dénoncera la péréquation dont elle se juge victime au sein du réseau de l'Université du Québec. L'abolition de toute péréquation deviendra un cheval de bataille dont l'UQAM ne descendra que lorsqu'elle aura acquis, en 1989, le statut d'université associée et qu'elle se sera libérée de la péréquation. Le mot même gardera toujours, aux oreilles de la communauté de l'UQAM, une odeur pestilentielle insupportable.

D'autre part, l'insatisfaction de l'UQAM trouve aussi ses racines dans la méthode historique sur laquelle repose la formule ministérielle de partage des subventions entre les universités. En

1978, l'UQAM précise ainsi les déficiences de la méthode historique :

> Lorsque le Ministère a retenu comme base historique de financement l'année 1969-1970, l'UQAM comptait alors une infrastructure incomplète puisqu'elle en était à ses débuts. La base de financement initiale des autres universités leur assurait par conséquent un «coussin» plus confortable pour leur développement ultérieur (...) la base historique de financement de ces institutions leur étant plus favorable au départ, l'indexation uniforme par la suite de cette base n'a pas réduit l'écart initial entre les différentes universités québécoises[3].

Comme le confirme le mémoire soumis la même année par l'UQAM à la Commission d'études sur les universités (Commission Angers), la méthode historique porte préjudice à l'ensemble du réseau de l'Université du Québec :

> Au moment de la mise en œuvre d'une nouvelle stratégie de financement universitaire au début des années 70 – c'était aussi le moment de la naissance de l'Université du Québec – la plupart des universités québécoises avaient déjà assuré leur infrastructure d'enseignement, de recherche et d'administration; ce sont les coûts de ces infrastructures, déjà bien établies, qui ont été reconnus comme dépenses admissibles aux fins des calculs pour les subventions ultérieures. Il est donc facile de concevoir dans ces circonstances, le préjudice qu'entraînait cette approche pour l'Université du Québec, dont les infrastructures étaient peu développées, et qui devait, de par sa mission même, multiplier ces infrastructures pour toutes ses constituantes, elle qui n'avait pas non plus commencé à développer les études supérieures. L'UQAM quant à elle ressent encore plus vivement ces charges, d'autant qu'elle est en compétition dans le bassin montréalais francophone avec une institution disposant d'une base historique de financement beaucoup plus favorable[4].

À cette période de son histoire, l'UQAM estime recevoir environ 1 000 $ de moins par année par étudiant à temps plein équivalent, que la moyenne des universités québécoises (UQAM incluse), pour les années 1976-1977, 1977-1978 et 1978-1979[5]. Pour une population étudiante de l'ordre de 7 000 à 7 500 étudiants à temps complet équivalents, cela conduit à un sous-financement, par rapport à la moyenne québécoise, de 7 à 8 millions de dollars par année, sur un budget de l'ordre de 40 à 50 millions par année.

Sans prétendre valider *a posteriori* tous ces chiffres, force est de constater qu'ils nourrissent de perceptions plutôt lugubres la situation financière de l'UQAM. Comment cette université ne se sentirait-elle pas profondément insatisfaite de son financement ? L'UQAM appartient à un réseau sous-financé, dans lequel elle fait l'objet d'une péréquation interne, tout en ayant à partager le territoire montréalais avec trois autres universités, dont deux lui semblent très bien nanties. Aussi, elle confirme sa profonde insatisfaction en termes clairs auprès de la Commission Angers :

> L'UQAM remet en question la méthode de financement actuelle de l'enseignement supérieur. La méthodologie en est discutable, le moment historique de sa définition est mal choisi, son application fondamentalement inéquitable. Elle reconduit la richesse et indexe la pauvreté. L'UQAM, soumise de plus en plus aux règles de partage interne de l'UQ – qui la pénalisent indûment – estime ne pas recevoir les ressources correspondant aux moyens qu'elle entend mettre en œuvre, pour remplir ses missions et poursuivre ses finalités[6].

Une profonde insatisfaction à l'égard du traitement qui lui est fait par le gouvernement au titre du financement de fonctionnement, voilà un sentiment qui habitera, qui envahira massivement la conscience de l'UQAM tout au long de son histoire. Si l'acquisition du statut d'université associée, en 1989, la libérera de la hantise de la péréquation interne dans le réseau de l'Université du Québec (pratique qui, dans les faits, tombera en désuétude avant la consécration législative et réglementaire du statut particulier), la question de l'iniquité du financement gouvernemental, comme on le verra par la suite, perdure encore. On ne comprend pas la trajectoire historique de l'UQAM, non plus que la conscience qu'elle en a et la vision qu'elle nourrit d'elle-même, de ses réalisations, de ses difficultés, si l'on ne tient pas compte des sentiments que lui a inspirés et que lui inspire encore l'analyse de sa situation financière.

La fin des années 70 et les années 80 compliquent significativement la situation financière de l'UQAM. Plusieurs facteurs en sont la cause. D'une part, le gouvernement du Québec subit les effets de la récession économique de 1981-1982; il tend déjà à resserrer le financement qu'il accorde aux universités et il continuera à le faire. D'autre part, sortie du cycle des affrontements de travail qui l'a marquée tout au long de sa première décennie, occupant dès l'automne 1979 la première partie de son nouveau campus, l'UQAM connaît une croissance continue de ses effectifs étudiants : de 1977-1978 à 1981-1982, elle estime (printemps 1981) que ses effectifs étudiants auront augmenté de 91 %, contre une augmentation de 16 % dans l'ensemble du réseau universitaire québécois. De plus, rien n'autorise à penser que cette croissance cessera. Or, cette croissance des effectifs étudiants devient non pas une source de richesse, mais d'appauvrissement. En effet, à partir de l'année 1977-1978, le ministère de l'Éducation introduit un nouveau paramètre dans sa formule de financement. Désormais, il finance les étudiants supplémentaires non plus à 100 %, mais à 75 %, puis à 50 %, puis à 25 %. Cette méthode frappe de plein fouet les universités en pleine croissance. Comme, de plus, le Ministère n'a pas toujours les budgets qu'exigerait la croissance des inscriptions, l'UQAM reçoit de moins en moins pour ses effectifs étudiants supplémentaires, bien que le coût de leur formation ne décroisse pas parallèlement.

La menace se précise, déjà envisagée en 1978, de voir l'UQAM s'engouffrer dans une spirale incontrôlable d'endettement. Si des budgets excédentaires en 1977-1978 et 1978-1979 permettent, grâce à une gestion rigoureuse, de ramener à 1,3 millions de dollars le déficit acumulé de l'UQAM, les années 1979-1980 et 1980-1981 font remonter le déficit acumulé à 5,6 millions au 31 mai 1981. Car cette année 1980-1981 amène, outre une croissance de 20 % des effectifs étudiants (contre une prévision de 7 %), une nouvelle convention collective des chargés de cours, engagés dans un processus, difficile à freiner totalement, de revalorisation de leurs conditions de travail. Au début de 1981, au moment où il devient clair que le déficit acumulé atteindra 5,6 millions au 31 mai, alors que commencent à être connues les règles de financement des universités pour l'exercice 1981-1982, les perspectives budgétaires s'assombrissent encore. Le gouvernement du Québec subit dans ses revenus l'effet du ralentissement économique général et l'heure des compressions est arrivée. Une première simulation des revenus et dépenses de l'UQAM pour 1981-1982 laisse entrevoir un manque à gagner de 7 millions de dollars qui s'ajouteront, au terme de l'année 1981-1982, au déficit déjà accumulé de 5,6 millions. Cela serait désastreux, d'autant plus que les taux d'intérêts élevés rendent la dette accumulée de plus en plus dispendieuse à supporter. Enfin, l'année 1981-1982 laisse entrevoir une nouvelle hausse des inscriptions pouvant atteindre 18 %.

Écartelée entre l'efficacité de sa politique d'accessibilité aux études universitaires, les carences structurelles de son financement, les nouvelles inquiétantes sur les orientations budgétaires du gouvernement et la spirale infernale du déficit récurrent, l'UQAM se résigne, en mars 1981, à une décision déchirante : gel total des admissions de nouveaux étudiants à la session d'hiver 1982 et, pour l'année universitaire 1982-1983, contingentement généralisé des admissions à tous les programmes afin de ramener les effectifs étudiants au niveau de l'automne 1980. Dans les semaines qui suivent cette décision, l'opinion publique est alertée par une intense campagne d'information qu'entreprend l'UQAM sur sa situation financière.

Cette décision de geler les admissions de l'hiver 1982 et de contingenter l'admission à tous les programmes en 1982-1983, pour réduire les effectifs étudiants au niveau de 1980, entraîne des débats dans et hors de l'UQAM; de plus, elle approfondit encore, dans la communauté universitaire, l'insatisfaction face à son financement et, en particulier, son sentiment d'être la victime d'une intolérable iniquité. La question n'est plus de savoir si l'UQAM manque de moyens financiers pour poursuivre sa politique d'accessibilité aux études universitaires et son développement aux études supérieures et à la recherche; la question est de savoir si l'UQAM devra sacrifier aussi bien sa valeur chérie de l'accessibilité et son développement sur l'autel glacé du sous-financement structurel et irréversible. Cette situation fait monter la tension dans la communauté de l'UQAM, dans les relations entre l'UQAM et l'Université du Québec où elle s'inscrit dans les laborieuses négociations sur le statut de l'UQAM et son refus de la péréquation, et dans les relations avec le ministère de l'Éducation, qui se trouve interpellé par les prises de position de l'UQAM et qui ne peut demeurer indifférent, surtout lorsque, au moment même où il tient des ateliers publics sur les affaires universitaires à l'automne 1981, des médias se font l'écho de rumeurs de «faillite technique de l'UQAM» (ce qui a pour effet de provoquer un début de panique chez les fournisseurs de l'établissement...).

L'UQAM n'aura pas à mettre à exécution sa menace de gel des admissions et de contingentement généralisé. Le ministre de l'Éducation, le Dr Camille Laurin, lui demande de ne pas sacrifier sa politique d'accessibilité et lui promet d'examiner attentivement sa situation financière et de l'aider dès que possible.

De fait, le Ministre corrige la base de financement de l'UQAM d'un montant de 2,6 millions pour 1982-1983 (comme il le fera pour l'Université Concordia, autre parent pauvre du réseau universitaire). Au printemps 1982, le ministère de l'Éducation publie même une étude technique sur la situation de l'enseignement universitaire dans la région montréalaise où il évalue à 20 millions de dollars le sous-financement de l'UQAM pour l'année 1981-1982. Victoire à la Pyrrhus pour l'UQAM qui ne touchera jamais ces millions enchanteurs : les paramètres utilisés pour cette étude seront vite contestés... Mais cet aveu du Ministère renforce davantage la conviction que le financement de l'UQAM par le gouvernement est profondément injuste.

L'UQAM n'est pas la seule à se plaindre; les autres universités réclament aussi. L'impact des compressions budgétaires imposées par le gouvernement, les limites de la formule historique du partage des subventions de fonctionnement entre les établissements, leurs intérêts institutionnels particuliers et divergents, l'endettement endémique de certains établissements, les interventions répétées du Conseil des universités, tout persuade le ministère de l'Éducation d'entreprendre d'importants travaux de révision de la formule de partage des subventions universitaires. L'hiver 1983, en vue de l'année 1983-1984, le Ministère annonce de nouvelles règles; désormais, les étudiants seront dénombrés, pour fins de financement, selon onze secteurs disciplinaires différents (et commandant des coûts *per capita* différenciés); en outre, les croissances des effectifs étudiants seront financées à 100 % dans les secteurs disciplinaires liés au «virage technologique» et à 75 % du coût disciplinaire moyen dans les autres secteurs. Un an plus tard, au printemps 1984, le Ministère annonce un nouveau cadre de financement pour les universités. Plusieurs de ses éléments sont de nature à inquiéter l'UQAM : le choix de 1981-1982 comme année de référence, le financement différencié des étudiants selon les cycles d'études –

paramètres qui avantagent significativement les établissements plus anciens où la proportion d'étudiants de maîtrise et de doctorat est beaucoup plus élevée qu'à l'UQAM – le financement différencié par secteur disciplinaire – autre paramètre qui avantage les établissements comptant une proportion importante d'étudiants dans des disciplines «coûteuses» (sciences de la santé, sciences appliquées, etc.), alors que ceux de l'UQAM sont plutôt inscrits dans des disciplines «sèches» moins «coûteuses» – le financement des frais indirects de recherche subventionnée – encore un paramètre qui avantage plus les établissements anciens que l'UQAM où la recherche est moins développée. Depuis son mémoire à la Commission Angers, en 1978, l'UQAM n'a pas réussi à faire corriger efficacement sa base de financement; désormais, ses efforts devront composer avec les pressions de plus en plus convaincantes d'autres universités pour faire inscrire dans la formule de financement des paramètres ou des variables qui ne la privilégient particulièrement pas.

C'est pourquoi elle ne tarde pas à exprimer des commentaires critiques sur le projet de nouvelle formule de répartition des subventions. Elle sait que sa cause ne sera pas facile à plaider. S'il est vrai que l'UQAM invoque particulièrement sa politique d'accessibilité aux études universitaires et la croissance forte et continue de ses effectifs étudiants pour justifier une correction significative de sa base de financement, elle ne peut s'étonner ni des murmures désapprobateurs qu'elle entend autour d'elle sur le thème de la «course aux clientèles», ni de la force avec laquelle d'autres universités réclament de considérer attentivement des paramètres tels que le poids supplémentaire des effectifs aux programmes de maîtrise et de doctorat et l'importance de l'effort de recherche subventionnée dans la révision de la formule de financement. En fait, les intérêts des universités sont fondamentalement divergents. D'une part, les universités les plus anciennes, où l'effort de recherche et les études supérieures sont très développées, où les programmes de médecine et de sciences de la santé sont très onéreux, partagent des intérêts communs et plaident en faveur d'une formule de financement qui multiplie les paramètres tendant à réduire l'impact qu'elles jugent disproportionné du seul nombre brut d'étudiants. De par leur composition disciplinaire, la répartition des étudiants entre les trois cycles d'études, l'existence de facultés de médecine, McGill, les universités de Montréal et Laval et aussi l'Université de Sherbrooke peuvent facilement faire bloc autour de certaines modifications à la formule de financement et peuvent exercer, même en agissant individuellement auprès du gouvernement, des pressions convergeant vers un même but. D'autre part, le réseau de l'Université du Québec et ses constituantes (à l'exception de l'UQAM) peuvent aussi se rallier autour d'intérêts communs bien identifiés. Les constituantes de l'Université du Québec à Trois-Rivières, Chicoutimi, Rimouski et dans l'Ouest du Québec (Hull et Abitibi-Témiscamingue) ont besoin d'une formule de financement qui tienne soigneusement compte de leur petite taille et des coûts unitaires plus élevés qui en résultent, de leur éloignement des grands centres et du territoire très étendu qu'elles desservent, de la forte proportion de leurs étudiants qui fréquentent les études de premier cycle, notamment les programmes de certificat (qui, dans les universités anciennes, sont relégués à l'«extension de l'enseignement» ou aux services de l'éducation permanente), et donc du très petit nombre d'inscrits aux études de maîtrise et de doctorat.

Les débats qui s'engagent sur la méthode de financement des universités, dans le sillage des travaux de révision de la formule que mène le Ministère, et alors qu'il révèle son projet de nouveau cadre de financement rendu public au printemps de 1984, ces débats dévoilent les intérêts profondément divergents des universités québécoises quant à l'orientation et aux paramètres décisifs d'une nouvelle formule de financement. Cependant, un élément primordial pèsera lourdement sur le devenir de l'UQAM.

Cet élément primordial, c'est l'isolement de l'UQAM dans le réseau universitaire québécois, en regard de la question de la formule de partage des subventions gouvernementales. L'UQAM ne peut vraiment se ranger dans le camp des universités les plus anciennes : leur insistance sur la nécessité de financer plus généreusement les effectifs étudiants de 2e et 3e cycles et de réserver une part des subventions au soutien de l'effort de recherche subventionnée ne sert pas, risque même de desservir l'UQAM, au moins à court et à moyen termes. Par ailleurs, même si elle appartient au réseau de l'Université du Québec, même si le réseau de l'Université du Québec a accepté de mettre un terme à la péréquation qu'il lui avait imposée, même si le réseau de l'Université du Québec a cherché à corriger la situation financière de sa constituante montréalaise (sachant bien qu'un endettement chronique et massif de cette dernière menaçait sa propre santé financière), même si l'UQ veut l'aider et la soutenir, malgré tout cela, l'UQAM sait que ses intérêts majeurs quant à la formule de financement ne peuvent aisément coïncider avec ceux du réseau de l'Université du Québec, malgré des rapprochements possibles. L'Université du Québec doit obtenir que la formule de financement soutienne ses établissements de petite taille, qu'elle incorpore les variables de l'éloignement et de la dispersion de la population desservie sur de vastes territoires et qu'elle procure aussi des deniers à certains de ses établissements (par exemple, l'Institut national de la recherche scientifique) qui n'ont pas d'étudiants de premier cycle. Ces priorités du réseau de l'UQ ne profitent pas à l'UQAM et tout succès de l'UQ à ce titre ne bénéficiera pas à l'UQAM.

L'UQAM s'est battue seule contre la péréquation au sein du réseau de l'Université du Québec; elle a eu gain de cause lorsque l'Assemblée des gouverneurs lui a concédé un statut d'université associée libérée de toute péréquation. Dans la bataille qui s'annonce sur la formule de financement des universités avec les travaux du Ministère, l'UQAM devra composer avec une dure réalité : ses intérêts l'isolent de l'ensemble des universités québécoises.

Le ministère de l'Éducation publie donc, au printemps 1984, un projet de cadre révisé de financement des universités, suite à leurs demandes répétées et à celles du Conseil des universités. Il envisage de tenir, en automne 1984, des audiences sur le thème à la Commission parlementaire sur l'éducation. Comme les autres établissements, l'UQAM prépare un mémoire et précise ses positions sur la révision proposée de la formule de financement des universités.

L'UQAM a tout intérêt à intervenir dans le débat parce que, bien qu'une étude du ministère de l'Éducation réalisée en 1982 ait révélé un sous-financement de l'UQAM de l'ordre de 20 millions de dollars, le nouveau cadre proposé au printemps 1984 par le Ministère la décrit maintenant comme «une institution légèrement surfinancée (d'un peu moins d'un million de dollars). Ce genre de résultat étonne l'UQAM et devrait étonner tous les intervenants du réseau universitaire, compte tenu de la pauvreté relative connue de l'UQAM[7].» Il faut donc examiner très attentivement les paramètres incorporés dans le modèle du Ministère. C'est ce que fait l'UQAM qui conclut qu'elle est toujours sous-financée, de l'ordre de 10,8 millions. Mais, comment peut-on arriver à des appréciations aussi divergentes de la situation financière du même établissement? Tout dépend des paramètres, des variables, des critères d'évaluation qu'incorpore un modèle donné d'analyse et de mesure de la situation financière des établissements universitaires examinés. Malgré le caractère apparemment très technique des notions en cause, celles-ci répondent à des choix politiques fondamentaux que le ministère de l'Éducation envisage, compte tenu de l'ensemble des avis et pressions qu'il reçoit des établissements universitaires et du Conseil des universités. Pour sa part, l'UQAM adresse au projet de nouveau cadre de financement proposé un certain nombre de commentaires et de critiques acérés.

Après avoir démontré que le choix de l'année 1981-1982, comme année de référence pour l'analyse des bases de financement des universités et pour la détermination des correctifs à apporter, est un choix méthodologiquement très fragile (et qui joue brutalement contre elle), l'UQAM met le Ministère en garde contre la pondération des étudiants selon le cycle d'études à des fins de financement, du moins tant que n'aura pas été réalisé un «effort majeur de standardisation de la déclaration des clientèles universitaires[9]» aux cycles supérieurs et parce que, dans les faits, la façon de dénombrer les étudiants effectivement inscrits amène déjà un financement différencié. En second lieu, l'UQAM interroge le Ministère sur le financement différencié des étudiants selon onze secteurs disciplinaires. Cela ne serait justifié que si deux problèmes méthodologiques majeurs étaient résolus. Le premier problème, selon l'UQAM, tient à l'énorme disparité observée entre les coûts moyens par étudiant entre le secteur des sciences de l'administration (où l'on dépense 2 337 $ par étudiant) et trois autres secteurs disciplinaires fort semblables à ce secteur par leurs exigences pédagogiques et les ressources requises pour l'enseignement, mais dont les coûts moyens observés sont beaucoup plus considérables, les lettres (3 463 $), les sciences humaines et sociales (3 848 $) et les sciences de l'éducation (3 975 $). Selon l'UQAM, l'écart est «si considérable [...] qu'il est difficilement pensable qu'il corresponde seulement aux exigences pédagogiques spécifiques de ces secteurs d'études[10]». En fait, cette différence entre le financement des étudiants en sciences de l'administration et dans les trois autres secteurs disciplinaires, est d'origine purement historique et tient aux conditions différentes dans lesquelles ces diverses disciplines se sont développées. Ceci conduit au deuxième problème qu'identifie l'UQAM, c'est-à-dire la fragilité méthodologique d'un processus transformant en normes des situations historiques conjoncturelles : «Même s'il s'agit de coûts réels, dit l'UQAM, il ne nous apparaîtrait pas sage de transformer en normes la résultante de phénomènes historiques pour une large part conjoncturels[11].» En troisième lieu, l'UQAM invite le Ministère à la prudence s'il choisit d'incorporer au financement des universités le paramètre d'une compensation pour les frais indirects de la recherche, en signalant que la mesure précise de ces frais est particulièrement complexe et qu'un tel paramètre risque d'être «injuste [...] pour les universités, telle l'UQAM, qui n'ont pu, en raison de l'âge et des ressources limitées, mettre en place une infrastructure de recherche[12]». En quatrième lieu, prenant acte de l'intention exprimée par le Ministère d'examiner l'opportunité de réduire le financement des étudiants inscrits dans les programmes de certificats, l'UQAM s'emploie vivement à dissuader le Ministère d'emprunter cette voie :

> Compte tenu des politiques académiques de l'UQ et de l'UQAM, qui intègrent les programmes de certificats dans l'ensemble des activités régulières de formation de premier cycle, l'UQAM demande que les baccalauréats et les certificats soient considérés de façon identiques en termes de priorité et de financement, car ils occasionnent les mêmes coûts[13].

«Tout cela est bien technique!» aurait dit un ancien recteur québécois (dont la charité suggère de taire le nom). Pas vraiment. Les concepts techniques véhiculés par les hypothèses de formules de financement sont autant de choix politiques que les diverses universités s'efforcent de promouvoir méthodiquement auprès du ministère de l'Éducation, et dont le Ministre et ses fonctionnaires essaient de mesurer la possibilité et la désirabilité. Ces concepts techniques habillent les intérêts contradictoires des établissements universitaires du Québec.

Au milieu des années 80, après quinze années de développement, l'UQAM est quotidiennement confrontée à un manque structurel de ressources, dont l'acuité fluctue au rythme de la conjoncture interne (l'évolution de ses effectifs étudiants, ses coûts de système, l'impact décroissant et finalement nul de la péréquation imposée par l'UQ) et de la conjoncture externe (les cycles successifs des compressions et des générosités budgétaires du gouvernement, les ajustements à la marge de la formule de partage des subventions du Ministère). Si le problème de la péréquation est réglé en 1984, avec la reconnaissance de principe à l'UQAM du statut d'université associée par l'Université du Québec, le problème de sous-financement structurel de l'UQAM par le gouvernement du Québec s'affirme brutalement et obsède la conscience de l'établissement. Dans son mémoire de 1984, l'UQAM exprime clairement sa profonde insatisfaction et son appel à l'équité dans le financement du réseau universitaire québécois :

> Reconnue historiquement comme une institution sous-financée par rapport aux autres universités, l'UQAM aurait été en 1983-1984, selon les anciennes règles, sous-financée de 7 000 000 $ environ.

> En corrigeant le nouveau cadre de financement 1984-1985, l'UQAM apparaît encore avec un sous-financement équivalent. En 1983-1984, son niveau moyen *per capita* de dépenses était de 4 635 $; il se comparait à 4 179 $ (Cégeps-général), à 5 200 $ (Cégeps-professionnel) et à 4 085 $ (CÉCM). En 1981-1982, le *per capita* moyen du réseau universitaire était de l'ordre de 6 627 $ [...].

> Le modèle devrait reconnaître qu'une université qui a à peine quinze ans d'existence ne peut avoir une infrastructure de recherche comparable à celle d'institutions centenaires et ce, d'autant plus que ces dernières disposent de fonds de dotation importants. L'absence d'une telle reconnaissance équivaut à empêcher l'UQAM de développer ses études avancées et sa recherche. [...]

Les études du MEQ marquent avec courage sa volonté d'un partage plus équitable des efforts de productivité demandés aux universités. L'UQAM recommande au MEQ de poursuivre ses études dans la voie qu'il s'est lui-même tracée : la recherche de l'équité[14].

À travers ses analyses de sa situation budgétaire, ses laborieuses discussions avec l'Université du Québec à propos de son statut dans ou hors du réseau, ses revendications auprès de la Commission d'étude sur les universités ou du ministère de l'Éducation, ses menaces de mettre au rancart sa politique d'accessibilité, ses efforts répétés d'alerter l'opinion publique sur le sort qui lui est fait, l'UQAM reprend inlassablement la même démonstration et la même dénonciation de son sous-financement structurel. Année après année, elle poursuit son devenir en comptant chacun de ses dollars. S'arrachant périodiquement aux sables mouvants de l'endettement récurrent, l'UQAM souffre du sentiment d'iniquité intolérable de la part du gouvernement dont elle espère toujours une sympathie correspondant à son statut d'établissement public. Mais dans les affaires universitaires, comme ailleurs, c'est chacun pour soi et les revendications anciennes de l'UQAM se heurtent aux revendications des autres universités qui sont aussi pressantes et éloquentes que les siennes. Le sentiment de solitude vient doubler celui de vivre une durable iniquité. Dans l'expérience historique de l'UQAM, la question du sous-financement structurel est une constante qui a forme d'obsession. La recherche de l'équité prend figure d'une longue et tenace patience que ni les revers ni le passage du temps ne parviennent à désarmer.

À la recherche d'un consensus sur le financement des universités

Le ministère de l'Éducation, soumis à d'incessantes pressions des universités, surtout depuis les compressions budgétaires des années 80, et aux exhortations du Conseil des universités, cherche à améliorer sa formule de financement des universités, comme en témoigne son projet de nouveau cadre de financement du printemps 1984. Mais les hauts fonctionnaires dépendent de la volonté politique. Or, en 1984-1985, le gouvernement du Parti québécois achève un laborieux deuxième mandat. Le départ de René Lévesque en juin 1985, la course à la succession qui dure jusqu'à la fin de septembre, les élections du 2 décembre 1985 et l'entrée en fonction d'un nouveau gouvernement, tous ces événements ralentissent la capacité du ministère de l'Éducation de modifier sa formule de financement.

La question de la formule de financement n'est pas la seule, qui agite le milieu universitaire et vient assaillir le nouveau ministre de l'Éducation et de l'Enseignement supérieur, Claude Ryan. Les universités réclament aussi plus d'argent, beaucoup plus d'argent, appuyées en cela par d'autres milieux, y compris celui des affaires. Par ailleurs, les revendications des universités sont situées dans un cadre plus large fourni par le rapport d'un groupe de travail institué par le Premier ministre Bourassa et présidé par son ministre président du Conseil du Trésor, Paul Gobeil. À travers toutes ses recommandations, le rapport Gobeil propose sans ménagement d'accroître la tâche d'enseignement des professeurs et d'augmenter significativement les droits de scolarité versés par les étudiants. Ces recommandations viennent jeter un éclairage nouveau sur la question du financement des universités : avant d'injecter plus d'argent dans les universités, ne doit-on pas leur demander d'accroître à la fois leur productivité et leurs revenus autonomes? Pour y voir clair et trouver un consensus ou des éléments de consensus sur l'ensemble des questions – formule de partage des subventions gouvernementales aux universités, niveau des subventions, niveau des droits de scolarité, tâche d'enseignement des professeurs, etc. – le ministre Claude Ryan décide de tenir des audiences publiques à la Commission parlementaire de l'éducation de l'Assemblée nationale du Québec. Ces audiences, qui reprennent le travail amorcé en automne 1984, ont effectivement lieu en septembre et octobre 1986. Elles donnent lieu à beaucoup de discussions et aucune université ne se privera de l'occasion de faire valoir ses opinions et ses intérêts.

À la mi-septembre 1986, la Commission parlementaire entame ses travaux. Le ministre Ryan, qui espère à la fois trouver un consensus et des arguments probants pour faire bouger le gouvernement, assigne à la Commission des tâches copieuses. Dans son allocution à l'ouverture des travaux, le 16 septembre, le Ministre l'invite d'abord à considérer les orientations générales des universités : évolution qualitative et quantitative des effectifs étudiants, retards dans la formation aux 2e et 3e cycles, tâche d'enseignement des professeurs, qualité de la formation, cohérence et concertation du développement des activités des universités, évaluation de leurs réalisations, etc. Au plan du financement proprement dit, le Ministre invite la Commission parlementaire à s'interroger sur le niveau de ressources qu'il convient d'accorder aux universités, y compris la perspective du dégel des droits de scolarité, la révision de la formule de partage des subventions, notamment en prenant en compte les frais indirects de l'activité de recherche (ce qui indique que le message de certaines universités n'est pas tombé dans l'oreille d'un sourd), la question des déficits accumulés. En somme, le ministre Ryan souhaite que toutes les dimensions de la vie universitaire soient examinées par la Commission parlementaire.

Alors débute le défilé des représentants du monde universitaire. Les règles strictes de la procédure parlementaire et les contraintes de temps canalisent et endiguent la verbosité naturelle des universités. Beaucoup de thèmes sont abordés, desquels je retiendrai les éléments des interventions qui portent sur le financement. À l'analyse de ces nombreuses interventions des représentants universitaires, il apparaît vite que les réclamations spécifiques de l'UQAM sont entourées d'un océan de revendications de l'ensemble du monde universitaire québécois.

Certains thèmes reviennent massivement dans les mémoires et les présentations qui en sont faits à la Commission parlementaire. L'université, proclame-t-on de façon unanime, constitue ou doit constituer un investissement social et économique prioritaire pour toutes les nations; l'université est un rouage essentiel au progrès économique, social et culturel. Depuis les années 60, les universités québécoises ont relevé avec succès le défi de la scolarisation postsecondaire. En dépit de la baisse ou de la stagnation de leurs ressources, elles ont accueilli un nombre sans cesse croissant d'étudiants et ont fait la preuve qu'elles sont performantes et le demeureront si on leur accorde plus de ressources. Les universités n'ont pas sacrifié la qualité à la quantité; cependant, elles sont parvenues au niveau le plus exigeant des contraintes financières. En cette matière de financement, l'unanimité s'affirme avec force autour de certains thèmes : le temps des compressions budgétaires récurrentes doit cesser et il faut résolument accroître les ressources financières des universités, notamment en augmentant les droits de scolarité gelés depuis 1969 et en multipliant les incitatifs fiscaux qui encourageraient les entreprises à participer au financement de certaines activités universitaires. Par ailleurs, en mettant un terme aux compressions de toute nature qu'on leur inflige, le Ministère doit implanter une nouvelle formule de partage des subventions qui s'élabore autour de règles de financement stables, claires et transparentes.

Des interventions comme celles du Conseil des universités ou de la Conférence des recteurs et principaux des universités du Québec (CREPUQ) illustrent bien les thèmes généraux qui font à peu près – mais pas totalement – consensus, ce consensus que recherche le ministre Ryan et qu'il saura bien exploiter par la suite. Le Conseil des universités évoque des éléments très préoccupants : les universités accumulent les déficits budgétaires, leurs corps professoraux vieillissent, le ratio étudiants/professeurs se dégrade, tout comme les équipements physiques se détériorent et les bibliothèques accumulent des retards dans la mise à jour de leurs collections. Pour le Conseil des universités, le niveau du financement, tant d'investissement que de fonctionnement, doit rapidement être augmenté : il faut 100 millions de dollars nouveaux dans les subventions destinées au fonctionnement du réseau universitaire québécois. Il faut aussi accroître les droits de scolarité et diversifier les revenus des établissements. Il va de soi que la formule de partage des subventions doit être simplifiée et mieux adaptée; elle pourrait prévoir des subventions particulières pour le renouvellement des corps professoraux, des équipements physiques et scientifiques, des bibliothèques. La CREPUQ, *lobby* officiel des dirigeants universitaires, met de l'avant les seuls thèmes qui ont l'heur de faire l'unanimité des recteurs et principaux. Avec un déficit accumulé global de 85 000 000 $ au 31 mai 1986, les universités ont absolument besoin de plus d'argent. Elles ont augmenté leur productivité en réduisant de 25 % le coût par étudiant depuis la fin des années 70. Mais la qualité commence à souffrir. Que faire? Augmenter les subventions, augmenter les droits de scolarité, améliorer la formule de financement, mieux planifier le développement des universités, «civiliser» la concurrence entre elles, etc.

De façon générale, l'UQAM peut souscrire à ces idées communes mises de l'avant par les universités et par les organismes qui les défendent ou les représentent (Conseil des univer-sités, CREPUQ), bien que l'appel presque universel à la hausse des droits de scolarité la mette mal à l'aise, elle qui se fonde sur la valeur de l'accessibilité et qui accueille beaucoup d'étudiants d'origine socio-économique bien modeste. Ce qui inquiète le plus l'UQAM, dans le discours des autres universités, ce sont certaines idées qui reviennent de plus en plus souvent dans leurs interventions.

Parmi ces idées, il en est dont l'UQAM n'a pas à s'inquiéter outre mesure. Par exemple, si l'Université de Sherbrooke réclame que les déficits des établissements soient purement et simplement absorbés par l'État ou si l'Université Laval dénonce agressivement la «concurrence farouche et même sauvage entre les établissements» ou la «course aux clientèles», l'UQAM peut penser que le gouvernement a trop de contraintes financières pour assumer les déficits accumulés des universités et que la concurrence et le jeu des lois du marché correspondent à l'idéologie du Parti libéral au pouvoir. Deux séries de recommandations mises de l'avant de façon assez généralisée par les universités sont préoccupantes pour l'UQAM. D'une part, les universités les plus anciennes réclament avec insistance que la formule de financement assure une compensation financière pour les frais indirects de la recherche assumés par les universités, privilégie certains secteurs disciplinaires et accorde un poids et un traitement préférentiels aux étudiants de 2e et 3e cycles. Rien de très nouveau dans tout cela; mais les augustes murs de l'Assemblée nationale du Québec procurent à ces idées une caisse de résonnance qui en amplifie singulièrement la portée et la crédibilité. D'autre part, les établissements du réseau de l'Université du Québec reprennent en chœur, particulièrement pour le bénéfice des simples députés de la Commission parlementaire qui viennent des diverses régions où elles sont implantées, leurs thèmes connus : la formule de partage des subventions doit aussi tenir compte de paramètres tels que la taille parfois modeste des universités en région et l'impact de leur éloignement des grands centres, la faible densité démographique et les grandes étendues territoriales des régions, sur leurs coûts unitaires. Ni les grandes universités ni les établissements de l'UQ ne veulent assumer les coûts inhérents à la décentralisation et à la régionalisation de l'activité universitaire sur l'ensemble du territoire québécois; c'est un choix de société qui doit être assumé par le gouvernement lui-même.

L'Université du Québec à Montréal participe également aux travaux de la Commission parlementaire en présentant son mémoire, le 30 septembre 1986. Il ne lui est pas facile de trouver le ton juste, de bien calibrer et cibler son mémoire et son intervention publique. En effet, il est difficile pour l'UQAM de se désolidariser totalement du réseau de l'Université du Québec et de ses constituantes et de tirer à boulets rouges sur leurs demandes d'un soutien financier minimal pour soutenir les jeunes universités en région et leur effort de développement; elle connaît bien les difficultés que vivent ces établissements et a suffisamment souffert des opérations de péréquation au sein du réseau de l'UQ pour souscrire à la nécessité d'un soutien gouvernemental approprié à la décentralisation de l'activité universitaire. Il est aussi difficile à l'UQAM, faute de tout consensus interne sur le sujet, de s'associer sans réserve à ceux qui réclament à cor et à cri la hausse des droits de scolarité, comme de s'opposer sans nuances aux universités qui demandent l'inclusion, dans la formule de financement, de paramètres assurant une compensation appropriée des frais indirects de la recherche et une prise en compte mieux ajustée des coûts réels de formation aux 2e et 3e cycles; en effet, l'UQAM, où la recherche et les études supérieures se développent à un rythme accéléré, sait d'expérience le bien-fondé général des revendications à ces titres des universités anciennes. En fait, la préparation de son mémoire à la Commission parlementaire de 1986 confronte l'UQAM à la même réalité qu'elle avait affrontée en préparant celui qu'elle avait déposé à la Commission de 1984 : son isolement, lorsqu'il est question de financement, dans le monde universitaire québécois. L'UQAM est trop montréalaise, trop grosse, trop engagée dans le développement de la recherche et des études de 2ᵉ et 3ᵉ cycles pour adhérer pleinement aux préoccupations des autres constituantes du réseau de l'UQ; mais sa présence en recherche et aux études avancées est trop récente et trop limitée encore pour qu'elle puisse tirer pleinement profit d'une formule de financement taillée sur mesure en réponse aux demandes des universités McGill, Laval et de Montréal. La Commission parlementaire de 1986 ne fait qu'ajouter à la hantise de l'UQAM, quant à l'iniquité d'un durable sous-financement structurel, celle d'être éventuellement perdante sur tous les tableaux lorsqu'enfin le ministère de l'Enseignement supérieur et de la Science mettra en application une nouvelle formule de partage des subventions entre les universités. Le nouveau cadre de financement proposé par le Ministère en 1984 n'annonçait pas que de bonnes nouvelles pour l'UQAM. À la Commission parlementaire de 1986, les interventions des universités, du Conseil des universités et même du Fonds pour la Formation des chercheurs et l'aide à la recherche (FCAR, le principal organisme québécois subventionnant la recherche universitaire) répètent *ad nauseam* la nécessité de financer les frais indirects de la recherche et les étudiants de 2ᵉ et 3ᵉ cycles. Il est difficile de ne pas voir ce qu'annoncent de façon prémonitoire tant de propos convergents.

En fait, comme la suite le révélera, l'UQAM avait tout à fait raison d'ajouter à l'obsession d'un traitement inéquitable la hantise de se retrouver isolée et perdante, lorsqu'enfin le financement gouvernemental des universités serait amélioré.

Le mémoire que l'UQAM présente à la Commission parlementaire de l'éducation de 1986 est l'occasion pour elle de présenter sous le meilleur éclairage possible ses réalisations les plus significatives et de rappeler de façon très claire son dramatique sous-financement. D'abord, le sous-financement lui-même :

> les subventions d'opérations générales par étudiant-équivalent (selon la méthode de décompte pour 1985-86) ne sont que de 4 777 $ à l'UQAM alors qu'elles atteignent 6 942 $ par étudiant dans les autres universités[15].

Ensuite, les impacts les plus visibles du sous-financement.

> ... le ratio EETC/professeur était en 1984-1985 de 26,4 à l'UQAM et de 21,8 dans les autres universités[16].

> La proportion des activités d'enseignement assumée par des chargés de cours est passée d'environ 37 % à l'automne 1971 à plus de 50 % à l'automne 1985[17].

> Ce ratio [étudiants / personnel non enseignant] en 1984-1985 était de 14 dans les autres universités, alors qu'il était de 23 à l'UQAM[18].

> [Le budget d'acquisition des bibliothèques était] en 1985-1986 à 81 $ par étudiant équivalent à l'UQAM. Ce budget était déjà de 117 $ par étudiant équivalent dans l'ensemble des universités québécoises en 1983-1984[19].

> Ainsi, en 1985-1986, les espaces normalisés par étudiant équivalent temps complet de l'UQAM étaient de 7 m² alors qu'ils étaient de 9 m² dans les autres universités[20].

Pourtant, l'UQAM a fait des efforts significatifs pour accroître sa productivité, par exemple en augmentant la moyenne d'étudiants par cours qui «est passée de 28,7 par cours au premier cycle à l'automne 1978 à un peu plus de 35 à l'automne 1984[21]. Et surtout, surtout, l'UQAM a refusé de se faire justice à elle-même et, à l'instar d'autres universités, de multiplier les déficits. À combien peut-on évaluer le sous-financement de l'UQAM?

Si l'UQAM voulait disposer de ressources en personnel enseignant et non enseignant à un niveau comparable à celui observé en 1984-1985 pour l'ensemble des autres universités de la province, il lui faudrait disposer d'environ 25 millions de dollars de plus pour les salaires [...] sans compter les éléments d'autres dépenses qui y seraient associées[22].

Le message de l'UQAM concernant son sous-financement structurel est formulé avec clarté et force, tant dans le texte de son mémoire que dans les présentations faites à la Commission parlementaire par ses représentants, le 30 septembre 1986.

Pour conclure son intervention dans le débat et avant de formuler ses recommandations, l'UQAM juge opportun de prendre un quadruple engagement à l'égard du gouvernement : (1) maintenir son équilibre budgétaire, malgré son sous-financement; (2) continuer à planifier son développement en recherchant la concertation avec les autres universités; (3) accroître ses fonds de recherche; et (4) collaborer avec le Ministère pour la mise en place des systèmes d'information indispensables à la révision et à une juste application de la formule de financement des établissements. Sur la base de ce quadruple engagement, l'UQAM énonce ses recommandations.

La première de ces recommandations, on s'en doute, concerne le sous-financement :

> Premièrement : L'UQAM maintient fermement sa position à l'effet qu'avant toute autre mesure, le Ministère doit entreprendre le réajustement de la base financière de l'UQAM; les analyses du Conseil des universités sont à cet égard claires et résisteront à toute critique et tout raffinement de calcul. Les tableaux annexés montrent que, quels que soient les indicateurs retenus et malgré les nuances qu'il faudrait apporter, l'UQAM apparaît toujours comme une université qui dispose de ressources largement inférieures à la moyenne provinciale[23].

Faute d'obtenir une correction de sa base, l'UQAM annonce qu'il lui serait très difficile de respecter les quatre engagements qu'elle est prête à prendre. En second lieu, l'UQAM se joint à toutes les voix qui jugent que le gouvernement «devrait hausser le niveau des subventions du réseau des universités québécoises afin d'arrêter la détérioration du système d'enseignement supérieur[24]». En troisième lieu, l'UQAM attire l'attention sur la question des déficits accumulés et prend une position tout à fait cohérente par rapport à ses propres efforts de recherche de l'équilibre budgétaire :

> Troisièmement : D'autre part, nous supportons pleinement la recommandation du Conseil des universités à l'effet d'exiger de la part des universités fortement déficitaires un plan de redressement visant l'équilibre budgétaire et un plan de résorption des déficits accumulés. En effet, si tel ne devrait pas être le cas, les universités, et en particulier l'UQAM, qui ont respecté les principes de saine gestion ne pourraient plus justifier auprès de la communauté universitaire et de la société en général la nécessité de l'équilibre financier[25].

Sur la question des frais indirects de recherche, l'UQAM exhorte le ministère de l'Enseignement supérieur et de la Science et le gouvernement québécois à faire pression auprès du gouvernement fédéral pour que les «organismes subventionnaires fédéraux assurent le financement, non seulement des frais directs, mais aussi des frais indirects de la recherche universitaire[26]». Et pour être certaine que les travaux techniques visant à modifier éventuellement la formule de partage des subventions entre les universités ne la pénalisent pas, l'UQAM rappelle à la Commission que son mémoire de 1984 (et ses analyses techniques) «indique toujours la position de l'UQAM sur ces sujets[27]».

Le message de l'UQAM a-t-il été bien reçu par la Commission parlementaire et, surtout, par le Ministre? Les remarques de ce dernier, au terme de la présentation de l'UQAM à la Commission parlementaire, ne sont pas concluantes. Certes, le Ministre reconnaît volontiers que l'UQAM «a fait beaucoup pour mettre davantage la formation universitaire à la portée des citoyens ordinaires [...] c'est un actif remarquable dont nous sommes tous redevables à l'Université du Québec à Montréal[28]». Sur le sous-financement dont l'UQAM se plaint amèrement, le ministre se demande s'il ne serait pas «attribuable, en partie, au fait que vous avez peut-être couru un petit peu trop après les étudiants?[29]» Il est difficile de savoir si le Ministre entretient fermement une telle opinion; mais les propos de certains autres établissements semblent avoir retenu son attention. À ce moment, il est sans doute prématuré de conclure. Ce qui préoccupe avant tout le Ministre, c'est le niveau global du financement des universités. S'il parvient à accroître la subvention gou-vernementale aux universités, il se fait fort d'examiner avec une «attention particulière les problèmes que vous nous avez soumis en ce qui touche la part réservée à l'Université du Québec à Montréal[30]». Ce n'est pas une promesse vouée à un oubli rapide mais l'UQAM ne doit pas pavoiser trop rapidement.

Les propos tenus par le ministre Ryan à la fin des travaux de la Commission parlementaire sont révélateurs de ses orien-tations profondes en matière de financement des universités; ils dévoilent des orientations profondes dont il ne se départira pas..

Le Ministre félicite la Commission d'avoir pleinement réalisé son mandat et d'avoir fait un tour complet de la situation des universités. Pour Claude Ryan, une première et fondamentale conclusion s'impose au terme de ces travaux :

> ... il se dégage clairement, à mon sens, que la collectivité doit renforcer l'appui qu'elle accorde à ses universités. [...] En ce qui touche le financement, je pense pouvoir conclure que le sous-financement de nos établissements universi-taires est un fait solidement établi [...] il y a un problème très préoccupant de sous-financement de nos universités

dont les conséquences risquent d'ailleurs d'être coûteuses s'il n'est pas mis fin à cette situation dans les meilleurs délais[31].

À court terme, annonce le Ministre, il pressera le gouvernement d'agir pour accroître le financement des universités. Par ailleurs, s'il faut accroître le financement des universités et consacrer le principe de leur autonomie, les universités devront faire preuve d'imputabilité et même planifier leur développement et leur action.

Le Ministre tire aussi des travaux de la Commission parlementaire la conclusion qu'il faudra réaménager la formule de financement, même si cela doit prendre une «couple d'années». Il annonce clairement certains éléments de la révision de la formule. Ainsi, «nous porterons une attention particulière au financement des coûts indirects de la recherche [...] ce problème est bien soigneusement noté[32]». Le Ministre a compris le message des universités surtout des plus anciennes sur ce point. Sur les déficits accumulés des universités, il tient des propos qui peuvent inquiéter les établissements qui se sont forcés à l'équilibre budgétaire : s'il est vrai qu'une partie des déficits accumulés est imputable au sous-financement, «dans ces cas, l'équité exige que nous fassions avec les établissements concernés un examen minutieux des dettes encourues afin d'établir, s'il y a lieu, la part des déficits qui pourrait être attribuable de manière identifiable au phénomène de sous-financement des dernières années[33]».

Claude Ryan réaffirme le principe de l'accessibilité, mais en soulignant qu'il faut trouver «un moyen de mettre fin à la course aux clientèles[34]» et il revient plus d'une fois sur la nécessité de prendre en compte les frais indirects de la recherche dans la formule de financement des universités. Il est donc clair que les prises de position de certaines universités ont eu beaucoup d'audience auprès du Ministre. Il n'est pas évident que l'UQAM ait connu une pareille réussite. Quand le Ministre déclare qu'il «faut assurer à chaque université un financement juste, équitable et conforme à sa mission[35]», surtout ces derniers mots, on peut imaginer qu'une nouvelle formule de financement favorisera davantage les établissements dont la situation est très claire : cela n'est pas le cas de l'UQAM qui ne peut se ranger totalement dans le camp des universités témoignant d'un large développement de la recherche, ou dans celui des établissements pouvant invoquer les paramètres de la taille, de l'éloignement et de la faible densité démographique de leur clientèle. L'optimisme de l'UQAM quant au règlement éventuel de son sous-financement a toutes les raisons de se teinter de réalisme : il y a des situations objectives que la plus puissante rhétorique ne peut complètement transformer.

Rétrospectivement, il est justifié de penser que les audiences tenues par la Commission parlementaire de l'éducation en septembre et octobre 1986 ont bien servi le Ministre. Il a fait le plein d'arguments et de témoignages pour convaincre le gouvernement d'accroître significativement les subventions destinées aux universités; il a préparé le terrain à un dégel éventuel des droits de scolarité, même si de très larges fractions des associations étudiantes et de la jeunesse (y compris les jeunes qui militent dans le Parti libéral du Québec) s'y opposent; les audiences lui ont aussi permis d'explorer la recevabilité de divers changements possibles à la formule de financement et d'envoyer aux universités un message clair et précis : «plus et mieux le gouvernement vous financera, plus vous devrez planifier et concerter votre action, et plus vous aurez de comptes à rendre» notamment en collaborant avec le ministère de l'Enseignement supérieur et de la Science à la mise au point de systèmes sophistiqués et étendus d'information de gestion, grâce auxquels le Ministère finira par en savoir plus sur les universités que les établissements eux-mêmes. À ces derniers, la Commission parlementaire aura procuré une présence intense sur la place publique et l'occasion de mettre en valeur leur contribution à la société et, surtout, de plaider la nécessité d'un meilleur financement.

Il reste à voir comment le ministre Claude Ryan saura exploiter les atouts que lui a procurés le travail de la Commission parlementaire.

Un plan transitoire de financement pour les universités (1987-1989)

Une chose est certaine : le Ministre ne perd pas de temps. Voulant tirer profit de l'impact politique des travaux de la Commission parlementaire de l'éducation et du consensus sur la nécessité urgente de corriger le sous-financement général du réseau universitaire, Claude Ryan, dès janvier 1987, écrit au Premier ministre Bourassa pour lui demander des crédits neufs de 82 millions de dollars, dans le cadre d'un plan transitoire de redressement du financement des universités pour les années 1987-1988 et 1988-1989. Ce qui est inhabituel, c'est que le ministre rende public, par les journaux, le texte de sa lettre au Premier ministre (probablement avec la bénédiction de ce dernier, adepte reconnu de la technique des ballons d'essai). Ryan tente ainsi à la fois de prendre de vitesse ses collègues ministres dans l'établissement des priorités budgétaires du gouvernement et de démontrer aux universités sa détermination à corriger leur sous-financement.

Ces dernières réagissent avec beaucoup de satisfaction et d'espoir. L'UQAM aussi. Mais le 24 février 1987, son conseil d'administration adopte un avis qu'il envoie aussitôt au Ministre. Cet avis approuve évidemment et appuie sa démarche, mais pas sans réserves. D'une part, l'UQAM signale au Ministère que les crédits neufs ne devraient pas servir à rembourser les déficits accumulés des universités, car cela serait un «signe clair d'encouragement [...] d'utiliser la stratégie des déficits comme un moyen d'obtenir une amélioration temporaire, puis récurrente de leur situation financière». D'autre part, constatant que «la subvention par étudiant à l'UQAM est de 4 770 $ et pour les autres universités de 6 942 $ et de 5 118 $ pour les Cégeps», ce qui indique une carence de 25 millions de dollars dans son budget de fonctionnement, l'UQAM réitère «fermement sa position à l'effet qu'avant toute mesure, le Ministre doit entreprendre le réajustement de la base financière de l'UQAM[38]». Comme d'autres établissements, l'UQAM signale en outre la légitimité de prendre en compte le financement des frais indirects de la recherche, mais en pressant les organismes subventionnaires d'y pourvoir, et la nécessité d'allouer des fonds supplémentaires au renouvellement des équipements scientifiques et à l'entretien des édifices. Enfin, appréhendant avec raison l'impact des pressions répétées des universités déficitaires de voir le gouvernement assumer leurs déficits, l'UQAM conclut en mettant à nouveau en garde le ministre : si les crédits neufs devaient partiellement servir à rembourser des déficits accumulés, l'UQAM «ne pourrait plus s'engager à respecter des principes de saine gestion[39]» et ne pourrait éviter de conclure que les déficits sont récompensés...

Évidemment, l'UQAM n'est pas la seule à alimenter la réflexion du Ministre sur l'utilisation éventuelle de crédits neufs. Le mouvement est général, des universités qui attendent impatiemment les choix budgétaires du Gouvernement.

Les crédits annoncés par le président du Conseil du Trésor pour 1987-1988, le 25 mars, puis le discours du budget du ministre des Finances, le 30 avril, apportent enfin les bonnes nouvelles qu'attendaient impatiemment les universités. En effet, l'enveloppe de base globale accordée aux universités est indexée fort réalistement de 8 %, en conformité avec les conventions collectives du secteur public (4,28 %) et d'un pourcentage un peu inférieur à l'inflation pour les dépenses non salariales. De plus, nulle compression n'est imposée aux universités. Ces choix budgétaires assurent donc que l'enveloppe de base des universités suivra la hausse réelle des coûts qu'elles doivent assumer.

Le ministre Ryan a réussi à obtenir plus encore pour les universités. Dans son discours du budget, le ministre des Finances annonce que des crédits supplémentaires neufs de 119 millions de dollars seront attribués aux universités pour les quatre prochaines années budgétaires :

(en millions de $)	1987-1988	1988-1989	1989-1990	1990-1991	Total
Ajustement des bases des universités (récurrent)	15	15	15	15	60
Redressement des déficits	8	7	—	—	15
Frais indirects de la recherche	7	7	—	—	14
Équipements scientifiques	5	5	5	5	20
Bibliothèques	5	5	—	—	10
TOTAL	40	39	20	20	119

Donc, 89 millions de dollars supplémentaires pour le fonctionnement et 30 millions en dépenses d'investissement; c'est beaucoup moins que le sous-financement réel dont se plaignent les universités (de 100 à 150 millions de dollars par année au seul plan du fonctionnement), mais c'est un début de redressement que les universités accueillent à bras ouverts. Elles sont très contentes du succès obtenu par le Ministre. À cela s'ajoutent diverses mesures fiscales incitant les entreprises à contribuer au financement de la recherche universitaire.

À peine connues les bonnes nouvelles, toute l'attention se déplace vers la répartition des crédits supplémentaires entre les universités. À vrai dire, plusieurs universités, dont l'UQAM, grimacent en constatant que le gouvernement a réservé 15 millions de ces crédits neufs à la résorption des déficits accumulés de certains établissements; mais l'attribution de ces crédits est liée à la présentation par ces universités de plans de résorption des déficits; il apparaît vite politiquement impossible aux universités qui ne bénéficieront pas de ces crédits de les arracher à leurs destinataires et, au total, il ne s'agit que de 15 millions sur 89 millions supplémentaires consacrés au fonctionnement. Aussi vaut-il mieux concentrer l'attention sur la répartition des nouveaux crédits. Pour l'UQAM, cette opération est d'une importance critique car les paramètres que retiendra le Ministre ont de grandes chances d'influencer lourdement la future formule de financement des universités qu'il entend mettre au point au cours de la période de deux ans, correspondant au plan transitoire qui vaut aux universités 119 millions supplémentaires à partir de 1987-1988.

Le 9 juin 1987, Claude Ryan rencontre les recteurs et les principaux des universités pour leur présenter un document intitulé *Hypothèse de répartition des crédits additionnels alloués aux universités pour les années 1987-1988 et 1988-1989*. Ce document est très important, non seulement parce qu'il propose une répartition des crédits neufs, mais aussi et surtout parce qu'il est l'occasion, pour le Ministère, de tester les idées pouvant servir à construire la nouvelle formule de répartition des subventions entre les universités. En effet, pour répartir les 15 millions de dollars nouveaux et récurrents en vue de corriger les bases de financement des universités, il faut bien évaluer ces bases et chercher à identifier les établissements qui seraient sous-financés et qui justifieraient donc une correction. De même, pour répartir les crédits destinés au soutien des frais indirects de la recherche, il faut convenir de règles pour mesurer l'effort de recherche de chaque établissement. En formulant des hypothèses qu'il soumet à la fois aux établissements eux-mêmes et au Conseil des universités, le Ministère se donne les moyens de vérifier la recevabilité des hypothèses et d'entendre les avis des universités. Pour l'UQAM, qui dénonce depuis des années son sous-financement, l'enjeu est de taille puisque la méthode de détermination de la base de financement peut, selon les paramètres retenus, confirmer ou invalider ses prétentions. Pour d'autres universités, la considération de variables telles que la pondération des étudiants par cycle ou la taille de l'établissement, peut avoir des effets très différents en termes de financement. Une chose est claire : compte tenu de la méthode retenue pour le partage des crédits supplémentaires, certaines universités seront gagnantes, d'autres perdantes. Si les montants ne sont pas très considérables (par exemple, pour les 15 millions réservés à l'ajustement des bases, le Ministère propose d'en affecter seulement le quart à redresser la base des universités qui seraient jugées sous-financées, les trois quarts (11 250 000 $) étant répartis au *prorata* du nombre d'étudiants), l'opération met en cause des principes qui seront très lourds de conséquences à moyen et à long terme. Quelle méthode de répartition le Ministère propose-t-il dans son document du 9 juin 1987? Quels impacts ses choix ont-ils sur le financement de l'UQAM? C'est ce qu'il faut maintenant examiner, car cela signifie de nouveaux enjeux auxquels l'UQAM devra se préparer.

Les crédits d'investissement réservés aux équipements scientifiques et aux bibliothèques (20 millions au total pour les deux années 1987-1988 et 1988-1989) seraient distribués selon des paramètres assez mécaniques : une allocation de base uniforme pour chacun des établissements (40 000 $) et le solde réparti selon les acquis de chaque établissement. La part finalement attribuée à l'UQAM lui paraîtra équitable.

Les choses sont plus compliquées (et pour l'UQAM plus préoccupantes) pour les crédits de fonctionnement. Du point de vue de l'UQAM, les hypothèses du Ministère ne sont pas très satisfaisantes. Au risque de développements un peu techniques, il faut regarder cela de près en se référant à une annexe au document publié par le Ministère le 9 juin 1987 et intitulée

«Étude comparative des bases de financement des universités. Présentation sommaire». Cette annexe conduit le Ministère à identifier quels établissements sont sous-financés et méritent un redressement de leur base. Les paramètres choisis par le Ministère pour évaluer la situation financière de chaque établissement privilégient certains d'entre eux, mais non l'UQAM, englobée dans le réseau de l'Université du Québec. Par exemple :

1. Le Ministère pondère les étudiants selon les cycles; 1 au premier cycle, 2 au deuxième cycle et 2,5 au troisième cycle. Cela profite très inégalement aux diverses universités.

2. Le Ministère regroupe les étudiants en 5 secteurs disciplinaires, au lieu des 11 précédemment utilisés. Le secteur des sciences de l'administration se trouve regroupé avec ceux de sciences humaines, d'éducation, de lettres et de droit. Cela profite particulièrement à un établissement comme l'École des HÉC dont tous les étudiants se trouvent ainsi à justifier un financement supérieur.

Au terme des opérations d'évaluation de la situation financière de chaque établissement, en comparant les dépenses réelles de chacun observées en 1984-1985, aux dépenses que chacun aurait pu faire pour la même année si son financement avait été attribué selon les nouveaux paramètres envisagés (pondération par cycle, 5 secteurs disciplinaires au lieu de 11, etc.), le Ministère arrive à la conclusion que certains établissements sont «sous-financés» : Bishop, Concordia, HÉC, McGill, Polytechnique, Sherbrooke. Quant à l'UQAM, elle ne fait pas l'objet d'un calcul distinct et n'est considérée que comme partie du réseau de l'Université du Québec jugé «surfinancé» (avec les universités Laval et de Montréal), selon les paramètres retenus. De ce fait, seuls les établissements sous-financés se partageraient les 3,75 millions réservés au redressement additionnel des bases (sur les 15 millions prévus à cet effet).

Le 9 juin 1987, c'est une «hypothèse de répartition des crédits additionnels» que le Ministère dépose aux chefs d'établissement universitaire. En fait, son hypothèse s'accompagne de multiples scénarios qui, à partir des mêmes paramètres de base, permettent des variations de la répartition définitive des crédits additionnels. Le Ministre invite les universités à lui faire part de leurs commentaires à la fin de l'été, commentaires qu'il considérera, avec l'avis du Conseil des universités, avant d'arrêter la répartition définitive des crédits supplémentaires qu'il a obtenus du gouvernement pour les années 1987-1988 et 1988-1989. L'été 1987 est donc une période d'analyses et de réflexions intenses sur les propositions du Ministère, tant dans les universités qu'au Conseil des universités.

Le Conseil fournit au ministre Ryan un important avis au début de l'été, avis qui analyse soigneusement les perspectives ouvertes par les choix du gouvernement et du ministère de l'Enseignement supérieur et de la Science. Dans l'ensemble, le Conseil des universités accueille favorablement la démarche proposée par le Ministère pour la répartition des crédits supplémentaires, sauf sur un point : «Le Conseil diffère d'opinion avec la proposition ministérielle principalement au sujet des modalités de répartition de la somme de 15 M de dollars[40]» pré-vue pour le redressement des bases de financement des universités. Sur ce point, il formule même une recommandation qui sur-prend agréablement l'UQAM :

CONSIDÉRANT qu'une somme de 15 M $ est disponible en 1987-88 au titre d'ajustement aux bases de financement;

CONSIDÉRANT qu'il s'agit d'un correctif d'urgence et non d'une solution définitive au problème des bases de financement;

CONSIDÉRANT que la répartition de 1987-88 doit être forfaitaire et ne pas créer de précédent; [...]

> CONSIDÉRANT que le Conseil ne peut endosser certains aspects méthodologiques de la proposition ministérielle;
>
> Le Conseil des universités recommande au ministre de l'Enseignement supérieur et de la Science :
>
> 1. de distribuer 75 % de cette subvention, soit 11,25 M $, à l'ensemble des établissements au *prorata* des dépenses admissibles de 1986-87;
>
> 2. de distribuer 25 % de cette subvention, soit 3,75 M $, aux universités McGill, Concordia, UQAM et HÉC, au *prorata* de leurs dépenses admissibles de 1986-87[41].

À la lumière de cette recommandation et d'autres qui apportent parfois des nuances aux propositions ministérielles, le Conseil propose sa propre répartition des 40 M $ aux établissements. Il recommande aussi qu'un «comité tripartite composé de représentants des universités, du ministère de l'Enseignement supérieur et de la Science et du Conseil des universités soit constitué pour étudier le choix et les modalités d'application des paramètres d'un nouveau cadre de financement[42]».

Pour sa part, l'UQAM endosse les recommandations du Conseil des universités dans leur ensemble, sauf pour la résorption des déficits, compte tenu que le plan transitoire accepté par le gouvernement s'appliquera pendant deux années et ne constitue pas une solution définitive. Cependant, malgré l'appui qu'elle reçoit du Conseil des universités – qui reconnaissait dès 1985 son sous-financement – l'UQAM n'apparaît guère avantagée par la proposition ministérielle du 9 juin 1987. D'une part, le Ministère commence à annoncer ses couleurs en regard de certains paramètres décisifs pour l'appréciation de la base de financement des universités et pour une éventuelle correction définitive des bases. Ainsi, la pondération des étudiants par cycle n'est pas structurellement favorable à l'UQAM : à peine 6 ou 7 % de ses étudiants sont inscrits à la maîtrise ou au doctorat, contre une moyenne de l'ordre de 15 % dans le réseau universitaire québécois et des proportions de l'ordre de 20 % dans certains établissements. De même, l'inclusion des fonds de recherche dans la formule de financement, si elle est recevable en principe, n'avantage pas l'UQAM à court terme. Les propos répétés des universités plus anciennes à ce sujet, notamment lors des travaux de la Commission parlementaire de l'éducation à l'automne 1986, commencent à rapporter des dividendes.

D'autre part, les propositions ministérielles relatives à la base de financement des universités ne distinguent pas la situation de l'UQAM à l'intérieur du réseau de l'Université du Québec. Si celui-ci est évalué «surfinancé», le sous-financement dont se plaint l'UQAM se trouve tout simplement occulté. Le Ministère ne s'en préoccupe pas à ce moment, laissant le problème – s'il existe – à la compétence et à la discrétion des instances du réseau de l'UQ. Or, au cours du même été 1987, l'UQAM, qui réclame depuis 1979 un financement dénué de toute péréquation au sein du réseau de l'UQ, qui a même conclu, en 1984, avec l'Université du Québec une entente lui assurant un statut d'«université associée» dénué de péréquation financière interne au sein du réseau et un financement établi selon les règles communes appliquées par le Ministère à toutes les universités, l'UQAM, à l'été 1987, est confrontée au rapport d'un groupe de travail mandaté par le ministre Ryan et qui recommande l'abandon de toute idée de statut particulier. Le Ministre, qui connaît ce rapport, ne se met donc pas le doigt entre l'arbre et l'écorce et se garde bien de considérer l'UQAM autrement que les autres établissements de l'Université du Québec et l'enterre, sans autre préoccupation, dans le présumé surfinancement du réseau. Pour la suite des choses, pour arracher au Ministère une correction à son sous-financement, l'UQAM devra donc se battre sur deux points : d'une part, elle doit s'assurer que les paramètres généraux de la formule de financement des universités ne la désavantagent pas indûment; d'autre part, elle devra imposer à la fois au Ministère et aux autres universités, incluant l'UQ, qu'on la reconnaisse de façon distincte des autres unités du réseau. Cette bataille surviendra à compter d'octobre 1988, lorsque le ministre Ryan rendra publique sa proposition de correction définitive à la fois de la formule de répartition des subventions et des bases de financement des établissements.

L'été se termine. Le 28 septembre 1987, le ministre Ryan convoque les recteurs pour leur communiquer ses décisions concernant l'allocation des 40 millions de dollars additionnels pour l'année 1987-1988. Le Ministre fait état des nombreux avis qu'il a reçus au cours de l'été, tant des universités que du Conseil des universités. Il signale que ses décisions valent uniquement pour les années 1987-1988 et 1988-1989 et que le partage des crédits additionnels n'engage pas totalement l'avenir. Le Ministère, ajoute-t-il, est résolu à poursuivre et à conclure, pour application à compter de l'année 1989-1990, la révision en profondeur de la formule de financement et des bases de financement des universités. Il y aura d'abondantes consultations des universités et création d'un comité tripartite, comme l'avait suggéré le Conseil des universités. Le Ministre espère rendre public un document de travail en juin 1988. Ces choses étant précisées, le Ministre communique aux chefs d'établissements la répartition finale des 40 millions de dollars.

Au total, peu de choses ont changé par rapport à la proposition de juin 1987 :

• les différentes sous-enveloppes des crédits additionnels de 40 millions de dollars ayant été déterminées par le budget du gouvernement sont inchangées;

- les enveloppes pour les équipements scientifiques et les bibliothèques ont donné lieu à des ajustements en général mineurs;

- il en va de même pour les 15 millions réservés aux frais indirects de la recherche;

- le partage des 8 millions destinés à alléger les déficits est inchangé; l'Université du Québec ne reçoit rien; l'UQAM, incluse dans l'UQ, pas davantage;

- quant à la somme de 15 millions destinée au redressement des bases, elle se trouve partagée en deux montants. Les trois quarts (11,25 millions), comme en juin, sont alloués aux universités au *prorata* de leurs étudiants pondérés (1 pour le premier cycle, 2 et 2,5 pour les 2e et 3e cycles respectivement). À des poussières près, le partage final reproduit celui de juin. L'autre quart, soit 3,75 millions, est réparti aux mêmes universités qu'en juin 1987, «au *prorata* de leur redressement selon l'étude des bases». La part du lion va à l'Université McGill avec 2,045 millions et aux HÉC, avec 682 800 $. L'Université du Québec, en raison de son surfinancement constaté en juin, ne reçoit rien; il n'y a donc rien pour l'UQAM.

Les résultats de l'opération sont très décevants. Des 40 millions de dollars, l'UQAM ne reçoit en fin de compte que 3 millions, dont 1,5 million pour sa base de financement. Or, si l'on établissait son sous-financement en mesurant simplement l'écart entre la subvention qu'elle reçoit par étudiant et la subvention moyenne par étudiant versée dans l'ensemble du réseau universitaire québécois, son sous-financement serait de l'ordre de 6 millions par année. Évidemment, cela ne tient pas compte d'une pondération par cycle, d'un calcul par secteur disciplinaire, etc. Cependant, contestée par le Conseil des universités, la méthode de calcul employée par le Ministère en 1987 ne convainc pas du tout l'UQAM qu'elle se retrouve, comme par enchantement, dans l'heureuse famille des établissements surfinancés. D'ailleurs, comme on le verra, la nouvelle hypothèse proposée par le ministre Ryan en octobre 1988 justifiera enfin l'UQAM dans sa dénonciation de son sous-financement. Mais pour l'instant, les choix méthodologiques du Ministère, les paramètres qu'il retient en 1987 pour évaluer la situation financière des établissements, l'analyse globale et consolidée du réseau de l'Université du Québec, tout cela déguise l'UQAM en université surfinancée, du moins en université dont la base de financement n'appelle pas de correction particulière. Si l'UQAM reçoit 3 des 40 millions supplémentaires (sur les 6,6 millions de l'Université du Québec), elle se trouve loin derrière une université semblable, l'Université Concordia qui reçoit 4,8 millions, et derrière les trois plus anciennes universités, Laval (5,1 millions), Montréal (7,3 millions) et McGill (9,2 millions).

L'opération s'achève donc de façon très peu satisfaisante pour l'UQAM. Elle peut se consoler en sachant qu'il s'agit d'un cadre transitoire pour les années 1987-1988 et 1988-1989 et qu'elle aura une autre chance de plaider sa cause. Mais quelle part pourra-t-elle s'approprier, coincée qu'elle est entre les positions des universités établies qui ont été bien reconnues par les décisions du ministre Ryan en 1987, et les revendications que l'Université du Québec formulera avec force, au nom de la taille, de l'éloignement, de la dispersion, caractérisant ses établissements en région, en vue de la ronde décisive?

Les grandes manœuvres (1988-1989)

«Une couple d'années» : tel est le délai que demande Claude Ryan, au terme des travaux de la Commission parlementaire de l'éducation, en octobre 1986, pour réformer la formule de financement des universités. Le ministre tient parole. Déjà, la répartition des 40 millions de dollars supplémentaires alloués aux universités par le gouvernement pour 1987-1988 lui donne une première occasion de tester une nouvelle formule de partage des subventions en l'appliquant aux crédits disponibles pour redresser les bases de financement des établissements (15 millions récurrents) et pour les compenser des frais indirects de la recherche (7 millions). Les universités attendent donc la nouvelle formule promise pour juin 1988 par le ministre, le 28 septembre 1987.

Dans les mois qui suivent cette annonce, de grandes manœuvres se déploient au ministère de l'Enseignement supérieur et de la Science, au Conseil des ministres, dans le milieu universitaire et celui des affaires, au sujet de deux objectifs distincts mais complémentaires : le niveau global de financement des universités et la formule de partage.

En décembre 1987, la Conférence des recteurs et des principaux des universités du Québec formule un avis général au ministre. Les chefs d'établissement universitaire déclarent d'abord que le «niveau des ressources que le Québec consacre à l'enseignement supérieur devrait être comparable à celui que l'on retrouve dans les sociétés de niveau de développement comparable[43]». Le niveau de financement des universités québécoises est inférieur à ce que l'on observe, par exemple, en Ontario et il doit être accru. Il doit aussi être stable dans le temps, donc protégé contre les compressions auxquelles le gouvernement a trop souvent eu recours au cours des années 80, et il doit inciter les universités à diversifier leurs sources de revenus. Par ailleurs, une nouvelle formule de financement reposant sur un niveau accru de subventions gouvernementales devrait, selon la CREPUQ, être équitable, stable dans le temps, transparente (c'est-à-dire simple et compréhensible) et neutre, «en ce sens qu'elle devrait être exempte de biais négatifs et laisser aux universités la plus grande latitude possible dans l'allocation de leurs ressources[44]». Cette position de la CREPUQ ne se prononce guère sur les paramètres d'une nouvelle formule; sur ce terrain, les chefs d'établissement sont incapables d'un consensus.

Dans le sillage de cette intervention de la CREPUQ, la question du niveau global de financement des universités par le gouvernement donne lieu à plusieurs autres interventions significatives qui apportent de l'eau au moulin du ministre Ryan et qui visent toutes à obtenir du gouvernement un accroissement significatif des fonds qu'il attribue aux universités et ce, à compter de 1989-1990. Cette question doit être éclaircie car elle influera sur les discussions relatives à la formule de partage des subventions : il est plus simple de s'entendre quand il y a plus d'argent à partager. Et le milieu universitaire veut absolument exploiter le consensus qui s'était dégagé au terme de la Commission parlementaire de l'automne 1986 sur l'urgente nécessité d'accroître le niveau de financement des universités.

Mais à combien peut-on évaluer le sous-financement des universités québécoises dans leur ensemble? Dans un avis adopté le 16 septembre 1988, le Conseil des universités s'emploie à trouver une réponse à cette question. Il a déjà traité de la question, notamment dans son mémoire à la Commission parlementaire de 1986. Il reprend donc l'étude de la question et évalue le sous-financement des universités de «trois façons différentes : en comparant avec d'autres systèmes universitaires, en indexant la subvention d'une année de référence et en calculant le coût des ressources nécessaires pour fonctionner selon un modèle raisonnable[45]». Une comparaison avec la moyenne canadienne et l'Ontario, en particulier, si elle comporte des problèmes méthodologiques importants, n'en laisse pas moins penser que les universités québécoises seraient sous-financées jusqu'à concurrence d'un montant annuel pouvant osciller entre 108 et 123 millions de dollars[46]. Une indexation rigoureuse de la subvention globale accordée aux universités à partir de l'année de référence 1981-1982, «c'est-à-dire avant le début des compressions et prélèvements massifs[47]», conduit à la conclusion que, «même s'il est certain que cette période d'austérité a suscité des rationalisations, il est raisonnable de croire que le manque à gagner des dernières années, qui dépasse 150 millions de dollars lorsqu'on tient compte du gel des frais de scolarité, représente un bon ordre de grandeur du sous-financement des universités[48]». Une troisième évaluation, à partir de normes de financement telles la taille des groupes-cours, la charge moyenne de cours par professeur et la proportion des cours assumés par des chargés de cours, «indique un sous-financement du réseau universitaire québécois [...] de l'ordre de 120 millions de dollars[49]». Les trois évaluations effectuées par le Conseil des universités concluent donc que le sous-financement des universités québécoises est substantiel puisqu'il va, selon la méthode retenue, de 108 à 150 millions de dollars. Au terme de son analyse, le Conseil recommande au gouvernement du Québec de «veiller à ce que le budget de fonctionnement du réseau universitaire québécois soit augmenté de 120 millions de dollars[50]», en augmentant sa propre contribution et en portant «les frais de scolarité dans les universités québécoises à un niveau comparable à ceux en vigueur dans les autres provinces canadiennes[51]». L'enveloppe globale réservée aux universités étant de 1,2 milliard de dollars en 1988-1989, la correction du sous-financement exigerait donc une augmentation de 10 % des revenus des universités au 1er juin 1989.

Parallèlement aux analyses du Conseil des universités, les universités poursuivent leurs démarches collectives pour obtenir un accroissement de la subvention gouvernementale. Ainsi, le

1er novembre 1988, le président du Conseil de l'École des HÉC et personnalité bien connue du milieu des affaires, Serge Saucier, prononce une retentissante conférence à la Chambre de commerce de Montréal réclamant un meilleur financement du réseau universitaire québécois. Dans les semaines qui suivent, sous l'inspiration de dirigeants influents du milieu des affaires qui président aussi des conseils d'administration universitaires, dont Claude Castonguay, chancelier de l'Université de Montréal et Jean de Grandpré, chancelier de McGill, près de deux cents personnes signent une lettre adressée au Premier ministre Bourassa, reprenant les conclusions essentielles auxquelles était déjà parvenu le Conseil des universités :

> Le gouvernement doit, dès maintenant, augmenter de façon significative les ressources financières des universités. Cela doit tout d'abord se traduire par une augmentation, de façon récurrente, des subventions versées aux universités. Il faudrait par ailleurs que le gouvernement mette immédiatement fin à cette singularité qu'est devenu, depuis vingt ans, le «gel» des frais de scolarité. Ainsi, des droits de scolarité accrus s'ajouteraient aux ressources financières additionnelles que le gouvernement devra consentir aux universités.

Les efforts des universités pour accroître leur financement se poursuivent jusqu'au début de 1989 dans un vigoureux effort pour influencer la préparation du budget du gouvernement pour 1989-1990, soit l'année suivant le plan transitoire de deux ans (1987-1988 et 1988-1989). D'une part, le milieu des affaires continue ses interventions publiques pressant le gouvernement d'agir. Le 7 février, le président de Provigo, Pierre Lortie, conférencier invité au déjeuner de la Chambre de commerce de Montréal, demande au gouvernement d'accroître de 75 millions de dollars par année pendant trois ans la subvention globale réservée aux universités. Trois jours plus tard, le 10 février, le président de la Chambre de commerce, Serge Godin, convoque une conférence de presse au cours de laquelle il demande au Premier ministre d'agir sans délai : la situation des universités est critique, leur sous-financement atteint 150 millions par année et le gouvernement doit ajouter 75 millions en 1989-1990 et encore 75 millions en 1990-1991, ne serait-ce qu'en complétant ses efforts par une hausse des droits de scolarité. D'autre part, les recteurs eux-mêmes demandent et obtiennent une rencontre avec le Premier ministre, le 13 février 1989. À leur tour, ils réclament une correction de 150 millions en 1989-1990 et 1990-1991. Cela rétrécirait l'écart du financement par rapport à l'Ontario, écart que les chefs d'établissement fixent pour leur part à 200 millions de dollars [52]. Le Premier ministre écoute attentivement les recteurs; il fait même preuve de sympathie, mais il ne prend que l'engagement de regarder le dossier avec la plus grande attention, refusant de se laisser trop tôt emprisonner dans des choix budgétaires définitifs au début d'une année où il devra normalement déclencher des élections.

Les universités ont donc mis à profit les deux années du plan transitoire de financement mis en place au printemps de 1987, pour persuader le gouvernement du Québec qu'il doit significativement accroître leur financement d'au moins 150 millions de dollars, par ses propres efforts et en dégelant les droits de scolarité. Les universités ont reçu des appuis significatifs dans leur démarche : celui, prévisible, du Conseil des universités, mais aussi et surtout celui, influent, du milieu des affaires montréalais et québécois, lequel s'est impliqué d'une façon plus résolue et éloquente que bien d'autres milieux. Le ministre Ryan n'arrivera pas donc seul à la table du Conseil des ministres lorsque l'heure sera venue de décider des priorités budgétaires du gouvernement pour 1989-1990. Et, pendant toutes ces manœuvres visant à faire accroître le financement gouvernemental du réseau universitaire, l'UQAM a fait cause commune avec les autres universités, même si leur empressement à réclamer une hausse des droits de scolarité la gêne parce que sa communauté, qui compte une proportion importante d'étudiants provenant de milieux socio-économiques peu favorisés, n'est parvenue à aucun consensus à ce sujet. Mais, par delà la hausse du niveau des ressources, ce qui inquiète au plus haut point l'UQAM, c'est la formule de partage des subventions que prépare le ministère de l'Enseignement supérieur et de la Science.

De ce côté aussi, on s'agite. Depuis l'automne 1987, les universités s'adonnent, avec une intensité et un bonheur variables, à des tentatives discrètes et privées d'influencer le Ministère dans ses travaux, l'UQAM comme les autres, exploitant toutes les occasions qui lui sont offertes d'en parler au ministre, par mes soins, ou aux fonctionnaires, par ceux de la vice-rectrice à l'Administration et aux finances. Le Conseil des universités s'intéresse activement à la question; peu après son avis sur *Le financement du réseau universitaire en 1988-1989*, où il s'emploie de quantifier le sous-financement global des universités, il en émet un autre, daté du 20 octobre 1988, intitulé *Pour une nouvelle politique de financement du réseau universitaire québécois*. C'est un document substantiel en soi, mais qui s'inscrit dans la continuité des interventions antérieures du Conseil, notamment à la Commission parlementaire de 1986 et à l'occasion du plan transitoire de 1987-1989.

Le nouvel avis reprend donc des préoccupations anciennes du Conseil. Ainsi, toute l'action du réseau universitaire québécois doit porter nettement sur deux axes :

> 1. Assurer l'accès à un enseignement de qualité à tous les individus aptes et intéressés à le recevoir, tout en favorisant la progression des 2e et 3e cycles et la consolidation des équipes d'excellence pouvant assurer au Québec une place raisonnable dans le concert des sociétés développées. [...]

> 2. Développer simultanément toutes les formes de recherche de façon à permettre à l'université de mieux assurer son

rôle moteur dans le développement de la société québécoise, et de contribuer ainsi à améliorer la position du Québec dans la compétition canadienne et internationale[53]». .

Il y en a pour toutes les universités dans cette vision, encore que celles où les études supérieures et la recherche sont très développées en tirent un réconfort solide. De cette vision générale, le Conseil en tire les conséquences pour la formule de financement :

En résumé, la formule de financement interne devra, pour obtenir l'adhésion des institutions et pouvoir s'appliquer :

- permettre une couverture suffisante des missions enseignement et recherche;

- rencontrer des conditions d'efficience administrative (simplicité, souplesse, transparence, prévisibilité, stabilité, flexibilité);

- rencontrer des critères d'équité sociale (distribution géographique, linguistique...);

- respecter la philosophie de conception du système (autonomie des universités, responsabilité de l'État dans l'éducation)[54].

Ici encore, il y en a pour tout le monde, y compris les universités en régions éloignées. Le Conseil sera-t-il enfin plus spécifique dans son avis? Il s'efforce d'analyser méthodiquement les divers paramètres d'une formule de financement – financement de l'enseignement par les intrants, c'est-à-dire les étudiants, par les activités, par les extrants, c'est-à-dire les diplômés, leur taux d'emploi, etc., financement de la recherche et de ses frais indirects, financement de la taille et de la localisation géographique – et d'en apprécier les avantages et les inconvénients. Cette analyse, il faut le signaler, est attentive, pondérée et, dans l'ensemble lucide. Le Conseil reconnaît franchement, parce que les établissements ne conçoivent pas leur rôle selon un modèle unique, et que leurs préoccupations et priorités sont différentes, qu'«il sera difficile d'en arriver à un consensus sur tous les aspects d'une formule de financement[55]». Au terme de sa démarche, le Conseil des universités parvient à un consensus autour de trois recommandations dont les deux premières méritent d'être rappelées.

D'une part, le Conseil reprend une idée mise de l'avant par la CREPUQ, en décembre 1987, soit de réserver de 1 à 3 % de l'enveloppe globale destinée aux universités pour favoriser des «objectifs précis tels que amélioration de la qualité, expériences pilotes, projets d'évaluation, actions de concertation, etc.[56]». Cette idée fera son chemin jusqu'au jour où, par exemple en 1992, le gouvernement réservera 15 millions de dollars (soit à peu près 1 % de l'enveloppe globale) qui seront distribués entre les universités en fonction du nombre annuel de diplômes décernés. D'autre part, le Conseil formule une recommandation claire sur les grands paramètres de la formule de financement, c'est-à-dire :

> 1. de répartir l'enveloppe des subventions gouvernementales selon une formule qui tienne distinctement compte des activités d'enseignement et de recherche;
>
> 2. d'adopter pour financer l'enseignement une formule basée principalement sur les intrants, l'indicateur à retenir étant «l'étudiant équivalent temps complet» pondéré par cycle et par secteur selon des modalités à définir;
>
> 3. de financer les frais indirects de recherche en proportion du montant global des subventions externes des organismes subventionnaires;
>
> 4. de prendre en considération les facteurs taille et périphérie selon des modalités qui, d'après la démonstration des établissements concernés, reflètent bien leur influence réelle[57].

Cette recommandation n'a pas de quoi surprendre l'UQAM ni l'ensemble des universités. Suffisamment de discours et de représentations ont été faits sur la nécessité de pondérer les étudiants par discipline et par cycle, sur la nécessité de compenser les frais indirects de la recherche, sur la nécessité de tenir compte de la taille et de la localisation géographique pour que la formule de financement ne puisse échapper à ces grands paramètres. Ce qui sera décisif, particulièrement pour l'UQAM, qui ne peut invoquer ni le nombre des étudiants aux 2e et 3e cycles (6 ou 7 % par rapport à une moyenne québécoise de l'ordre de 15 %), ni des fonds de recherche très plantureux, ni la petite taille, ni l'éloignement des grands centres, c'est le dosage final de ces divers paramètres. En 1988, comme en 1987 lors du partage des crédits supplémentaires, comme en 1986 lors des audiences de la Commission parlementaire, comme en 1984 lors de la tentative de réforme de la formule de financement, encore une fois l'UQAM doit constater que la composition de son corps étudiant, la jeunesse de son effort de recherche subventionnée, sa grande taille, sa localisation au centre de Montréal, tous ces facteurs l'isolent au sein de la famille universitaire et l'empêchent de faire front commun soit avec le groupe des universités bien établies, soit avec les universités en région. Il reste à voir quels seront les choix du ministère de l'Enseignement et de la Science pour réformer la formule de financement et quelle stratégie l'UQAM devra déployer pour tirer le meilleur parti possible de cette nouvelle formule proposée.

Le ministre Claude Ryan rencontre les recteurs et principaux membres du comité exécutif de la CREPUQ le 20 octobre 1988 pour leur faire connaître ses choix, en déposant un document intitulé *Révision des bases et du niveau de financement des université du Québec. Hypothèse pour fin de consultation.* Cette fois les cartes sont jetées sur la table et une opération décisive pour l'avenir du financement des universités s'engage.

Le document déposé par le ministre Ryan est soumis à titre d'«instrument de travail et de base de discussion». Mais, ce n'est pas une ébauche à peine esquissée; au contraire, le ministre a réalisé un travail passablement exhaustif et le document est conçu de façon assez solide pour résister à nombre de tentatives de modifications. Le document vise rien de moins qu'«un nouveau mode de répartition des subventions qui tiendrait compte de tous les aspects de la réalité universitaire[58]». En même temps, raccrochant la question du niveau de financement des universités à celle du partage des subventions, le document veut indiquer les «implications d'un effort de redressement du niveau de financement des universités québécoises qui viserait à rapprocher celui-ci du niveau de financement observé dans les autres provinces canadiennes[59]». Ainsi, le ministre Ryan entreprend une opération politique et financière fort ambitieuse qui veut à la fois corriger les bases de financement des universités, incorporer à la formule de financement de nouveaux paramètres et ce, en complétant la correction des bases pour toutes les universités au titre des frais indirects de la recherche et de l'éloignement, et, enfin, injecter des fonds pour ramener le financement des universités à une situation approchant la moyenne canadienne. C'est un exercice de haute voltige qu'il est instructif de reconstituer pour mieux illustrer les enjeux décisifs qui concernent toutes les universités, dont l'UQAM en particulier.

La démarche proposée par le ministre consacre des choix définitifs concernant les paramètres de la formule de financement. Ainsi :

- les dépenses des universités sont subdivisées en trois catégories (dépenses d'enseignement, dépenses de soutien et d'administration, dépenses liées aux terrains et bâtiments);

- pour les dépenses d'enseignement, on se fonde sur les étudiants en équivalence à temps complet (EETC) pondérés

209

selon le cycle (1 au premier cycle, 1,5 au deuxième et 2,5 au troisième – comme pour la répartition des crédits supplémentaires de 1987-1988 sauf pour la pondération à la maîtrise qui est réduite de 2 à 1,5) et répartis en 11 secteurs disciplinaires où celui des Sciences administratives est le plus faiblement compensé en dollars;

- les frais indirects de recherche et l'éloignement sont pris en compte;

- les coûts d'administration et les coûts liés aux terrains et bâtiments font l'objet d'une normalisation.

Tous ces choix de paramètres sont minutieusement expliqués et justifiés par le document du ministre. Sur la base de ces choix de paramètres, le document du ministre Ryan s'engage dans une démarche de révision des bases et de redressement général du financement des universités.

<u>Première étape</u> : la révision du financement comporte d'abord la standardisation des subventions entre les universités. Il s'agit de ramener une fois pour toutes les diverses universités sur un même pied, puisque certaines ont été décrites ou se sont elles-mêmes décrites comme sous-financées au cours des années précédentes. La standardisation est ainsi définie par le document du ministère :

> La révision envisagée procède d'une démarche qui fut à l'origine de deux tentatives antérieures, soit le cadre de financement 1984-1985, suivi par la distribution des crédits additionnels de 40 millions obtenus dans le budget de 1987.
>
> Globalement, on STANDARDISE la répartition des subventions entre les établissements en fonction du volume des activités d'enseignement (selon le nombre d'étudiants fréquentant les établissements, ou selon les espaces normalisés dans le cas de l'entretien des terrains et bâtiments). Cette répartition est en outre MODULÉE pour prendre en considération les différents degrés d'implication des établissements en recherche et en formation de cher-

cheurs, leur implication dans les divers secteurs disciplinaires d'enseignement comportant des coûts différents, et finalement, la taille et l'éloignement de l'établissement[60].

Cette révision d'ensemble du financement des universités s'effectue en deux temps.

Le premier temps consiste à considérer les dépenses des universités pour l'année 1986-1987, à la lumière des paramètres choisis par le Ministère (trois catégories de dépenses, pondération des EETC par cycle et secteur disciplinaire, normalisation des dépenses d'administration, des dépenses liées aux bâtiments, etc). Il ressort de cette révision des dépenses des universités d'après les paramètres retenus – mais en excluant des paramètres tels que les frais indirects de recherche et l'éloignement – que certains établissements ont reçu trop d'argent et d'autres pas assez, comme l'illustre le tableau 1 présenté par le ministre :

TABLEAU 1

NOUVEAU PARTAGE, À RESSOURCES CONSTANTES[61]
DÉPENSES ADMISES (000 $)

	Actuelles	Révisées	Réallocation
Bishop's	8 640	9 595	+ 955
Concordia	99 232	103 518	+ 4 286
H.É.C.	21 971	23 522	+ 1 551
Laval	193 540	186 374	(7 166)
McGill	141 663	157 614	+ 15 951
Montréal	200 150	190 266	(9 884)
Polytechnique	36 506	34 566	(1 940)
Sherbrooke	74 185	72 676	(1 509)
Québec	245 021	242 779	(2 242)
Ensemble	1 020 908	1 020 908	0

Ainsi, certains établissements apparaissent comme «surfinancés» et d'autres, «sous-financés», à la lumière des paramètres retenus. Mais, comme il l'a dit à la Commission parlementaire de 1986, le ministre, *constatant le sous-financement général du réseau universitaire québécois, répugne profondément à corriger le sous-financement de certains établissements par l'appauvrissement des autres.* Aussi, il propose de corriger les quatre établissements sous-financés par *l'ajout de nouvelles ressources financières* et illustre ainsi le coût de l'opération, soit 23 millions de dollars (tableau 2).

TABLEAU 2
NOUVEAU PARTAGE, SANS PERTE DE REVENU
POUR LES ÉTABLISSEMENTS INDIVIDUELS[62]

DÉPENSES ADMISES (000 $)

	Actuelles	Retenues	Révision partielle
Bishop's	8 640	9 595	+ 955
Concordia	99 232	103 518	+ 4 286
H.É.C.	21 971	23 522	+ 1 551
Laval	193 540	193 540	
McGill	141 663	157 614	+ 15 951
Montréal	200 150	200 150	
Polytechnique	36 506	36 506	
Sherbrooke	74 185	74 185	
Québec	245 021	245 021	
Ensemble	1 020 908	1 043 651	+ 22 743

À ce stade-ci de la proposition du ministre, il faut souligner deux choix méthodologiques *qui sont d'abord et avant tout des choix politiques* et qui seront lourds de conséquences pour la suite du dossier :

1. le ministre choisit de standardiser les bases de financement des universités par un ajout de fonds plutôt que par des réallocations de fonds disponibles, de telle sorte que les universités jugées sous-financées ne subiront aucun dommage et conserveront durablement cet avantage relatif.

> *Comme on le verra, le Ministère tiendra un discours con-*
> *traire dans le cas de l'Université du Québec relativement*
> *à l'UQAM, renvoyant celle-ci à celle-là lorsque le problème*
> *de sous-financement de l'UQAM reviendra obstinément à la*
> *surface.*

2. le ministre ne fait pas de cas particulier de l'UQAM qui se trouve incluse, dans les calculs, dans les résultats de l'Université du Québec. Comme celle-ci est jugée surfinancée, le sous-financement de l'UQAM disparaît comme par enchantement; ce n'est pas la première fois.

Une fois ce premier temps de la première étape de la révision des bases de financement des universités achevé par la standardisation des dépenses de 1986-1987, survient le deuxième temps : il s'agit de financer les frais indirects de recherche et l'éloignement (au bénéfice des universités du Québec à Chicoutimi, à Rimouski et en Abitibi-Témiscamingue), et, dans l'un et l'autre cas, par l'ajout de fonds supplémentaires (12 et 2 millions respectivement). Cela conduit à un troisième tableau proposé par le ministre.

TABLEAU 3
TABLEAU 2, PLUS FRAIS INDIRECTS DE
RECHERCHE ET COÛT D'ÉLOIGNEMENT [63]

	Révision partielle	Frais indirects de la recherche	Éloignement	Révision des bases de financement
Bishop's	955	18		973
Concordia	4 286	912		5 197
H.É.C.	1 551	82		1 633
Laval		1 790		1 790
McGill	15 951	3 413		19 364
Montréal		2 124		2 124
Polytechnique		1 196		1 196
Sherbrooke		1 024		1 024
Québec		1 878	2 162	4 040
Ensemble	22 743	12 436	2 162	37 341
Montant protégé			2 838	
			5000	

Ainsi donc, le ministre propose d'utiliser 37 millions de dollars pour corriger définitivement les bases de financement des universités, par rapport à leurs dépenses de 1986-1987. À cet instant de la démarche du ministre, toutes les universités québécoises ou à peu près y gagnent quelque chose, soit par ajout à leur base, soit par protection de leur surfinancement ou les deux, avec la subvention des frais indirects de recherche. *Pour sa part, encore une fois, l'UQAM voit son sous-financement occulté.*

Deuxième étape : la norme canadienne. Au coût de 37 millions supplémentaires, la proposition ministérielle établirait une «plus grande équité entre les établissements[64]». Cependant, «le niveau de financement des universités québécoises demeurerait sensiblement inférieur au niveau moyen de financement des universités des autres provinces[65]». Que faut-il donc faire pour rapprocher le financement des universités québécoises de la moyenne canadienne?

Se référant à diverses tentatives d'évaluer le financement gouvernemental des universités québécoises comparativement à celui des universités canadiennes, dont les travaux du Conseil des universités, le ministre propose d'estimer à «près de 100 M $ l'écart existant en 1986-1987 entre le niveau de financement des universités québécoises et celui de l'ensemble des universités canadiennes[66]». Puisque 15 millions de dollars ont été ajoutés de façon récurrente aux bases des universités québécoises à compter de 1987-1988, l'écart à corriger serait de 85 millions; si l'on déduit de cette somme les 37 millions déjà attribués lors de la première étape de la proposition ministérielle ainsi qu'une réserve de 15 millions pour des «sujets laissés en suspens» (établissements à vocation particulière de l'Université du Québec), il y aurait un solde de 33 millions de dollars disponible pour rapprocher le financement québécois des universités de la norme canadienne, que le ministre propose de répartir au *prorata* des dépenses révisées des établissements. Il en résulte donc l'hypothèse suivante, exposée dans le tableau 4.

TABLEAU 4
TABLEAU 3, PLUS NORME CANADIENNE
Révision des dépenses admises[67]

	Dépenses admises	Révision des dépenses admises			Dépenses admises
	actuelles	*Bases de financement*	*Norme canadienne*	*Total*	*envisagées*
Bishop's	8 640	973	307	1 280	9 920
Concordia	99 232	5 197	3 312	8 509	107 741
H.É.C.	21 971	1 633	752	2 385	24 356
Laval	193 540	1 790	5 962	7 752	201 292
McGill	141 663	19 364	5 042	24 406	166 069
Montréal	200 150	2 124	6 087	8 211	208 361
Polytechnique	36 506	1 196	1 106	2 302	38 808
Sherbrooke	74 185	1 024	2 325	3 349	77 534
Québec	247 859*	4 040	7 766	11 806	259 665
Réserve			15 000	15 000	15 000
Ensemble	1 023 746*	37 341	47 659	85 000	1 108 746
Déjà versé				15 000	15 000
1987-1988				100 000	1 123 746

*   Incluant le montant de 2,838 M $ protégé au titre d'éloignement pour certaines constituantes de l'Université du Québec.

Voilà donc ce que le ministre Claude Ryan propose aux universités québécoises, le 20 octobre 1988, pour corriger les bases de financement là où c'est nécessaire, introduire de nouveaux paramètres dans une formule de financement qui se veut révisée, adaptée, simple, transparente et définitive, et pour tenter de rejoindre la norme canadienne. En confiant cette proposition aux recteurs, le ministre les invite à bien réfléchir :

> L'hypothèse décrite dans ce document doit d'abord faire l'objet de consultations avec les mieux concernés. Une fois cette étape franchie, il appartiendra au ministre de soumettre au gouvernement des recommandations appropriées[68].

215

Le ministre Ryan cherche un consensus des universités autour de sa proposition, consensus qui facilitera l'obtention d'un financement supplémentaire du gouvernement pour le réseau universitaire et qui lui permettra de le répartir entre les établissements d'une façon mieux adaptée. En liant tous les éléments dans une même hypothèse – correction des bases, soutien aux frais indirects de recherche, prise en compte de l'éloignement et de la taille ainsi que des divers secteurs disciplinaires et cycles d'études dans la formule de répartition, fonds supplémentaires pour atteindre la norme canadienne – Claude Ryan place les universités dans une situation où elles auraient très mauvaise grâce à formuler des objections majeures ou à se montrer insatisfaites. En amenant les universités à accepter l'essentiel de son hypothèse, le ministre pourra régler la question de la formule de financement, qui laisse tout le monde insatisfait depuis des années et ce, même s'il n'obtient pas du gouvernement tous les fonds supplémentaires nécessaires à une pleine application de son hypothèse. En somme, Ryan respecte son engagement de réviser la formule de financement et, en laissant entrevoir aux universités de substantiels fonds supplémentaires, il les dissuade efficacement de se livrer à de trop minutieuses analyses et à de trop byzantines critiques des détails de la formule nouvelle de partage des subventions. En la personne de Claude Ryan, les savants et subtils universitaires ont trouvé un interlocuteur tout à fait à leur mesure.

Pour sa part, l'UQAM tire très rapidement les conclusions de son analyse de l'hypothèse ministérielle. Encore une fois, les résultats de l'opération s'annoncent très décevants pour l'UQAM dont les gains sont très maigres :

Correction des bases	0 $	sur	23 M $
Frais indirects de recherche	650 000 $	sur	12 M $
Éloignement	0 $	sur	2 M $
Ajustement à la norme canadienne	± 3 M $	sur	33 M $

Ainsi, sur les 70 millions de dollars que l'hypothèse propose de répartir (15 millions demeurant en réserve), l'UQAM peut espérer obtenir à peu près 3,65 millions de dollars. En 1987, elle n'avait reçu que 1,5 million de dollars sur les 30 nouveaux millions de dollars (fonctionnement) du plan transitoire de deux ans. Les opérations visant à améliorer le financement des universités se succèdent, mais leurs résultats sont toujours aussi décevants pour elle. La situation de sous-financement dont se plaint l'UQAM depuis des années demeure occultée par l'évaluation qui est faite du financement de l'ensemble de l'Université du Québec. Les paramètres privilégiés par le ministre profitent plus aux autres universités, soit les plus anciennes, soit les plus petites, et l'UQAM retrouve son isolement. Comment en sortir?

Le document de travail communiqué aux universités par le ministre fournit des indications méthodologiques très détaillées permettant de reconstituer tous les calculs relatifs aux bases de financement des établissements et au partage des fonds destinés au soutien des frais indirects de recherche et au redressement en fonction de la norme canadienne. Aussitôt en possession du document, l'UQAM confie à ses services financiers le mandat de calculer aussi précisément que possible les montants qui reviendraient à l'Université si elle était considérée de façon distincte du réseau de l'Université du Québec. Pour les frais indirects de recherche et pour la norme canadienne, les calculs ne révèlent pas de surprise particulière. *Mais, pour le premier temps de la première étape de la démarche ministérielle, c'est-à-dire la standardisation des dépenses des universités par rapport*

à l'année de référence 1986-1987 (les tableaux 1 et 2 du docu-
ment ministériel), les calculs effectués par les Services finan-
ciers révèlent que l'UQAM, si elle est considérée séparément
de l'Université du Québec et si elle fait l'objet de calculs
distincts, subit un sous-financement massif qui se chiffre à 4,659
millions de dollars.

UQAM :	Dépenses observées de 1986-1987	125 032 000 $
	Dépenses révisées (en référence aux	
	tableaux 1 et 2 du document du MESS)	129 691 000 $
	Sous-financement	4 659 000 $

Ainsi, l'UQAM, considérée séparément du réseau de l'Université du Québec, souffre bel et bien d'un sous-finance-ment très important dans sa base de financement et ce, selon la méthodologie même utilisée par le ministère de l'Enseignement supérieur et de la Science. Elle se retrouve dans la même catégorie que l'École des Hautes Études Commerciales et les universités Bishop's, Concordia et McGill. Si l'on choisissait de corriger la base de l'UQAM comme on envisage de le faire pour les quatre établissements officiellement reconnus comme sous-financés, il en coûterait au total 27 millions de dollars, plutôt que 23 millions, sur les 85 millions neufs que le ministre associe à son hypothèse; cela n'apparaît pas considérable dans le contexte de la démarche entreprise par Claude Ryan. Des consultations discrètes auprès de la vice-présidence à l'administration et aux finances de l'Université du Québec et auprès de hauts fonctionnaires du ministère de l'Enseignement supérieur et de la Science confirment la justesse des calculs effectués par les Services financiers de l'UQAM. Celle-ci, selon la méthodo-logie même du Ministère, subit bel et bien un sous-financement de 4,659 millions de dollars.

Dès lors, dans les jours suivant le dépôt de l'hypothèse ministérielle de révision des bases de financement des universités québécoises, le 20 octobre 1988, l'UQAM arrête sa stratégie

dont elle ne dérogera jamais par la suite : *elle exige le redres-*
sement de sa base financière selon la méthodologie qui justifie
de redresser la base des H.É.C., de Bishop's, de Concordia et
de McGill et ce, en la considérant, pour les fins de cette opéra-
tion, de façon distincte du réseau de l'Université du Québec
et en utilisant pour le redressement de sa base, comme le
ministre le propose pour les quatre universités, des fonds nou-
veaux et non une réallocation des fonds déjà attribués aux
universités en général ou au réseau de l'Université du Québec en
particulier. Cette stratégie requerra de l'UQAM une longue et
tenace patience; elle lui imposera un laborieux dialogue avec les
autres universités; elle la confrontera avec la durable réticence
du ministère de l'Enseignement supérieur et de la Science à
lui garantir une base de financement équitable. Mais depuis
ces jours d'octobre 1988 jusqu'à aujourd'hui, l'UQAM main-
tiendra toujours sa revendication.

Pour atteindre son objectif stratégique, l'UQAM doit
s'assurer d'abord de l'appui du réseau de l'Université du Québec.
Une réunion des chefs d'établissement du réseau, prévue pour le
26 octobre, lui donne l'occasion de plaider sa cause. Le président
Claude Hamel, avec qui j'ai déjà évoqué la chose, donne le ton
aux discussions en indiquant d'une part que l'Université du
Québec doit se déclarer favorable, de façon générale, à la
proposition formulée par le ministre Ryan, en insistant toutefois pour que l'UQAM fasse l'objet d'un calcul distinct à l'étape
de la correction des bases et ce, d'autant plus qu'une telle
correction ne se fera qu'une seule fois... Le président et ses
collègues reconnaissent même qu'une telle démarche sera
avantageuse pour le ministre puisque, dans son état original, sa
proposition privilégie massivement les établissements
anglophones, ce qui peut se révéler embarrassant dans des tribunes moins feutrées que le milieu universitaire. Les dirigeants
du réseau se sentent aussi tenus d'honorer l'entente qu'ils ont

conclue avec l'UQAM, un an plus tôt, entente qui confère à l'UQAM le statut d'université associée dont l'un des éléments principaux est l'assurance d'un financement établi selon les règles que le ministère applique à toutes les universités. L'accord du réseau pour un redressement de la base de l'UQAM étant obtenu, il faut maintenant en convaincre les autres universités québécoises. Ce sera une entreprise particulièrement ardue.

Le 27 octobre 1988, le Comité exécutif de la Conférence des recteurs et principaux des universités du Québec tient, à Montréal, la première d'une série de réunions très difficiles et très laborieuses sur l'hypothèse dévoilée une semaine plus tôt par le ministre Ryan.

Le président de la CREPUQ, le recteur Gilles Cloutier de l'Université de Montréal, développe dès le début de la réunion une thèse dont il s'efforcera méthodiquement, pendant plusieurs semaines, de convaincre ses collègues. Pour lui, l'hypothèse proposée par le ministre Ryan offre une solution raisonnable aux deux facettes indissociables du problème du financement des universités: le niveau des fonds et la formule de partage. Les universités ont tout intérêt à donner leur accord général à la formule de partage des subventions, si elle est accompagnée de l'injection de 100 millions de dollars supplémentaires. Même si les universités peuvent juger qu'il faudrait, en fait, de 125 à 150 millions supplémentaires pour vraiment résoudre leur sous-financement, la proposition du ministre constitue une occasion qu'il faut saisir au vol, quitte à insister auprès du gouvernement pour que, les 100 millions neufs étant acquis dès 1989-1990, il fasse des efforts supplémentaires au cours des années ultérieures. Aux yeux du président de la CRÉPUQ, un consensus solide des universités autour de la proposition donne au ministre Ryan de très bons arguments auprès du Conseil des ministres; au contraire, selon Cloutier, si les universités posent trop de conditions ou tardent trop à faire consensus, elles priveront le ministre d'un argument décisif et perdront sur tous les tableaux : niveau de financement, formule de répartition et crédibilité auprès du gouvernement et de l'opinion publique, y compris celle de la communauté universitaire.

Le recteur Cloutier a déployé une thèse réfléchie aux yeux de plusieurs de ses collègues qui se disent prêts à l'endosser. Cependant, le début du consensus s'éloigne bien rapidement. Certains hésitent à signifier leur accord pour un redressement de 100 millions de l'enveloppe globale des universités. Ils craignent que, si le gouvernement finit par se rendre à 100 millions, il refuse d'aller plus loin. Or, le Conseil des universités a établi le sous-financement à un ordre de grandeur de 125 à 150 millions. Ils craignent surtout que, donnant leur accord à une formule de répartition particulière assortie de 100 millions de dollars supplémentaires, les universités se fassent imposer une formule de partage imparfaite avec des crédits neufs inférieurs à ce montant. Mais ce qui n'améliore pas la sauce pour un éventuel consensus, c'est l'intervention du président Hamel qui soumet à ses collègues la nécessité de corriger la base de financement de l'UQAM en calculant sa situation financière séparément du réseau de l'Université du Québec, pour cette seule fin. L'intervention de Claude Hamel, délicate et sereine, est suivie de celle du recteur Jacques Plamondon, de l'Université du Québec à Hull, qui l'endosse. Le terrain ainsi préparé, je signifie (sans doute de façon un peu moins feutrée que mes prédécesseurs immédiats) que l'UQAM n'endossera le consensus proposé par Gilles Cloutier que si la CRÉPUQ endosse la revendication de l'UQAM. Ces plaidoyers en faveur du redressement de la base de l'UQAM ont pour effet de faire s'allonger certains visages autour de la table. L'heure avance. Le président du Comité exécutif juge préférable d'interrompre les discussions qui ont duré tout l'après-midi et d'ajourner au début de la soirée. Il tient à un consensus et ne veut pas différer ses efforts pour y parvenir.

221

L'heure du dîner a-t-elle porté conseil? Lorsque la réunion reprend vers 20 h, Gilles Cloutier recommence sa démonstration en faveur d'un consensus ferme et rapide des universités autour de la proposition du ministre. Il insiste en exhortant ses collègues à voir les dizaines de millions de dollars en cause, pour ne pas dire les centaines, au cours des prochaines années, et à ne pas se laisser diviser par les quelques millions que représenterait une correction de la base de l'UQAM. Chacun y va de ses commentaires et apporte des pièces dont l'assemblage pourrait constituer le consensus. Plusieurs recteurs sont très tentés de souscrire à la position que défend Gilles Cloutier en signalant qu'un accord global à la proposition ministérielle est essentiel et que les universités doivent saisir l'occasion au vol. Mais deux recteurs déclarent que, si le consensus doit s'acheter au prix d'un accord avec la correction de la base de l'UQAM, il n'y aura pas de consensus quant à eux. L'un soutient que le sous-financement dont se plaint l'UQAM relève de la seule régie interne du réseau de l'Université du Québec; l'autre estime que la hausse des subventions évoquée par l'hypothèse du ministre n'atteignant pas le niveau de 120 à 150 millions, l'exigence de l'UQAM est trop onéreuse pour l'ensemble du réseau universitaire.

Il se fait tard. La discussion n'avance plus; les positions se durcissent. Le consensus, un moment entrevu, disparaît à l'horizon. Les recteurs se quittent désunis; tout au plus s'entendent-ils pour donner mandat à leur président de procéder, avec Claude Hamel, à des vérifications auprès du Ministère sur la possibilité d'accroître les fonds nouveaux et sur la recevabilité de la demande de l'UQAM.

Le Comité exécutif de la CREPUQ reprend ses discussions le 1er novembre. Depuis sa dernière rencontre, nombre de discussions bilatérales se sont déroulées entre les chefs d'établissement. Je cherche, pour ma part, à mesurer précisément les appuis dont l'UQAM peut bénéficier. Bien des réponses sont conditionnelles, mais il m'apparaît clairement que certains appuis sont certains et d'autres vraisemblables. Par ailleurs, le recteur Cloutier et le président Hamel ont pu s'entretenir avec le ministre Ryan; celui-ci est ouvert à l'idée d'examiner la demande de l'UQAM, mais ajoute qu'un accord de la CREPUQ faciliterait très considérablement les choses. Donc, retour à la case départ. Le président de la CREPUQ ouvre la discussion en rappelant ses analyses de la précédente réunion quant à l'extrême importance d'un consensus des universités sur la proposition du ministère de l'Enseignement supérieur et de la Science. Il presse ses collègues de considérer le bien commun de l'ensemble des universités, de ne pas miner leur crédibilité auprès du gouvernement et de l'opinion publique, de ne pas se braquer sur des positions rigides, de s'unir étroitement sur leurs intérêts communs. Ses propos se heurtent aux mêmes objections : il faudrait au moins 120 millions, le ministre Ryan s'est refusé à considérer l'UQAM séparément du réseau de l'Université du Québec, l'Université du Québec doit régler elle-même ses affaires financières sans transférer la facture à l'ensemble des universités, etc. Claude Hamel invoque la réaction positive du ministre à examiner la question de l'UQAM. D'autres rappellent que, si l'injection de fonds neufs atteignait 120 millions de dollars, il serait possible d'accommoder la demande de l'UQAM. Mais, réplique-t-on, il est irréaliste de parler d'un tel montant, du moins en une seule année; l'hypothèse de 100 millions neufs est elle-même fragile.

De toute évidence, la question de l'UQAM perturbe profondément la démarche de la CREPUQ. Mais ni le président Hamel ni moi-même ne pouvons y renoncer. À un moment, je m'autorise à dire en privé au principal de McGill, David Johnston, qui écoute beaucoup mais parle peu et dont l'établissement a beaucoup à gagner à la réalisation du projet du ministre : «*You should support UQAM. It would make your millions more palatable.»* La remarque est un peu crue; mais, j'ai le sentiment, et la suite le confirmera, qu'elle porte. Inlassablement, Gilles Cloutier revient à la charge, cajole et morigène tour à tour ses collègues, leur fait constamment valoir l'importance d'un consensus. Il se dit même sensible à la situation de l'UQAM; on pourrait considérer ce cas à la lumière du sort fait à l'ensemble de l'Université du Québec dans la proposition du ministre. Cela voudrait-il dire troquer une correction de la base de l'UQAM contre une réduction de l'aide financière aux établissements éloignés? Il n'entre pas dans cet aspect de la question ne voulant pas miner une partie du terrain sur lequel il cherche à construire un consensus, sous prétexte d'en consolider une autre.

Les obsédantes questions de l'UQAM et du niveau de la hausse globale du financement des universités refont constamment surface, comme deux rochers qui menacent de naufrage le frêle vaisseau qu'est devenu le Comité exécutif. Le recteur de l'Université Concordia, Patrick Kenniff, qui est sympathique à la revendication de l'UQAM, cherche à bien identifier la portée de l'opposition de certains. L'un lui déclare que la CREPUQ n'a pas à faire la leçon au ministre à ce sujet et qu'en fait, le ministre a décidé de ne pas s'occuper de l'UQAM; l'autre, qu'il attend toujours des arguments décisifs venant de l'UQAM et que, de toutes façons, il n'y a pas assez d'argent neuf. La majorité des membres présents préfère un consensus, dût-il comporter une référence à l'UQAM. Une référence, et non pas un appui catégorique : cette piste semble s'ouvrir au cours de la discussion et Gilles Cloutier s'empresse de s'y engager en s'efforçant d'y rallier la majorité de ses collègues. Voyant qu'il est inutile de prolonger la discussion, Cloutier propose à ses collègues d'ajourner et de lui confier le mandat d'écrire lui-même un projet de lettre qui exprimerait le consensus des universités. De guerre lasse, il obtient de ses collègues ledit mandat.

Gilles Cloutier entreprend donc ce qui fut sans doute l'un des travaux littéraires les plus frustrants de sa vie. Le 4 novembre, les membres du Comité exécutif reçoivent un projet de lettre dans lequel leur président tente de rassembler toutes les pièces d'un consensus. L'hypothèse du ministre doit absolument s'assortir d'un ajout de 100 millions de dollars à l'enveloppe globale des universités dès l'année 1989-1990; si l'accroissement du niveau de financement devait être inférieur à 100 millions, la CREPUQ ne pourrait plus appuyer l'ensemble de la démarche. En outre, l'appui donné par la CREPUQ suppose que le gouvernement poursuive au-delà de 1989-1990, pendant les deux années subséquentes, son effort de rattrapage vis-à-vis de la norme canadienne, puisque le sous-financement du réseau universitaire québécois est certainement supérieur au montant de 120 millions estimé par le Conseil des universités. Tous ces éléments sont de nature à amener un consensus chez les chefs d'établissement. Cependant, Cloutier fait un pas de plus qui dénote, chez lui, beaucoup de courage et de sens de l'équité. Il ajoute à sa lettre un paragraphe libellé ainsi :

> Au cours de nos discussions, la situation financière de l'Université du Québec à Montréal, qui se trouve défavorisée à l'intérieur de l'Université du Québec, a été soulevée. Nous avons convenu d'attirer votre attention sur cette question particulière.

Le paragraphe est plus important par son existence que par son libellé : il invite clairement le ministre à faire un geste en faveur de l'UQAM et ce, avec l'accord de l'ensemble des universités. Et c'est un projet de lettre ainsi enrichi que le président de la CREPUQ envoie à ses collègues en leur demandant leurs commentaires et en leur donnant rendez-vous une semaine plus tard.

Le projet de lettre que Gilles Cloutier a rédigé en homme de bonne volonté, résolu à rallier ses pairs à un consensus qu'il

225

juge essentiel au bien-être commun à long terme de l'ensemble du réseau universitaire québécois, fait l'objet, dans les universités, de minutieuses analyses sémantico-politiques. Certains veulent retrancher un mot ou l'autre du projet, quand ce n'est pas une phrase entière, ou substituer un terme à l'autre. Pour ma part, j'essaie de renforcer le texte du paragraphe consacré à l'UQAM, multipliant les échanges avec ceux de mes collègues, que je sais sympathiques, pour voir jusqu'à quel degré de précision peut aller leur accord. Le 10 novembre, ayant reçu la réaction de tous ses collègues, Cloutier juge préférable de reporter de quelques jours la réunion prévue pour le lendemain. Connaissant seul les réticences ou les exigences des uns et des autres, il écrit à ses collègues qu'il a toujours «bon espoir que nous puissions arriver à un consensus sur la stratégie de réaction à la proposition du ministre Ryan». Armé de la conviction inébranlable que les universités doivent à tout prix saisir l'occasion unique que constitue l'hypothèse du ministre, le recteur Cloutier parle méthodiquement à ses collègues et pratique avec détermination l'art de tordre les bras pour arracher à chacun son consentement.

Le 17 novembre, Cloutier convoque ses collègues en conférence téléphonique pour faire le point. Il se montre de plus en plus inquiet devant les effets d'une absence de consensus et pousse chacun à dire le fond de sa pensée. Un recteur se disant prêt à voir le consensus se réaliser sans lui, Cloutier refuse catégoriquement une telle possibilité; voyant que des obstacles subsistent et retiennent l'un ou l'autre des chefs d'établissement sur des positions qui éloignent encore le consensus, Cloutier annonce qu'il enverra une lettre au ministre l'informant que les universités sont incapables de s'entendre sur une réaction commune à ses propositions. Le geste amène rapidement les membres du Comité exécutif à se réunir encore une fois, en personne aux bureaux de la CREPUQ, le 23 novembre.

Les quelques jours qui nous séparent de notre prochaine discussion me permettent de constater que les appuis et les oppositions à la demande de l'UQAM se solidifient de part et d'autre. Le réseau de l'Université du Québec demeure solidaire de sa constituante de Montréal; Gilles Cloutier est toujours prêt à l'appuyer; le principal Johnston de McGill et le recteur Kenniff de Concordia, largement avantagés par la partie de l'hypothèse ministérielle consacrée à la correction des bases, appuient toujours l'UQAM. À cet égard, je suis très satisfait et enclin à penser que la solidité des appuis dont bénéficie l'UQAM pourra lui en valoir d'autres. Entre-temps, me paraissent plus préoccupantes, des informations selon lesquelles les hauts responsables du ministère de l'Enseignement supérieur et de la Science tiendraient l'UQAM seule responsable de l'incapacité de la CREPUQ d'appuyer l'hypothèse ministérielle.

La réunion du Comité exécutif de la CREPUQ, le 23 novembre, ne parvient pas plus que les précédentes à un consensus, même si le président a rédigé un nouveau projet de lettre qui s'efforce d'intégrer toutes les suggestions qu'il a reçues, notamment sur la portée d'un redressement du niveau de financement du réseau universitaire, qui devrait atteindre 200 millions. Aussi, Gilles Cloutier doit se résoudre à écrire au ministre Ryan, le 1er décembre, pour lui avouer qu'il n'a pas été possible d'«en arriver à un consensus sur une réaction commune que nous aurions voulu vous présenter au nom de l'ensemble des établissements universitaires québécois». Le président de la CREPUQ se désole de cet état de fait mais il a au moins la certitude que, pendant cinq semaines, il a tout mis en œuvre pour persuader ses collègues de l'importance d'un consensus

Pour l'UQAM, avec le manque de consensus des universités se dissipe aussi l'appui qu'une majorité des chefs d'établissement s'apprêtait à lui apporter. Mais tout n'est pas perdu; plusieurs chefs d'établissement, dont Gilles Cloutier et

Claude Hamel, sont convaincus que le réseau universitaire ne peut tout bonnement laisser le ministre Ryan se débrouiller seul avec le Conseil des ministres à propos du niveau de financement réservé aux universités. Plusieurs d'entre eux tiennent aussi à la mise en œuvre des nouveaux paramètres de répartition des crédits incorporés à la proposition ministérielle. Aussi, pendant les premiers jours de décembre 1988, de multiples discussions entre membres du Comité exécutif de la CREPUQ permettent d'entrevoir des possibilités d'action commune impliquant, sinon toutes les universités et, de ce fait, la CREPUQ elle-même, du moins une importante majorité des établissements.

Ces possibilités se cristallisent enfin, le 9 décembre, dans une lettre préparée à nouveau par Gilles Cloutier à l'intention de Claude Ryan. Pour bien marquer que cette lettre n'implique pas la totalité des universités ni, par conséquent, la CREPUQ elle-même, elle est rédigée sur deux feuilles de papier ne portant aucune identification institutionnelle. Par cette lettre, les établissements signataires acceptent les «principes et les objectifs» généraux de la proposition du ministre Ryan. En outre, rappelant que le sous-financement du réseau universitaire «est de beaucoup supérieur au montant de 100 millions de dollars que vous retenez dans votre hypothèse» et qu'il est en réalité double, les signataires confirment au ministre que leur accord avec la méthodologie de répartition des subventions aux universités est conditionnel, d'une part, à une augmentation des subventions de 100 millions de dollars en 1989-1990 et, d'autre part, à un engagement du gouvernement du Québec «à poursuivre le rattrapage de financement vis-à-vis de la norme canadienne au cours des deux prochaines années». Par-delà ces commentaires, les signataires de la lettre endossent enfin la «clause UQAM», cet appui à l'UQAM qui a contribué à faire avorter le consensus, clause ainsi libellée :

228

Dans le cadre de nos discussions sur le financement de l'Université du Québec, il est apparu que l'Université du Québec à Montréal se révèle sous-financée de façon significative quand on lui applique spécifiquement le mode de calcul de révision des bases proposé dans votre document. Nous avons convenu de la nécessité d'attirer votre attention sur cette question particulière.

Cette clause UQAM trouve ainsi un libellé plus clair et plus ferme que dans le premier projet de lettre de Gilles Cloutier. Sept chefs d'établissement signent la lettre et confirment leur appui à l'UQAM : outre Claude Hamel et moi-même, ce sont Gilles Cloutier, Roland Doré (École Polytechnique), David Johnston (McGill), Patrick Kenniff (Concordia) et Hugh Scott (Bishop's). Après plusieurs semaines d'efforts intenses pour obtenir un tel appui des autres universités à la cause du redressement de la base de l'UQAM, appui qui s'ajoute à celui réitéré du Conseil des universités au cours des années précédentes, ce dénouement me satisfait beaucoup.

Il faut maintenant attendre que le gouvernement québécois arrête son budget pour 1989-1990 et réponde lui-même aux propositions du ministre Ryan. L'attente sera longue. À plusieurs reprises, ensemble ou séparément, Claude Hamel et moi-même intervenons auprès du ministre pour lui rappeler le dossier de l'UQAM. Mais l'attente sera très longue, presque une autre année.

Une correction à 26 %...

Le 16 mai 1989, le ministre des Finances, Gérard-D. Lévesque, prononce le discours du budget de 1989-1990. Les élections ne sont pas très loin dans le temps. Aussi les universités espèrent être également bénéficiaires de la mansuétude qui gagne normalement les ministres des finances à cette période dans la vie d'un gouvernement. De fait, avec un large sourire, le ministre des

229

Finances, annonce que son collègue de l'Enseignement supérieur et de la Science pourra ajouter pas moins de 66 millions de dollars à l'enveloppe des subventions universitaires; c'est une première étape, dit le ministre des Finances; elle annonce des «sommes plus importantes qu'il sera possible de déterminer plus tard en tenant compte des disponibilités financières de l'État». Le gouvernement tient aussi à cibler les sommes qu'il dégage pour les universités : ainsi, 19 millions sont destinés à corriger les bases des universités sous-financées, 21 millions à la recherche et 15 millions sont réservés à «axer la formation sur l'excellence et les besoins de l'économie».

Le premier moment d'euphorie passé, les universités examinent plus attentivement les nouveaux crédits que leur accorde le budget gouvernemental. Cet examen conduit les universités à tempérer vivement leur euphorie. Des 66 millions, il faut d'abord en retrancher 6 millions qui vont au Fonds FCAR, lequel finance non pas les établissements mais les projets de recherche de leurs professeurs. Mais les 60 millions qui restent ne sont pas totalement des fonds neufs : en 1988-1989, deuxième année du plan transitoire de financement, les universités bénéficiaient déjà de 39 millions à caractère non permanent; comme ces 39 millions sont reconduits dans le budget de 1989-1990, en réalité le gouvernement n'ajoute que 21 millions de dollars vraiment neufs aux subventions universitaires. Pour les établissements, qui estiment leur sous-financement à un montant d'au moins 150 millions et qui ont pressé le gouvernement d'accroître leur financement d'au moins 100 millions en 1989-1990, la déconvenue est désolante pour ne pas dire amère. Toutes les grandes manœuvres menées depuis la Commission parlementaire de l'automne 1986, particulièrement l'offensive conjointe déployée depuis un an en association avec le milieu des affaires, tout cela et les propres efforts du ministre de l'Enseignement supérieur et de la Science n'aboutissent qu'à une hausse nette de 21 millions pour 1989-1990, par rapport au niveau de 1988-1989, lequel ne marquait qu'un progrès de 29 millions (ou 40 en 1987-1988), par rapport aux années de référence antérieures où le sous-financement dépassait déjà largement les 100 millions de dollars. Le 23 mai 1989, le président de la CREPUQ proteste vivement auprès du Premier ministre lui-même contre le sort fait aux universités. Mais le gouvernement a beaucoup de monde à satisfaire et, comme le dira aux universités le ministre Ryan, les universités reçoivent à peu près le quart de la marge de manœuvre que le gouvernement a réussi à dégager pour 1989-1990. Certains recteurs qui, au moment de la discussion des propositions du ministre, en octobre et novembre 1988, hésitaient à appuyer ces propositions sans avoir l'assurance d'un accroissement significatif (100 ou 120 millions au moins) des subventions, qui craignaient surtout d'approuver une méthode de répartition sans crédits suffisants, constatent maintenant que leurs appréhensions étaient fondées. Car une majorité des universités a appuyé la formule de répartition des subventions à des conditions que le gouvernement n'a pas respectées. L'UQAM, pour sa part, est sensible à ces préoccupations; mais elle s'inquiète surtout de savoir si sa base de financement sera corrigée; quand la CREPUQ se plaint auprès du premier ministre, je m'efforce, par une argumentation soigneusement élaborée avec mes collègues, de convaincre une dernière fois le ministre Ryan de régler le problème de sous-financement de l'UQAM.

Une quinzaine de jours après le discours du budget, le 1er juin, Claude Ryan convoque à Québec les membres du Comité exécutif de la CREPUQ pour discuter d'un ensemble de questions dont, en particulier, le partage des 60 millions disponibles pour les universités (les 39 millions de 1988-1989 reconduits pour 1989-1990 et les 21 millions neufs). C'est l'heure de vérité, pour l'UQAM comme pour toutes les universités, après presque une décennie de discussions et d'analyses de la formule de partage des subventions entre les universités. Enfin, les universités sauront comment le ministre donnera suite, pour 1989-1990 et, aussi, pour un nombre indéterminé d'années futures, à ses hypothèses concernant les paramètres de la formule de financement. Enfin, l'UQAM saura si ses réclamations des dix dernières années quant à sa base de financement auront porté fruit.

D'après les décisions budgétaires annoncées par son collègues des Finances, le ministre de l'Enseignement supérieur et de la Science doit partager entre les universités trois enveloppes spécifiques de crédits nouveaux :

• une enveloppe de 15 millions de dollars pour «axer la formation sur l'excellence et les besoins de l'économie».

Cette intention gouvernementale apparaît peu opération-nelle au ministre Ryan car la discussion sur les indicateurs de performance est loin encore d'une conclusion et parce que «les diverses qualifications acquises à l'université sont, d'une façon ou de l'autre, reliées à l'économie[69]». Faute, donc, d'une méthodologie appropriée pour répartir cette somme, le ministre propose de la partager entre les établissements au *prorata* de leurs dépenses révisées. Pour l'UQAM, cela signifie un ajout de 1,8 million.

• une enveloppe de 21 millions pour compenser les frais indirects de recherche.

Le ministre propose une approche qui distingue la recherche biomédicale des autres types de recherche et qui fait la moyenne des trois années 1984-1985, 1985-1986 et 1986-1987. Cela rapporte environ 800 000 $ à l'UQAM, le tiers du montant alloué au réseau de l'Université du Québec. Sur ce point, il n'y a pas grand-chose à espérer pour les jeunes universités où l'effort de recherche est en plein développement.

• une enveloppe de 19 millions pour certains établissements sous-financés.

Voici l'enveloppe dont l'UQAM attend avec anxiété la répartition, car c'est ici qu'elle réussira ou échouera dans ses efforts pour faire corriger le sous-financement historique dont elle se plaint depuis au moins une décennie.

Le ministre annonce vite et clairement ses couleurs : «Le partage de ces 19 M $ pourrait être effectué de bien des façons. J'ai décidé qu'il fallait s'inspirer le plus possible du document d'octobre (1988) et tenir compte des recommandations qui m'avaient été faites[70]» incluant, j'imagine, mes propres recommandations, réitérées, insistantes et appuyées par une demi-douzaine de chefs d'établissement. Qu'est-ce à dire? Trois choses :

a) trois établissements en région (UQ à Chicoutimi, à Rimouski et en Abitibi-Témiscamingue) reçoivent un montant de 2,162 millions de dollars, exactement le montant prévu dans la proposition ministérielle du 20 octobre 1988. Pour l'UQAM, cette décision ne peut pas être mise en cause : ce serait provoquer une guerre tout à fait inutile au sein du réseau de l'Université du Québec. *Mais elle apparaît bien cruelle et injuste pour l'UQAM : en effet, le ministre qui a jugé que l'Université du Québec figure parmi les universités «surfinancées» lui accorde un redressement financier pour ses trois établissements en région alors qu'il lui refuse de faire de même pour l'UQAM dont le sous-financement est pourtant clairement établi par sa propre méthodologie.*

b) pour McGill, Concordia, Bishop's et l'École des HÉC, les «quatre universités dont le financement est inférieur à la moyenne, la solution à leur problème de sous-financement nécessiterait des sommes plus importantes que celles qui peuvent leur être consenties. C'est pourquoi, dans cette première étape annoncée par le gouvernement, je suggère que 50 % du montant prévu leur soit accordé. Il s'agit là de 11 373 000 $[71]». Le ministre ne déroge pas de son hypothèse d'octobre 1988. Il refuse de considérer la situation de l'UQAM malgré les représentations, les démonstra-tions, toutes les justifications, y compris l'invitation de la majorité des universités québécoises à accorder son atten-tion à cette question particulière.

c) il reste, des 19 millions, un solde de près de 5,5 millions pour «divers cas particuliers qui sont encore à l'étude [...] Les cas en suspens, soit le réseau de l'Université du Québec, HÉC et Sherbrooke, seront examinés soigneusement dans les tout prochains mois[72]». L'UQAM n'est pas certaine de figurer dans ces «cas particuliers», du moins tels qu'ils étaient identifiés dans le document ministériel d'octobre 1988; mais, elle s'accrochera avec l'énergie du désespoir à cette ultime possibilité.

Le ministre conclut sa présentation au Comité exécutif de la CREPUQ en annonçant qu'il se donne l'été pour entendre les commentaires des universités et pour «régler les cas particuliers». Sur les 60 millions de dollars qui doivent être distribués entre les universités, l'UQAM recevra au moins 2,6 millions; c'est bien peu, encore une fois; mais il reste un ultime espoir, les 5,5 millions réservés aux «cas particuliers». L'UQAM entreprend de nouvelles représentations, dont une démarche de sa Fondation représentée par son président Pierre-J. Jeanniot (alors président d'Air Canada), auprès du ministre pour l'amener enfin à faire un geste significatif en sa faveur, tout en continuant à plaider auprès des fonctionnaires du ministère. Pouvions-nous faire plus? Aurions-nous pu faire plus depuis la fin des années 70? L'UQAM aurait-elle dû pratiquer méthodiquement la «délinquance administrative» pour forcer la main du gouvernement?

Durant l'été et une partie de l'automne 1989, les services du ministère de l'Enseignement supérieur et de la Science s'emploient à parfaire le projet de répartition annoncé par Claude Ryan le 1er juin. Il faut travailler en particulier la méthodologie de calcul des frais indirects de recherche pour allouer les subventions réservées à cette fin et aussi examiner plus en profondeur les «cas particuliers» laissés en suspens en juin, pour lesquels le ministre a conservé une réserve sur les 19 millions destinés à corriger les bases des universités sous-financées. Le 2 novembre 1989, le ministre Ryan rencontre à nouveau le Comité exécutif de la CREPUQ. La réunion débute différemment de celle de juin. En effet, si à cette occasion le ministre avait remis aux recteurs un document d'une quinzaine de pages pour expliquer en détail comment il proposait de partager les 60 millions mis à la disposition par le budget du gouvernement pour 1989-1990, cette fois tout se fait de vive voix, excepté pour un tableau de chiffres qui est distribué après les annonces ministérielles.

Le ministre confirme d'abord que la subvention à trois établissements en région de l'Université du Québec demeure inchangée (2,162 millions). Il identifie ensuite des modifications techniques mineures au partage des 21 millions destinés au soutien des frais indirects de recherche. Il précise aux quatre établissements officiellement reconnus comme sous-financés que la correction de leur base passe de 50 à 56 %. Puis, il aborde les «cas particuliers» laissés en suspens en juin 1988. Sans s'embarrasser d'explications ou même d'indications méthodologiques, le ministre distribue la réserve qu'il avait constituée en juin. L'Université de Sherbrooke reçoit une correction de 600 000 $ de sa base de financement (en particulier pour sa faculté de médecine). L'École des Hautes Études Commerciales, déjà bénéficiaire d'une correction de sa base à 56 % (ce qui représente 897 000 $ récurrents) se voit gratifiée d'une correction de base supplémentaire de 1 million de dollars, sans doute parce que la subvention *per capita* attribuée aux étudiants en sciences administratives est la plus basse des 11 secteurs disciplinaires et que les HÉC n'ont d'étudiants que dans ce secteur disciplinaire. (Mais d'autres universités ont aussi des étudiants en Sciences administratives – et l'UQAM en a beaucoup – qui sont aussi mal financés, cela ne justifie-t-il pas aussi une correction? La question n'a reçu réponse ni ce jour-là ni jamais depuis.) Enfin, le ministre attribue à l'Université du Québec 2,8 millions pour ses propres «cas particuliers»; et, sur ce montant, 1,2 million est réservé à l'UQAM, présumément pour sa base. Est-ce parce qu'il a lu une immense déception sur mes traits que le ministre ajoute laconiquement (à 15 h 37 cet après-midi-là, si j'en crois mes notes de cette rencontre) : «Pour vraiment corriger la base de l'UQAM, il eût fallu de 4 à 4,5 millions de dollars?» Mon regard lui a confirmé la justesse de son propos.

Mais il y a d'autres sujets à débattre ce jour-là, qui intéressent intensément mes collègues, dont la hausse prochaine des droits de scolarité. Le reste de la rencontre y passe et il m'est impossible de faire quoi que ce soit pour l'UQAM.

En février 1990, le Conseil des universités cautionne prudemment le projet de répartition mis au point par le ministre en lui suggérant des corrections méthodologiques. Mais le Conseil ne souffle mot de l'UQAM. Pour l'année 1990-1991, le Ministère réussit à corriger à 100 % la base de financement des quatre universités McGill, Concordia, Bishop's et HÉC.

À ce jour, la base de financement de l'UQAM n'est toujours corrigée qu'à 26 %.

Le mur de l'inquité

Depuis novembre 1989, le dossier de correction de la base de financement de l'UQAM se heurte à un mur d'indifférence et de refus auprès du gouvernement du Québec. Ni les hauts fonctionnaires ni la ministre Lucienne Robillard, qui a succédé à Claude Ryan, n'ont voulu considérer le problème ni poursuivre le travail que ce dernier avait entrepris à l'égard de l'UQAM. Les démonstrations les plus rigoureuses, les plaidoyers les plus passionnés se sont invariablement heurtés à un mur d'indifférence et de refus. Jamais il n'a été possible à l'UQAM de faire admettre par le ministère l'incohérence de la position qu'ils s'obstine à tenir. Car aux demandes répétées de l'UQAM de poursuivre et de compléter la correction de sa base de financement, il lui est toujours répondu de se référer à l'Université du Québec et non au ministère. Mais cette réponse est parfaitement incohérente. En effet, si l'Université du Québec était surfinancée en 1988, comment le ministère pouvait-il accroître son financement de 2,162 millions pour ses établissements en région? La cohérence aurait justifié qu'on la force à mieux répartir ses ressources. Mais dès lors qu'on ajoute au financement de base de l'UQ, en dépit de son surfinancement, pour ses établissements en région, comment peut-on invoquer ce même surfinancement pour lui refuser un ajout budgétaire pour sa constituante montréalaise dont le sous-financement est clairement établi par la propre méthodologie du ministère? De plus, dès lors que le ministère choisit de corriger les bases de quatre établissements sous-financées, non pas en réduisant le surfinancement des autres mais en ajoutant des crédits neufs, comment le ministère peut-il exiger de la seule Université du Québec qu'elle fasse ce qu'il se refuse lui-même de faire, c'est-à-dire d'enlever à ses unités surfinancées des fonds destinés à corriger le sous-financement de l'UQAM?

En référant constamment, depuis 1989, l'UQAM à l'Université du Québec pour une correction de sa base, le ministère de l'Éducation du Québec se cantonne carrément dans l'incohérence et dans l'iniquité à l'endroit d'un établissement universitaire québécois. Cette obstination à perpétuer l'incohérence et à refuser de répondre de façon logique devient de la mauvaise foi. Or, il s'agit ici de fonds publics et, depuis 1989, le ministère responsable de l'enseignement supérieur refuse d'accorder à une université publique des fonds qui devraient lui être accordés pour son fonctionnement et ce, en vertu de la propre méthodologie qu'emploie ce ministère pour partager les subventions gouvernementales destinées aux universités. Tant comme membre de l'UQAM que comme citoyen, je juge cette incohérence scandaleuse et injuste. Mais comment faire entendre raison au Pouvoir lorsqu'il choisit de s'emmurer dans la surdité? Faut-il se faire justice soi-même au mépris de l'éthique et de la prudence?

Cette histoire de la recherche inachevée d'un financement gouvernemental équitable par l'UQAM illustre bien pourquoi la communauté de l'UQAM demeure animée par le sentiment d'être la victime d'une éternelle iniquité. Cette histoire illustre aussi comment les pouvoirs publics peuvent être mesquins et injustes à l'égard d'institutions qu'ils ont eux-mêmes créées et comment, sous les apparences de la rationalité et de la vigueur méthodologiques, des choix irrationnels et incohérents peuvent venir gauchir l'allocation des fonds publics. La correction de base encore réclamée par l'UQAM dans le cadre de l'opération de redressement du financement des universités amorcée par le ministre Claude Ryan en octobre 1988, soit 3,4 millions de dollars, représente moins de 1,5 % du budget annuel de fonctionnement de l'Université; cette somme est une poussière dans le budget du réseau universitaire, qui avoisine 2 milliards par année; mais cette correction est devenue la condition de l'équité minimale due à un établissement universitaire public par le gouvernement qui l'a créé. Entre-temps, l'injustice perdure année après année et personne au ministère de l'Éducation ne peut fournir une réponse rationnelle à la demande pourtant justifiée de l'UQAM. À celle-ci s'impose encore une longue et tenance patience. À celle-ci se présente constamment la tentation de se faire justice elle-même. Et comment convaincre les autorités de faire preuve d'équité?

Notes

1. L'UQAM, Vice-rectorat à l'administration et aux finances, *La situation financière de l'UQAM : un essai de prospective*, avril 1978, p. 4-5.

2. UQAM, *Mémoire à la Commission d'étude sur les universités*, juin 1978, p. 73-74.

3. UQAM, Vice-rectorat à l'administration et aux finances, *Op. cit*, p. 5.

4. UQAM, *Mémoire ...*, p. 70-71.

5. *Ibid*, p. 37.

6. *Ibid*, p. 40.

7. UQAM, *Mémoire à la Commission parlementaire de l'éducation et de la main-d'œuvre de l'Assemblée nationale*, octobre 1984, p. 6.

8. *Ibid.*

9. *Ibid.*, p. 37.

10. *Ibid.*, p. 38.

11. *Ibid.*, p. 39.

12. *Ibid.*, p. 16.

13. *Ibid.*, p. 31.

14. *Ibid.*, p. 19-22.

15. UQAM, *Mémoire à la Commission parlementaire de l'éducation sur le financement universitaire*, 23 juin 1986, p. 25.

16. *Ibid.*, p. 27.

17 *Ibid.*, p. 28.

18. *Ibid.*, p. 30.

19. *Ibid.*, p. 31.

20. *Ibid.*, p. 33.

21. *Ibid.*, p. 29.

22. *Ibid.*, p. 41.

23. *Ibid.*, p. 45.

24. *Ibid.*, p. 46.

25. *Ibid.*

26. *Ibid.*, p. 47.

27. *Ibid.*

28. Claude Ryan, propos tenus à la Commission parlementaire de l'éducation, le 30 septembre 1986 à 15 h 30.

29. *Ibid,* 16 h.

30. *Ibid.*

31. Claude Ryan, propos tenus à la Commission parlementaire de l'éducation, le 21 octobre 1986 à 12 h 40.

32. *Ibid.*, 12 h 45.

33. *Ibid.*, 12 h 50.

34. *Ibid.*, 12 h 55.

35. *Ibid.*, 13 h 15.

36. UQAM, *Requête de l'Université du Québec à Montréal au ministre de l'Enseignement supérieur et de la Science concernant le financement de l'UQAM*, 24 février 1987, p. 1.

37. *Ibid.*, p. 2.

38. *Ibid.*, p. 5.

39. Conseil des universités, *Le financement du système universitaire, pour l'année 1987-1988*, avis n° 86.23, p. 21.

40. *Ibid.*, p. 29-30.

41. *Ibid.*, p. 31.

42. Conférence des recteurs et des principaux des universités québécoises, *Le financement des universités : éléments de problématique et principes*, décembre 1987, p. 5.

43. CREPUQ, *ibid.*, p. 6.

44. Conseil des universités, *Le financement du réseau universitaire en 1988-1989*, avis n° 88.3, p. 6.

45. *Ibid.*, p. 7-11.

46. *Ibid.*, p. 11.

47. *Ibid.*, p. 13.

48. *Ibid.*, p. 14.

49. *Ibid.*, p. 42.

50. *Ibid.*, p. 43.

51. Conférence des recteurs et des principaux des universités québécoises, *Le financement universitaire. Après deux années de transition l'heure est à la décision.* Mémoire présenté au Premier ministre du Québec, 13 février 1989.

52. Conseil des universités, *Pour une nouvelle politique de financement du réseau universitaire québécois*, avis n° 88.5, p. 25-26.

53. *Ibid.*, p. 31-32.

54. *Ibid.*, p. 52.

55. *Ibid.*, p. 53.

56. *Ibid.*, p. 54.

57. Ministère de l'Enseignement supérieur et de la Science, *Révision des bases et du niveau de financement des universités du Québec. Hypothèse pour fin de consultation*, 20 octobre 1988, p. 2.

58. *Ibid.*

59. *Ibid.*

60. *Ibid.*, p. 5.

61. *Ibid.*

62. *Ibid.*, p. 6.

63. *Ibid.*

64. *Ibid.*

65. *Ibid.*, p. 7.

66. *Ibid.*, p. 8.

67. *Ibid.*, p. 2.

68. *Notes pour la rencontre de monsieur Claude Ryan et de l'Exécutif de la CREPUQ*, le 1er juin 1989, p. 13.

69. *Ibid.*, p. 7.

70. *Ibid.*, p. 8.

71. *Ibid.*

CROISSANCE DANS LA FIDÉLITÉ

À compter des années 80, notamment à partir de la fin de 1983, avec la nomination d'une nouvelle doyenne des études avancées et de la recherche, la psychologue Monique Lefebvre, l'UQAM s'engagea dans un effort très vigoureux de développement des études avancées et de la recherche, en particulier de la recherche subventionnée. Cet effort bouscula quelques habitudes institutionnelles et inquiéta une partie de la communauté qui craignait un changement de cap irrespectueux des valeurs fondatrices de l'UQAM. L'idée de concurrencer les universités établies sur leur propre terrain, celle d'adopter des manières de faire perçues comme étrangères à la tradition de l'UQAM créèrent des tensions dans l'Université. Les changements appuyés par la direction suscitaient des résistances dans certains milieux.

Il m'a semblé nécessaire de contribuer aux débats en rappelant que, depuis ses débuts, l'UQAM avait aspiré non seulement à être une université accessible, mais une université à part entière, assurant aussi la formation à la maîtrise et au doctorat et pratiquant la recherche et ce, dans un contexte où, concédant le premier cycle à l'UQAM, beaucoup de milieux universitaires québécois auraient voulu y confiner la nouvelle université.

J'ai profité de la traditionnelle allocution prononcée par le recteur à la rentrée d'automne pour rappeler à la communauté de l'UQAM, le 17 octobre 1988, combien était ancienne notre volonté institutionnelle d'intervenir aux études avancées et en recherche. J'extrais du texte de cette allocution, qui était aussi un premier bilan des vingt années vécues à ce jour par l'UQAM, l'analyse des prises de position et des actions successives par lesquelles l'UQAM a affirmé sa volonté d'être une université à part entière, en toute fidélité avec ses valeurs fondatrices. Cela révèle à la fois le mouvement de développement d'une institution et l'état des débats universitaires durant les années 70.

Certains ont contesté mon interprétation. Un collègue de longue date, historien de formation, m'a dit tout juste après mon allocution : «Tu es éloquent et convaincant. Mais je ne suis pas certain que tu sois un bon historien.» S'il est vrai que le métier de recteur est différent du métier d'historien, je ne désavoue pas ce texte de 1988; assurément, il avait des visées politiques dans les débats agitant à ce moment-là l'Université; cependant, rétrospectivement, ce texte me paraît aussi proposer des linéaments d'une histoire de l'UQAM. (Hormis quelques corrections stylistiques et la mise à jour des données du tableau 1, le texte n'a pas été modifié par rapport à celui de 1988.)

Dans quelques mois, l'UQAM aura exactement vingt ans. Le temps est venu de réfléchir à ce que nous avons fait depuis 1969. Si vous voulez bien m'accompagner, je vais vous livrer quelques réflexions en guise de bilan préliminaire pour qu'ensemble, au cours des mois qui viennent, nous puissions dresser un bilan commun. Comme plusieurs d'entre vous, j'ai vécu chacune des vingt années de l'histoire de l'UQAM. Nous étions souvent bien jeunes lorsque nous avons participé à la naissance de l'UQAM; plusieurs d'entre nous sont maintenant parvenus au milieu de leur vie; nous éprouvons le besoin de mesurer le chemin parcouru et d'évaluer notre fidélité à nos idéaux de jeunesse; nous nous demandons si nous avons bien employé ces deux décennies; et nous pouvons aussi nous demander où nous voulons aller, pour la suite des choses.

Je sais que certains et certaines d'entre nous s'interrogent sur ce que devient l'UQAM. Cela est normal et je ne m'en étonne pas. Plusieurs éprouvent aujourd'hui la nostalgie des débuts, alors que tout semblait possible. À l'aube des années 70, nous étions une chaude communauté universitaire, éparpillée dans des édifices de fortune, vibrant au rythme d'un Québec en pleine ébullition, tentant une foule d'expériences pédagogiques pour renouveler l'Université et mieux l'arrimer aux besoins sociaux. Nous mettions au monde une nouvelle université et nous voulions faire une université nouvelle. Je me souviens personnellement de ce grand *teach in* diffusé par Radio-Canada, un beau samedi après-midi de mai 1969, et qui parlait de l'«université utopique», quelques semaines avant l'ouverture de l'UQAM. Ces temps

247

nous paraissent maintenant bien lointains. Vingt ans ont passé. La société québécoise a changé, de nouvelles valeurs l'animent, de nouvelles priorités la sollicitent. Nous posons des questions comme lorsque l'on se retrouve à quarante ou à cinquante ans. J'entends, pour ma part, toutes sortes de questions sur le devenir de l'UQAM. Et je devine, en filigrane dans nos débats sur les dossiers actuels, des interrogations, des perplexités et parfois même des inquiétudes. Au risque de durcir exagérément les choses, je vais exprimer à voix haute ces questions. L'UQAM a-t-elle troqué son idéal d'être une université nouvelle, démocratique, accessible, permanente et populaire, ouverte au milieu, critique et prospective, contre le succès et la respectabilité? L'UQAM est-elle devenue une université comme les autres, obsédée par la course aux subventions et par le parti pris de la productivité? L'UQAM a-t-elle peu à peu renié son engagement social?

Personnellement, je ne crains pas de telles questions. Il est naturel qu'une jeune université qui doit se faire une place au soleil et affirmer son identité se pose de telles questions; pour y voir clair, pour ma propre gouverne, je me suis livré à quelques recherches sur notre passé. Ainsi, j'ai lu et relu plusieurs documents majeurs que nous avons élaborés ensemble depuis 1969 : nos plans de développement, nos principaux mémoires au Conseil des universités, nos prises de position importantes. Et je veux aujourd'hui vous soumettre quelques idées qui se dégagent du discours que nous avons élaboré ensemble depuis vingt ans.

Il me semble que le développement de l'UQAM, depuis 1969, fait preuve de continuité, de cohérence et de constance. L'UQAM a témoigné d'une grande fidélité à ses idéaux et à sa mission; elle a été capable et demeure toujours capable d'effectuer les adaptations que la conjoncture rend nécessaires, mais qui lui permettent de réaffirmer et de concrétiser sa mission propre. Je vous soumets l'idée que les développements de l'UQAM, au cours des années 80, réalisent fidèlement et efficacement les ambitions et les projets des années 70. Bien sûr, l'avenir réalisé n'est jamais identique à l'avenir planifié. La trajectoire suivie par l'UQAM a épousé une courbe particulière que nous ne pouvions prévoir précisément. Plusieurs projets ne se sont pas réalisés et des développements imprévus ont pris forme. Mais, je vous dis avec assurance que l'UQAM d'aujourd'hui a pleinement honoré les idéaux qui ont présidé à sa naissance.

L'Université du Québec à Montréal est née du vaste mouvement de réforme de l'éducation, l'un des titres de gloire de la Révolution tranquille québécoise des années 60. Avant même sa naissance, des objectifs précis ont été assignés à la nouvelle université. Constatant la sous-scolarisation des Québécois francophones et l'effet du *baby boom* de l'après-guerre, la Commission Parent a assigné à l'origine des objectifs précis à l'Université du Québec et à l'UQAM. «Il faut rendre accessible au plus grand nombre possible d'étudiants un enseignement qui soit en même temps de haute qualité.» Accessibilité et qualité de la formation furent ainsi liées dès le départ comme caractéristiques centrales de la mission de la nouvelle université. Mais dans le sillage de mai 1968, des valeurs de démocratisation, d'ouverture au milieu, de flexibilité, de décentralisation de la gestion accompagnèrent aussi la naissance de l'UQAM. Et la loi de l'Université du Québec donnait à la nouvelle institution un mandat complet d'enseignement et de recherche. Il s'agissait là d'un vaste programme. Vingt ans plus tard, il semble que ce programme ait constamment guidé l'UQAM dans son action. Cela peut être illustré en deux temps par l'analyse de la vision générale que l'UQAM a constamment défendue de sa place dans le réseau universitaire et par l'articulation qu'elle a faite de ses missions d'enseignement, de recherche et création et de service au milieu. Sans faire œuvre d'historien, je vous invite à considérer avec moi comment, au fil des plans institutionnels et de grandes prises de position publiques, l'UQAM, tout au long des années 70, a défini des orientations fondamentales que les années 80 ont permis de réaliser de façon très tangible.

En guise d'entrée en matière, quelques chiffres permettront de mesurer quantitativement le chemin parcouru.

Tableau 1
Quelques indicateurs sur l'UQAM

	1970-71	1980-81	1986-87	1992-93
Nombre d'étudiants	6 943	22 005	36 128	41 981
Pourcentage de femmes	45,4 %	49,8 %	54,5 %	59,7 %
Répartition par programmes				
Certificats	0 %	24,1 %	35,1 %	35,3 %
Baccalauréats	81,8 %	64,2 %	57,1 %	47,7 %
2ᵉ, 3ᵉ cycles	0,6 %	6,2 %	7,2 %	9,6 %
Diplômes décernés	165	4 124	5 956	9 124
Nombre programmes				
Total	53	122	166	170
2ᵉ, 3ᵉ cycles	3	29	43	53
Nombre de professeurs	414	656	878	950
Proportion de docteurs	25 %	54 %	60 %	73 %
Fonds de recherche	371 361 $	3 482 540 $	11 501 220 $	27 326 312 $

Ces chiffres parlent d'eux-mêmes: l'UQAM a réussi un formidable développement, malgré toutes les embûches qu'elle a trouvées sur son chemin. Ces chiffres suggèrent aussi autre chose : l'UQAM a réalisé un exceptionnel effort quant à l'accessibilité, la diversification des activités d'enseignement et des clientèles, la production de recherche et de création, quant au nombre et à la qualification de ses professeurs, à la qualité de ses réalisations.

Si, à sa naissance, l'UQAM était bien modeste et chétive, elle a réussi à croître et à pousser, elle est devenue, à vingt ans, une institution qui compte de plus en plus dans notre société. La première tâche de l'UQAM était de se bâtir et surtout de s'engager résolument dans la voie de l'accessibilité et de la qualité, de la nouveauté et de la crédibilité. L'UQAM a parfaitement employé ses deux premières décennies et nous pouvons en être fiers.

Les chiffres que j'ai cités sont éloquents. Mais je veux aller au-delà des chiffres. Je veux examiner comment, au cours des années 80, toute l'action de l'UQAM a été un effort continu, constant et cohérent pour réaliser ses projets et ses ambitions des années 70.

Vision générale de la place de l'UQAM dans la société

Dès ses origines, l'UQAM a affirmé sa volonté ferme d'être une université à part entière. Dès le premier plan quinquennal de développement (1971-1976), l'UQAM déclarait partager «l'ensemble des objectifs propres à toute institution d'enseignement supérieur[1]». Au départ, en se définissant comme une université permanente et populaire, ouverte au milieu, moderne et prospective, critique et créatrice, l'UQAM se reconnaissait habilitée, de par sa charte, à «développer des enseignements de premier cycle, d'études avancées et des activités de recherche, doctorales et postdoctorales dans les différents champs (...) où sa présence peut être un apport certain pour la société québécoise[2]».

Cette volonté initiale et durable d'être une université à part entière, l'UQAM a dû la défendre vigoureusement au fil des ans, non seulement par des prises de position fermes, mais surtout par un effort continu de développement qui nous sollicite et nous sollicitera encore.

En 1973, le Conseil des universités, dans ses propositions sur les grandes orientations des établissements, suggérait de baliser étroitement le développement de l'UQAM et de l'UQ. Il leur proposait comme priorité :

1. la consolidation des activités de premier cycle;
2. le développement de quelques activités de deuxième cycle dans les secteurs reposant sur un premier cycle de qualité;
3. l'accueil massif des clientèles à temps partiel;
4. la formation des maîtres[3].

De plus, le Conseil des universités se montrait fort parcimonieux dans la reconnaissance des champs disciplinaires où l'UQAM devrait œuvrer. L'UQAM a refusé cette vision étriquée de son développement. Elle a refusé d'être confinée au premier cycle, elle a refusé d'être exclue des sciences, elle a refusé d'être spécialisée, elle a réclamé d'être en mesure «d'intégrer des domaines d'études et de recherches hautement spécialisés[4]», elle a dénoncé l'«essai systématique de confiner les activités de l'institution au premier cycle[5]». Pour l'UQAM, toute tentative de «confiner certaines institutions dans des domaines restreints et prédéterminés» aurait eu pour effet d'«entraver l'équilibre fondamental et de compromettre le développement normal du système tout entier[6]».

En 1975, toujours en réponse au Conseil des universités, dans son *Rapport d'étape sur les orientations de l'enseignement supérieur québécois*, l'UQAM a précisé sa vision de son développement. L'UQAM, à cette époque, refusait de «voir son développement limité de façon arbitraire[7]». Elle précisait aussi les grandes caractéristiques d'un sain développement : reconnaissance d'axes de développement[8], refus d'une limite *a priori* au nombre d'étudiants[9], possibilités de développer des programmes de doctorat[10]. L'UQAM réclamait alors un champ d'action «potentiellement le même que celui de toute université[11]». Sans s'engager dans la croissance pour la croissance, l'UQAM affirmait que «la taille optimale de l'Université, pour autant qu'on puisse en déterminer une, n'est pas une prémisse, mais plutôt la résultante de divers facteurs[12]».

L'UQAM a confirmé encore sa volonté de constituer une université à part entière, dans le *Mémoire à la Commission d'étude sur les universités* de juin 1978. Elle était déjà consciente de la double pression s'exerçant sur elle, soit, «d'une part, la nécessité de se faire accepter par le public et par les organisations en place, selon des critères «traditionnels» (...) et d'autre part, l'obligation de se forger une personnalité et des pratiques distinctes selon les perceptions (...) des besoins sociaux qui en ont justifié la création à côté d'institutions déjà bien établies[13]». En 1978, nous déclarions collectivement :

> L'UQAM réaffirme qu'elle est une université à vocation générale et entière et qu'elle n'admet dès lors pas de limitation *a priori* à son développement horizontal ou vertical. Il ne s'agit pas pour elle de revendiquer un droit plus ou moins naturel à une expansion illimitée, mais plutôt de faire reconnaître le principe de son nécessaire développement, dans le cadre que lui fixent et son propre potentiel et l'enveloppe des ressources allouées à l'ensemble du réseau universitaire, équitablement réparties parmi les institutions[14]».

L'UQAM a aussi refusé «de vouloir bannir toute concurrence entre établissements par l'imposition d'aires d'activités protégées (...). Cela reviendrait à susciter et à perpétuer des monopoles au profit des établissements[15]». Les plans triennaux successifs ont confirmé la volonté de l'UQAM d'être une université à part entière.

Tout au long des années 70, donc, l'UQAM a refusé toutes les limites de principe qu'on voulait opposer à son développement. Elle a refusé qu'on lui impose *a priori* un nombre maximum d'étudiants, elle a refusé d'être limitée au premier cycle, elle a refusé d'être limitée à la maîtrise, elle a refusé d'être exclue de certaines disciplines ou champs d'études, elle a refusé d'être privée d'une fonction de recherche et de création, elle a refusé de n'être que spécialisée et complémentaire. Mais, elle n'a pas fait que refuser. Depuis ses débuts, l'UQAM a fait des choix clairs : une accessibilité généreuse; un large développement de disciplines et de champs d'études; un développement vertical au niveau de la maîtrise et du doctorat. Elle a choisi, outre ses axes disciplinaires originaux, de développer largement les sciences et les sciences appliquées, d'assumer une large activité de recherche et de création, d'être une université générale intégrée plutôt que d'être une collection limitée d'écoles professionnelles. Elle a choisi, surtout, d'être elle-même, tout en acceptant de concurrencer les autres universités sur leur propre terrain.

Ensemble, ces refus et ces choix ont tracé à l'UQAM un large programme d'action. Je crois, pour ma part, que tout notre développement des années 80 fut et demeure un effort constant pour réaliser ce programme farouchement défendu au cours des années 70. Nous voulions que l'UQAM soit une université à part entière et qu'elle soit reconnue comme telle. Toute notre action de développement a découlé de cette volonté fondamentale. Quant à la vision de la place de l'UQAM dans la société, nous avons été remarquablement fidèles à nos idéaux et nous avons développé l'UQAM avec beaucoup de continuité et de constance. Quand on me demande où l'UQAM s'en va, à cette question, je réponds qu'elle continue et qu'elle continuera à être une université à part entière. Et j'en suis très fier, comme vous l'êtes.

Articulation des missions institutionnelles :
enseignement, recherche, création, service aux collectivités

La continuité, la constance et la cohérence de notre action se retrouvent également dans l'articulation de nos missions institutionnelles d'enseignement, de recherche et de création et de service aux collectivités. À cet égard, également, le développement des années 80 est un effort soutenu pour réaliser nos ambitions des années 70. Certains ont eu l'impression que les récents développements ont mis en cause des valeurs fondamentales de l'UQAM, par exemple l'accessibilité. Je crois, au contraire, que ces développements, s'ils ne sont pas rectilignes, témoignent néanmoins d'une continuité et d'une cohérence profonde. Cela peut être démontré de différentes façons.

Par exemple, l'UQAM n'a jamais eu une vision simpliste de l'accessibilité. Au contraire, nous avons pris soin de situer l'accessibilité en référence à l'ensemble des activités universitaires. En se définissant, dès 1971, comme une université permanente et populaire, l'UQAM a fait de l'accessibilité un choix fondamental valable autant pour les études de 2e cycle que pour le premier cycle : «Généraliser l'idée de la fréquentation à temps partiel des 1er et 2e cycles pour une population d'âge moyen, plus avancé, sans limites purement utilitaires[16]». Cette idée ancienne est importante pour nos débats actuels : l'accessibilité vise tous les cycles d'études et non le seul premier cycle. Par ailleurs, très tôt, l'UQAM a compris que l'accessibilité mal comprise pourrait être un facteur de déséquilibre institutionnel. Ainsi, le Plan triennal 1976-1979 rappelait comment «une trop grande expansion du 1er cycle peut paralyser le département dans son développement vers les études avancées et la recherche[17]». Le même plan de 1976 signale l'importance de «prévoir et mettre en place les conditions nécessaires pour que la programmation des études avancées réponde à l'objectif d'éducation permanente, notamment sous son aspect accessibilité[18]». Et le Plan triennal 1979-1982 propose un effort important de développement des programmes de 2e et 3e cycles au nom même de l'accessibilité, puisque le «retard des Québécois francophones sur ce plan est davantage marqué au niveau des études avancées et du doctorat en particulier[19]». Depuis ses débuts, l'UQAM a recherché une accessibilité aux trois cycles d'études et non au seul premier cycle.

Il paraît également pertinent de rappeler comment la notion d'accessibilité a directement conduit à une préoccupation de la qualité. Le Rapport Parent avait au départ lié accessibilité et qualité. Le Rapport d'étape de l'UQAM au Conseil des universités reconnaissait en 1975 l'importance d'engager un vigoureux processus d'évaluation des programmes, tout en reconnaissant la complexité du processus[20]. Et je crois utile de citer cet extrait de notre *Mémoire de 1978* à la Commission d'étude sur les universités sur l'importance du contrôle de la qualité dans un établissement fondamentalement voué à l'accessibilité : «La mise en place et le maintien de mécanismes de contrôle de la qualité sont essentiels car ils favorisent une utilisation plus judicieuse des ressources consenties à l'Université et lui permettent de revendiquer l'autonomie indispensable à son épanouissement (...) Le contrôle constant qu'elle exerce sur ses activités et ses programmes lui permet de répondre en tout temps de ses actions et de ses orientations[21].» Les travaux que poursuivent présentement la sous-commission du premier cycle et la sous-commission des études avancées et de la recherche en matière d'évaluation des programmes d'études s'inscrivent directement dans les résolutions unanimes de la Commission des études lors de l'adoption du plan triennal 1979-1982[22].

Il me paraît donc important, à travers nos débats actuels, de rappeler que, depuis les débuts, notre Université, en privilégiant l'accessibilité, en a toujours refusé une conception simplificatrice. Notre Université a toujours cherché à rendre accessibles tous les cycles d'études; il fallait d'abord rendre accessible le premier cycle, mais, sans tarder, rendre aussi accessibles les études de maîtrise et de doctorat. Le développement des dernières années en matière d'études avancées s'inscrit donc dans des choix anciens que nous n'avons jamais trahis. De même, la notion de qualité s'est, dès le départ, trouvée intimement associée à celle d'accessibilité. L'évaluation des programmes réalise maintenant un développement voulu depuis plusieurs années.

L'investissement considérable que nous avons consenti au développement des études avancées, depuis la fin des années 70, résulte, bien sûr, de notre volonté de bâtir une université à part entière et de donner toute son amplitude à l'accessibilité. Mais, très tôt dans notre histoire institutionnelle, nous avons reconnu combien la qualité de la programmation de premier cycle et l'équilibre de notre développement exigeaient la mise en place rapide de maîtrises et de doctorats. Le Plan triennal de 1976-1979 est explicite à cet égard, en indiquant que le développement des programmes de 2e et 3e cycles répond à la fois à une «impulsion déjà amorcée depuis quelques années et à un désir, de la part des secteurs, de fournir aux étudiants de 1er cycle des compléments cohérents de formation[23]». Le Plan triennal de 1979-1982 fait du développement des maîtrises et des doctorats un moyen indispensable d'«assurer la qualité des enseignements de premier cycle à l'UQAM[24]».

L'essentiel de notre développement aux études avancées a résulté de la fougueuse et constante volonté des départements et du corps professoral d'être eux-mêmes à part entière et d'œuvrer à tous les cycles. Loin d'être le résultat d'une politique de prestige, le développement récent des études avancées surgit de la vie et de l'énergie profondes de toute notre Université, il en exprime des ambitions très anciennes et très fondamentales. Le développement des études avancées réalise pleinement nos rêves et nos idéaux les plus anciens : être une université complète, être une université complètement accessible, être une vraie université. Nous avons été fidèles à nous-mêmes.

Je suis convaincu, par ailleurs, que le prodigieux développement de la recherche et de la création, au cours des cinq dernières années, reflète aussi l'accomplissement de nos rêves les plus anciens ainsi qu'un geste de profonde fidélité à nous-mêmes. Autant l'UQAM a affirmé la priorité qu'elle accordait à l'ouverture et à l'accessibilité, autant elle a précocement affirmé son droit de mener une large activité de recherche. Jamais l'UQAM n'a accepté les volontés externes qui voulaient faire d'elle un établissement à moitié universitaire, spolié de l'une des fonctions essentielles à tout établissement universitaire. Le premier plan de développement disait clairement, en 1971, que l'UQAM «ne saurait prétendre atteindre ses grands objectifs (création, critique, modernité, prospective) sans se préparer à assumer pleinement un tel rôle» en matière de recherche[25]. La même conviction traverse toute les années 70 : «En plus d'être importante pour la réalisation de l'objectif vocation entière de l'UQAM, précise le Plan triennal 1976-1979, la recherche joue un rôle particulier dans l'accomplissement des objectifs d'ouverture au milieu, d'université moderne et prospective, d'université critique et créatrice et d'inter-disciplinarité[26]». Nous avons publiquement affirmé notre conviction, dès 1978, qu'«un enseignement qui ne serait pas régulièrement retrempé dans le creuset purificateur de la recherche, perdrait vite, à n'en pas douter, sa qualité d'excellence[27]».

Dans l'affirmation de l'importance critique de la recherche dans la vie de l'Université, le Plan triennal 1979-1982 trace tout le programme d'action qui a présidé à nos développements des années 80. Ce plan fait du développement de la recherche la «condition essentielle au développement de la programmation aux études avancées[28]». Le plan identifie aussi bien des voies privilégiées à emprunter : priorités accrues à la recherche, accroître les subventions externes de façon à réduire à 25 % ou moins la part des fonds internes dans les subventions totales de l'UQAM, accroître les fonds externes (FCAC : 25 %, CRSH : 100 %, CRSNG : 20 %, contrats : 100 %), demander aux unités de recherche des plans triennaux, inviter les départements à se doter de politiques de recherche et de plans de développement, etc.[29]. Cette vision, acceptée à l'unanimité par la Commission des études et le Conseil d'administration, a inspiré nos efforts soutenus des dernières années.

Tout au long de notre histoire, donc, nous avons eu la conscience claire et la conviction ferme que la recherche ferait de l'UQAM non seulement une université à part entière, mais une université capable d'œuvrer aux trois cycles, une université capable d'enseignement de qualité et donc pleinement accessible et une université apte à être pleinement critique et créatrice à la fois. Le prodigieux développement de la recherche et de la création, depuis le début des années 80 et surtout depuis cinq ans, exprime une volonté, une ambition, un rêve anciens et originaux de l'UQAM. Nous sommes en voie de réaliser nos projets et, ce faisant, nous sommes restés profondément fidèles à nos choix initiaux. Nous concevons tellement la recherche comme une partie fondamentale de notre projet collectif d'université que nous réagissons par un vigoureux refus à tous ceux qui rêvent de stratifier les universités, à distinguer des universités de recherche et des universités d'enseignement et à cantonner l'UQAM là où vous le devinez. Ici, encore, notre fidélité à nos ambitions et à nos idéaux d'origine est entière.

Certains, ayant suivi mon exposé jusqu'ici, commencent peut-être à s'impatienter. Ils me disent que mes propos sont lénifiants, que j'embellis rétrospectivement les choses, que je tente de dissimuler des ruptures importantes dans l'évolution. Ils dénoncent la course aux subventions, l'oubli où est tombé le premier cycle, l'élitisme du recrutement des étudiants, l'obsession de la productivité à tout prix, la manie de l'évaluation tous azimuts, l'abandon de la mission sociale de l'UQAM. Je veux considérer avec soin de telles réactions.

La course aux subventions? Mais, outre le fait qu'un nombre sans cesse croissant de professeurs veulent à juste titre obtenir des subventions pour mieux réaliser leurs projets, je vous rappelle que l'UQAM a toujours voulu s'approprier sa juste part des fonds publics et privés de recherche et qu'elle a toujours dénoncé les mécanismes privilégiant les universités établies. Sans aide financière, comment nos étudiants, surtout de maîtrise et de doctorat, accéderaient-ils à la diplômation? Et sans fonds de recherche, notre financement général est menacé.

L'oubli où est tombé le premier cycle? Certes, on se pose des questions à ce sujet. Mais partout en Amérique du Nord on s'interroge sur le premier cycle; nous faisons de même et ne sommes pas en retard. Nous cherchons activement à renforcer le premier cycle. L'adoption d'une politique sur la maîtrise du français, le travail d'évaluation des programmes, le développement de l'expérimentation pédagogique, l'attention croissante que les départements accordent à l'affectation de leurs ressources professorales, tout cela témoigne au contraire de nos préoccupations envers le premier cycle. Et ceux qui ont l'envie de consacrer beaucoup d'énergie au premier cycle peuvent et doivent le faire en sachant que cela est très important et reconnu.

L'élitisme du recrutement des étudiants? Nos politiques d'admission, aux trois cycles, sont les plus ouvertes et les plus libérales au Québec; la gamme de nos programmes répond à de larges besoins de formation; notre régime pédagogique a conservé ses caractéristiques fondamentales depuis 20 ans; nos horaires conservent la même souplesse. Une université où 54 % des étudiants sont des femmes, où plus de 60 % des étudiants ont un père col bleu ou employé n'est pas élitiste.

L'obsession de la productivité à tout prix? Certains ont sourcillé devant les «indicateurs de performance» inscrits au Plan triennal 1988-1991. C'est vrai qu'il y en a. Mais je vous signale qu'il y en avait déjà dans le Plan triennal 1979-1982: «faire passer de 6 % à 8 % la proportion des étudiants des 2e et 3e cycles au sein de l'institution (...), augmenter le nombre et la proportion des diplômes (...), ouvrir au moins trois doctorats et six nouvelles maîtrises[30]». L'UQAM a toujours eu l'ambition de croître et de se développer et, si elle n'avait pas effectivement consenti tous les efforts de planification requis à cette fin, elle serait aujourd'hui en position très périlleuse.

La manie de l'évaluation? Les conventions collectives des professeurs et des chargés de cours comportent des mécanismes d'évaluation (depuis 1971 et 1979 respectivement). En 1975, l'UQAM offrait au Conseil des universités de développer une activité modèle au titre de l'évaluation des programmes[31]. De plan triennal en plan triennal, elle a insisté sur l'importance de l'évaluation. L'UQAM elle-même, ses projets de programmes, ses projets de recherche, ont subi avec un succès croissant l'évaluation externe. Il nous est loisible de nous soustraire, à l'intérieur de nos murs, à toute évaluation; cela n'empêchera pas le monde de nous juger; nous avons avantage en cela à prendre les devants.

L'abandon de l'engagement social de l'UQAM? L'UQAM ne vit plus la turbulence des années 70. Mais on y retrouve toujours une passion pour le progrès de la société. Ainsi, des questions sociales aussi urgentes que l'éducation interculturelle, l'évaluation sociale des technologies, la protection de l'envi-ronnement, le plein emploi, la condition des femmes, sont l'objet d'enseignement et de recherche de pointe. En plus, il y a depuis dix ans à l'UQAM la meilleure politique de service aux col-lectivités. Des dizaines d'organismes syndicaux, communau-taires et sociaux ont eu gratuitement accès à nos ressources, ont profité d'activités de formation et de recherche essentielles à leur action collective. L'UQAM a consacré et continuera de consacrer des moyens significatifs à sa mission de service aux collectivités. Aucune université, au Québec, n'a porté aussi loin le souci d'accessibilité et de démocratisation. L'UQAM a été fidèle à son engagement social; de cela aussi nous pouvons être fiers; et, pour moi, cela doit continuer en quantité et en qualité.

Des idées généreuses ont présidé à la naissance de l'UQAM : l'accessibilité, la qualité de la formation, l'ouverture et l'attention au milieu, la démocratisation, l'innovation et l'originalité, le rôle critique, la transparence. Je me reconnais personnellement dans ces idées, je tiens personnellement à ces idées. Je tiens personnellement à ce qu'elles demeurent les idéaux de l'UQAM. J'ai surtout la conviction que nous avons honoré et respecté ces idéaux, à travers les aléas de l'histoire, et qu'ils sauront nous guider encore, même si la conjoncture évolue et si l'UQAM elle-même évolue. Ces idées caractérisent l'UQAM autant aujourd'hui qu'il y a 10 ou 15 ans.

Si je devais résumer en une phrase ce qu'est l'UQAM aujourd'hui dans la société québécoise, je dirais ce qui suit: l'UQAM est une université qui a su s'affirmer sur le terrain des autres universités, assumer le rôle historique complet des universités et qui a su développer un modèle novateur d'université. L'UQAM est devenue une richesse pour la société québécoise. Voilà ce que nous avons réussi à faire en vingt ans ensemble. Nous pouvons, nous devons en être très contents et très fiers.

Au terme de cette analyse, j'espère que vous partagerez mes trois conclusions : l'UQAM, à travers vingt années d'une histoire riche, mouvementée, dynamique, l'UQAM est demeurée fidèle à ses idéaux initiaux; l'UQAM, tout au long des années 80, a tout mis en œuvre pour réaliser le programme, les tâches qu'elle s'était assignés tout au long des années 70 : devenir une université entière, une université au plein sens du terme; l'UQAM a réussi ce qu'on pouvait attendre d'elle après ses vingt premières années.

Au fil des ans, plusieurs parmi nous, souvent les meilleurs, ont eu la tentation de quitter l'UQAM. Ils et elles sont restés, parce qu'ils avaient foi en l'UQAM. Nous aussi avons la foi. Nous avons aussi la fierté de construire ce qui deviendra une grande université.

* * *

Permettez-moi, pour terminer, de partager avec vous, sur le ton de la confidence, la conviction profonde qui explique ma foi en l'UQAM et ma passion de la servir. La société québécoise affrontera au cours des prochaines années des défis très importants, très dangereux même : le libre-échange, la concurrence technologique, scientifique et économique des autres pays, le déclin démographique relatif de notre population dans la fédération canadienne et son vieillissement, la détérioration rapide de notre environnement, la pression brutale constamment exercée sur notre identité culturelle, la fragilité de notre économie. Tout cela remet en question notre place comme société distincte en Amérique du Nord, menace notre avenir collectif, et est très périlleux pour le Québec. Or, le Québec ne peut compter, pour assurer sa survie, sa prospérité et son identité, ni sur le nombre, ni sur la richesse accumulée, ni sur la puissance politique : il ne peut compter que sur l'effort et sur l'engagement résolu de tous ses citoyens et de toutes ses citoyennes. Notre société doit mobiliser tous ses atouts, elle a besoin en particulier de toutes ses universités, elle a donc besoin de l'UQAM. Une bonne partie de l'avenir du Québec, de notre avenir et de celui de nos enfants se joue littéralement dans nos salles de cours, dans nos laboratoires, dans nos centres de recherche. Comment alors pourrions-nous lui refuser notre effort de développement, notre efficacité et notre qualité? Ce que nous faisons à l'UQAM est très important pour notre société. Si nous faisons bien les choses, si nous formons bien nos étudiants, si nous développons bien les connaissances, si nous gérons bien nos ressources, nous apporterons une très importante et originale contribution au devenir du Québec. Chacune de nos actions de chaque jour compte pour beaucoup dans la qualité et l'efficacité de l'action de l'UQAM au service de la société québécoise, car elles sont très importantes pour la survie et le développement de notre société. Et cette société nous fait confiance, elle nous confie une grande responsabilité. Je sais que nous sommes capables d'assumer cette grande responsabilité. Je sais surtout que nous avons l'envie de faire de l'UQAM une richesse pour le développement du Québec et nous réussirons.

Notes

1. UQAM, 1971-1975. Planification (résumé), octobre 1971, p. 2.

2. *Ibid.*, p. 3.

3. Conseil des universités, *Objectifs généraux de l'enseignement supérieur et grandes orientations des établissements* – Cahier III – *Les orientations de l'enseignement supérieur dans les années 70*, février 1973, p. 205.

4. UQAM, *Mémoire au Conseil des universités en réaction aux recommandations du Conseil concernant les orientations de l'UQAM pour la décennie 70*, juin 1973, p. 44.

5. *Ibid.*, p. 44.

6. *Ibid.*, p. 44.

7. UQAM, *Rapport d'étape sur les orientations de l'enseignement supérieur québécois*, février 1975, p. ii.

8. *Ibid.*, p. 13.

9. *Ibid.*, p. 14.

10. *Ibid.*, p. 21.

11. *Ibid.*, p. 24.

12. *Ibid.*, p. 25.

13. UQAM, *Mémoire à la Commission d'étude sur les universités*, juin 1978, p. 3-4.

14. *Ibid.*, p. 6.

15. *Ibid.*, p. 4.

16. UQAM, *1971-1975 - Planification*, p. 2.

17. UQAM, *Plan de développement triennal 1976-1978*, août 1976, p. 144.

18. *Ibid.*, p. 213.

19. UQAM, *Plan triennal 1979-1982*, février 1980, p. 38.

20. UQAM, *Rapport d'étape sur les orientations de l'enseignement supérieur québécois*, février 1975, p. 100-101.

21. UQAM, *Mémoire à la Commission d'étude sur les universités*, juin 1978, p. 50.

22. Résolutions 80-CE-2597 et 2598.

23. UQAM, *Plan de développement triennal 1976-1979*, p. 212.

24. UQAM, *Plan triennal 1979-1982*, p. 37-38.

25. UQAM, *1971-1975 - Planification*, p. 34.

26. UQAM, *Plan de développement triennal 1976-1979*, p. 83.

27. UQAM, *Mémoire à la Commission d'étude sur les universités*, juin 1978, p. 47.

28. UQAM, *Plan triennal 1979-1982*, p. 43.

29. *Ibid.*, p. 105.

30. *Ibid.*, p. 91.

31. UQAM, *Rapport d'étape sur les orientations de l'enseignement supérieur québécois*, février 1975, p. 100-101.

LE DÉCOLLAGE DE LA RECHERCHE ET DE LA CRÉATION À L'UQAM

LES FACTEURS DE RÉUSSITE

Pendant l'été 1991, j'ai dû entreprendre le processus de nomi-nation d'un nouveau titulaire du vice-rectorat à l'enseignement et à la recherche. Cela m'amena à réfléchir aussi sur le profil souhaitable du futur ou de la future titulaire. Mais mesurant dans ce contexte les progrès très considérables réalisés par l'UQAM en matière de recherche au cours de la décennie 80, je me laissai aller à réfléchir sur les facteurs de ce développement, sur les actions qui avaient été déployées par les différents groupes et responsables de l'Université pour favoriser l'épanouissement de l'activité de recherche et de création.

De mes réflexions est né un essai dont le ton me paraît maintenant un peu sec et didactique. Néanmoins, à sa manière, ce texte raconte une partie de l'histoire de l'UQAM et il pourra être instructif pour celui ou celle qui voudra fouiller plus avant cette dimension de l'expérience institutionnelle.

Ce texte a été publié dans la Revue des sciences de l'éducation (vol. XVIII, n° 3, 1992). Il ne m'a pas semblé utile de mettre à jour les données quantitatives qui y sont contenues : d'une part, les données plus récentes n'ajoutent pas d'argu-ments supplémentaires, dans la mesure où la croissance de l'activité de recherche et de création s'est maintenue au cours des dernières années; d'autre part, l'objectif du texte n'est pas d'abord statistique, mais vise plutôt à faire connaître et comprendre une vigoureuse action institutionnelle.

Introduction

Les universités assument trois grandes missions : une mission d'enseignement ou de formation de la relève; une mission de recherche et de création; une mission de service général à leur milieu. Chacune des universités québécoises assume, selon des modalités variables, ces trois missions. La mission de recherche s'est développée à des époques différentes dans les universités québécoises. L'Université McGill a longtemps été à l'avant-garde; progressivement, les universités francophones se sont engagées dans la recherche. Les établissements du niveau de l'Université du Québec, mis en place au cours de la décennie 1970, ont forcément connu un développement plus récent en recherche et création. Un tel développement repose sur certains facteurs qu'il est intéressant de mettre en lumière et ce, en analysant l'expérience de l'Université du Québec à Montréal. Tel est l'objet de ce texte.

Au cours des années 80, l'Université du Québec à Montréal a connu un développement exceptionnel de son activité de recherche et de création. On peut le décrire comme un véritable *décollage*. Ce décollage de la recherche et de la création est survenu dans un contexte caractérisé par une vive concurrence entre les établissements universitaires pour des fonds publics et privés de recherche en croissance beaucoup plus lente. De plus, pendant la période en cause, les effectifs étudiants à l'UQAM ont crû, passant de 21 863 personnes en 1980-1981 à 37 062 personnes en 1989-1990.

Le présent texte, rédigé par un témoin et un membre de l'équipe de direction de l'UQAM pendant les années 80, se propose d'identifier les facteurs du développement accéléré de la recherche et de la création dans l'Université. Ce texte propose une première analyse du phénomène avec deux intentions. D'une part, puisque rien n'est jamais acquis de façon définitive, pour permettre de maintenir à l'œuvre les facteurs qui ont contribué au développement de la recherche et de la création à l'UQAM. D'autre part, pour permettre, éventuellement, à d'autres établissements de tirer parti de l'expérience de l'UQAM.

Trois éclaircissements préalables sont nécessaires pour comprendre correctement ce texte :

1. Dans le domaine des arts (arts visuels et arts d'interprétation), la création est l'homologue de la recherche dans les disciplines universitaires plus traditionnelles (sciences de la nature et sciences sociales). Le recours au seul terme de *recherche* est plus une commodité de l'écriture qu'un oubli de la création.

2. Les facteurs de décollage de la recherche et de la création analysés dans ce texte ne constituent pas une liste exhaustive. Ils correspondent, de l'avis de l'auteur, à l'expérience de l'UQAM au cours des années 80. D'autres facteurs, peu discutés, peuvent aussi et pourront certainement contribuer à un essor continu de la recherche : par exemple, un engagement accru des départements eux-mêmes dans le soutien de la recherche ou un ajustement plus précis de la tâche individuelle de chaque membre du corps professoral au long de l'évolution de sa carrière.

3. À l'UQAM, comme dans toutes les universités, la recherche et la création sont l'œuvre des professeurs. Le décollage de la recherche et de la création à l'UQAM n'est rien d'autre que l'engagement de plus en plus approfondi d'un nombre croissant de professeures et de professeurs dans l'activité de recherche ou de création. Les facteurs analysés dans cet essai ne mettent nullement en cause cette

analysés dans cet essai ne mettent nullement en cause cette réalité centrale. Cependant, outre le choix et la volonté des membres du corps professoral de s'impliquer en recherche ou en création, des conditions institutionnelles leur ont facilité les choses et ont soutenu leur effort. Ce sont précisément les facteurs du décollage de la recherche et de la création qui sont analysés dans les pages qui suivent.

Mesure du développement de la recherche et de la création

Le développement accéléré de la recherche et de la création à l'UQAM, au cours des années 80, se mesure aisément par quelques indicateurs.

Comme l'indique le tableau 1, le financement global de la recherche à l'UQAM, qui s'établissait à 3,5 millions de dollars en 1980-1981, a atteint 20,011 millions de dollars en 1989-1990. Les fonds externes ont progressé, pendant la même période de 2,6 millions de dollars à 17,4 millions de dollars. Cette progression dépasse significativement l'inflation observée durant la même période[1].

Le progrès de la recherche et de la création transparaît également en rapport avec l'accroissement numérique du corps professoral. En dollars constants, par poste de professeurs comblés, les fonds de recherche ont augmenté de 6 567 $ en 1980-1981 à 14 987 $ en 1989-1990. Le tableau 2 illustre cette progression[2]. On peut aussi signaler l'évolution du nombre de projets financés au cours des trois dernières années[3] :

1987-1988	1 319
1988-1989	1 470
1989-1990	1 500

En 1989-1990, 51 % des membres du corps professoral de l'UQAM ont obtenu des fonds de recherche, dont 42,1 % à

Tableau 1

**Évolution du financement global de la recherche et de la création:
répartition des fonds internes et externes depuis 1980-81 en dollars courants**

Année	Fonds institutionnel de recherche		Autres sources internes		Fonds externes		Financement global		F.I.R. / Financement global
	Montant	% d'augmentation ou de diminution	Montant	% d'augmentation ou de diminution	Montant	% d'augmentation ou de diminution	Montant	% d'augmentation ou de diminution	
80-81	844 726,00 $	20,2 %			2 664 302,00 $	15,0 %	3 590 028,00 $	16,2 %	24,1 %
81-82	976 240,00 $	15,5 %			3 739 226,00 $	40,3 %	4 715 466,00 $	34,4 %	20,7 %
82-83	968 925,00 $	- 0,7 %			5 017 401,00 $	34,2 %	5 986 326,00 $	27,0 %	16,2 %
83-84	1 063 876,00 $	9,8 %	19 295,00 $		4 600 731,00 $	- 8,3 %	5 683 902,00 $	- 5,0 %	18,7 %
84-85	1 173 983,00 $	10,3 %	40 759,10 $	111,24 %	6 471 501,90 $	40,7 %	7 686 244,00 $	35,2 %	15,3 %
85-86	1 316 000,00 $	12,0 %	454 513,59 $	1 015,12 %	8 787 249,41 $	35,8 %	10 557 763,00 $	37,3 %	12,4 %
86-87	1 588 436,00 $	20,7 %	141 674,10 $	- 68,83 %	9 771 108,90 $	11,2 %	11 501 219,00 $	9,0 %	13,8 %
87-88	1 881 766,44 $	18,5 %	295 379,18 $	108,49 %	12 169 758,65 $	24,5 %	14 346 904,27 $	24,8 %	13,1 %
88-89	1 957 827,00 $	4,0 %	345 323,30 $	16,9 %	14 862 545,70 $	22,1 %	17 165 696,00 $	19,7 %	11,4 %
89-90	2 219 357,90 $	13,4 %	381 616,70 $	10,5 %	17 410 766,82 $	17,1 %	20 011 741,42 $	17,0 %	11,3 %

Tableau 2

Fluctuation du financement global en dollars constants depuis 1980-81 par rapport au nombre de poste de professeures et de professeurs réguliers comblés et du nombre d'étudiantes et d'étudiants de 2e et 3e cycles

| Année | Financement global | | Nombre de postes de professeur-e-s réguliers comblés[2] | Nombre d'étudiant-e-s de 2e et 3e cycles | Dollars constants postes de professeur-e-s comblés[2] | Dollars constants étudiant-e-s de 2e et 3e cycles |
	Dollars courants	Dollars constants 1981[1]				
80-81	3 509 028 $	3 752 971 $	571,5	1 291	6 567 $	2 907 $
81-82	4 715 466 $ (34,4 %)	4 495 201 $ (20,0 %)	626,5 (9,6 %)	1 581 (22,5 %)	7 175 $ (9,3 %)	2 843 $ (2,2 %)
82-83	5 986 326 $ (27,0 %)	5 219 115 $ (16,1 %)	625 (- 3,0 %)	1 781 (12,7 %)	8 351 $ (16,4 %)	2 930 $ (3,1 %)
83-84	5 683 902 $ (-5,1 %)	4 728 703 $ (-9,4 %)	722,5 (15,6 %)	1 944 (9,2 %)	6 545 $ (-22,0 %)	2 432 $ (-17,0 %)
84-85	7 686 244 $ (35,2 %)	6 158 849 $ (30,2 %)	759,5 (5,1 %)	2 200 (13,2 %)	8 109 $ (24,0 %)	2 799 $ (15,0 %)
85-86	10 557 763 $ (37,4 %)	8 077 859 $ (31,2 %)	778 (2,4 %)	2 498 (14,0 %)	10 383 $ (28,0 %)	3 234 $ (16,0 %)
86-87	11 501 219 $ (9,0 %)	8 419 633 $ (4,2 %)	781 (0,4 %)	2 591 (4,0 %)	10 781 $ (3,8 %)	3 250 $ (0,5 %)
87-88	14 346 904 $ (27,0 %)	10 050 371 $ (19,4 %)	793,5 (1,6 %)	2 528 (-2,4 %)	12 666 $ (17,5 %)	3 976 $ (22,0 %)
88-89	17 165 696 $ (20,0 %)	11 574 980 $ (15,2 %)	836 (5,4 %)	2 813 (11,3 %)	13 846 $ (9,3 %)	4 115 $ (3,5 %)
89-90	20 011 741 $ (17,0 %)	12 919 136 $ (11,6 %)	862 (3,1 %)	3 082 (9,6 %)	14 987 $ (8,2 %)	4 191 $ (1,8 %)

1. Selon Statistiques Canada (Catalogue n° 62-010 – Tableau 10) – Indice des prix à la consommation de Montréal, par rapport au dollar 1981.
2. Nombre de postes comblés au mois de septembre de chaque année.

275

l'extérieur de l'Université[4]. Cette progression constante de la recherche se retrouve aussi dans les contrats de recherche[5] :

1987 - 1988	1 218 118,99 $
1988 - 1989	1 978 770,53 $
1989 - 1990	2 461 776,95 $

Ainsi, les indicateurs les plus usuels de l'effort de recherche d'un établissement universitaire démontrent hors de tout doute que l'UQAM a vécu, au cours des années 80, un véritable décollage de la recherche et de la création. Les premières données disponibles pour 1990-1991 indiquent que ce développement se poursuit. Ainsi, le financement global de 22,4 millions pour 1990-1991 marque un progrès de près de 12 % par rapport à 1989-1990 (un peu plus de 20 millions de dollars).

Facteurs de développement de la recherche et de la création : vue d'ensemble

Le développement de la recherche et de la création à l'UQAM a été facilité et accéléré par la convergence de multiples facteurs : certains exogènes, d'autres endogènes; certains accidentels, d'autres résolument volontaires; d'autres, enfin, que l'on pourrait qualifier de naturels dans l'évolution d'un jeune établissement universitaire appelé à coexister avec des établissements ayant déjà atteint un haut niveau de maturité et l'assujettissant à une exigeante concurrence.

Le décollage de la recherche et de la création à l'UQAM est le résultat de la conjugaison:

- d'un environnement institutionnel de plus en plus propice à l'activité de recherche et de création;

- de la participation vigoureuse d'un nombre croissant de membres du corps professoral engagés en recherche et en création, ainsi que de l'utilisation judicieuse des ressources financières et organisationnelles de l'Université;

- d'un système de renforcement des acquis et des réussites.

Cela permet de rassembler en trois catégories les facteurs ayant assuré le décollage de la recherche et de la création à l'UQAM : facteurs *environnementaux*, facteurs *opérants* et facteurs *rétroactifs*. Dans ces catégories, certains facteurs sont originaires, d'autres dérivés. Un facteur originaire précède, dans le temps et de façon causale, un facteur dérivé.

À l'examen de ces facteurs, une question surgit : pourquoi donc ces facteurs se sont-ils mis en œuvre?

On peut évoquer comme causes ultimes de l'engagement accru de l'UQAM en recherche et en création, des données telles que l'aspiration originaire de l'UQAM à être une université complète, la prise de conscience, au début des années 80, de la performance bien modeste de l'UQAM en recherche et en création, l'action de personnalités porteuses de changements, etc. Mais ces considérations dépassent le cadre de cette analyse.

Tenant pour acquis la volonté de la communauté de l'UQAM d'œuvrer autant en recherche et en création qu'en enseignement et son faible niveau de développement en recherche et en création du début des années 80, ce texte veut voir comment l'UQAM a pu trouver des voies de développement.

LES FACTEURS DU DÉCOLLAGE
DE LA RECHERCHE ET DE LA CRÉATION À L'UQAM

FACTEURS	ORIGINAIRES	DÉRIVÉS
I ENVIRONNEMENTAUX	• Discours institutionnel valorisant la recherche. • Équipe d'administrateurs de recherche. • Attentes de la société à l'égard de l'Université et développement des 2e et 3e cycles.	• Sensibilisation des services universitaires à la recherche et à la création. • Exploitation accrue des ressources externes. • Adoption de politiques institutionnelles.
II OPÉRANTS	• Embauche de professeurs expérimentés en recherche et en création. • Identification et renforcement du potentiel en place. • Utilisation ciblée des fonds.	• Constitution d'équipes de recherche et de masses critiques. • Exploitation de créneaux nouveaux.
III RÉTROACTIFS	• Bilans de l'effort de recherche et de création.	• Mise en valeur des réussites. • Constitution d'un *lobby* de la recherche et de la création.

Analyse des facteurs de développement de la recherche et de la création

Facteurs environnementaux

Les facteurs environnementaux concernent le cadre institutionnel général à l'intérieur duquel s'exerce l'effort de recherche et de création. Quels que soient la qualité, le dynamisme, la créativité des membres du corps professoral engagés activement en recherche et en création, le décollage général de la recherche dans l'établissement requiert des conditions générales propices. Ces conditions tiennent en bonne partie de l'action des facteurs environnementaux.

Discours institutionnel valorisant la recherche et la création

Un discours institutionnel valorisant l'activité de recherche et de création, dans un jeune établissement d'abord animé par une valeur fondamentale d'accessibilité à la formation universitaire de premier cycle, a été un facteur environnemental important dans l'expérience de l'UQAM. Fondée en 1969 pour faciliter l'accessibilité des francophones montréalais (notamment les adultes) aux études universitaires, l'UQAM a assumé, dès le départ, une fonction de recherche et de formation aux cycles supérieurs. Cependant, la mise en place d'un large éventail de programmes de premier cycle et l'accueil de clientèles hétérogènes en croissance continue ont mobilisé beaucoup d'énergies dont la recherche et la création n'ont pu se prévaloir.

Cependant, à travers l'élaboration de plans triennaux de développement institutionnel successifs[6], la réflexion sur les orientations institutionnelles s'est affinée et a mené progressivement à la reconnaissance de l'urgence d'accroître l'activité de recherche et de création. Ainsi, le plan triennal 1985-1988 signale clairement l'importance de la recherche et de la création :

La reconnaissance de l'importance des fonctions recherche
et création constitue l'objectif le plus fondamental (...) la
promotion vigoureuse et amplifiée de la recherche et de la
création [est] une modalité essentielle de réalisation de la
politique d'accessibilité et d'affirmation de l'UQAM[7].

Le plan directeur 1988-1991 de l'UQAM juge nécessaire
d'*accroître le développement de la recherche, de la création et
des études avancées*, en précisant que *cette orientation s'impose
d'autant que nous n'avons pas comblé notre retard par rapport
à l'ensemble des universités québécoises en ce qui concerne les
études avancées, la recherche et la création*[8].

Les plans de développement ont permis de réfléchir à la
place de la recherche et de la création dans la vie de l'établissement. Ils ont été l'occasion de reconnaître que, durant ses premières
années, l'UQAM n'avait pu faire à la recherche et à la création la
place appropriée et qu'un effort nouveau devait leur être consenti.
Cela a provoqué un discours institutionnel modifié. Le goût de
nouveaux défis, d'un développement plus large et plus diversifié,
s'est progressivement affirmé. La communauté de l'UQAM s'est
donc engagée activement dans la réflexion sur son devenir et dans
la définition de priorités nouvelles, dont le renforcement de ses
activités de recherche et de création.

La valorisation de la recherche et de la création a été un
facteur environnemental très favorable à leur décollage à
l'UQAM. Un discours institutionnel affirmant méthodiquement
l'importance de la recherche et de la création a facilité la réorientation des efforts du corps professoral, des choix budgétaires
et des pratiques administratives.

Équipe d'administrateurs de recherche

La constitution d'une équipe de soutien à l'activité de recherche, l'embauche de personnes connaissant bien les exigences de la recherche et de son financement, c'est-à-dire «d'administrateurs de la recherche», ont été un facteur environnemental précieux pour le développement de cette activité. Le renforcement du Décanat des études avancées et de la recherche, la création d'un Service de la recherche et de la création, puis d'un Bureau de liaison avec l'entreprise, l'engagement d'administrateurs de recherche hautement qualifiés et fortement motivés ont beaucoup aidé au décollage de la recherche et de la création à l'UQAM. Les coûts inhérents à la constitution d'une équipe d'administrateurs de recherche se sont révélés infimes par rapport à la croissance des fonds de recherche.

Ces administrateurs de recherche :

1. ont procuré aux membres du corps professoral un soutien direct, quotidien, accessible, personnalisé et professionnel pour la connaissance des sources de financement, pour la préparation de demandes de subvention, pour la négociation de contrats, pour faciliter les liens avec les services universitaires, pour le règlement de divers problèmes quotidiens auxquels se heurte l'activité de recherche et de création;

2. ont fourni aux instances institutionnelles, à la direction, aux services universitaires, des avis et des conseils éclairés sur les manières de faciliter l'effort de recherche et de création;

3. ont assumé une fonction de vigie pour l'UQAM à l'égard des tendances de l'environnement externe;

4. ont établi et entretenu des liens avec les organismes subventionnaires. Ces liens ont donné accès à beaucoup d'informations non publiées sur les préoccupations, les priorités, les attentes de ces organismes au plus grand

bénéfice des chercheurs. Ces liens ont également permis d'amener plusieurs professeurs de l'UQAM à participer aux comités de pairs appréciant les demandes de subvention;

5. ont contribué à un effort méthodique et inlassable d'information des membres du corps professoral sur les politiques institutionnelles de recherche et sur les programmes internes et externes de financement de la recherche et de la création. Ce travail d'information s'est complété d'un travail d'animation des départements, pour les sensibiliser aux besoins de la recherche et des chercheurs et pour mieux connaître les problèmes vécus et les obstacles à l'effort de recherche.

Attentes de la société à l'égard des universités

Les attentes de la société à l'égard des universités en général et de l'UQAM en particulier ont exercé une influence certaine sur le décollage de la recherche et de la création. Parmi ces attentes, il faut signaler les modifications progressivement apportées à la formule de financement des universités, prenant en compte, dans la détermination de la subvention d'équilibre, le niveau de l'activité de recherche de chaque établissement. L'intérêt exprimé par diverses entreprises à l'égard d'une collaboration avec les universités en matière de recherche a eu son influence. Dans le cas propre de l'UQAM, l'adoption d'une mission nouvelle du Service aux collectivités, comportant un volet de recherche, a évidemment stimulé cette activité. Enfin, la multiplication de programmes nouveaux de financement (Centre d'excellence) a eu le même effet.

L'aspiration à une intervention accrue dans les études des 2e et 3e cycles a aussi été influente. Depuis ses débuts, l'UQAM a toujours voulu offrir des programmes de 2e et de 3e cycles. Cependant, cette volonté s'est vite heurtée aux exigences du Conseil des universités, qui a subordonné l'approbation de nouveaux programmes de maîtrise et de doctorat à l'existence d'un niveau suffisant d'activités de recherche dans le domaine du programme. Dans plus d'un département de l'UQAM, il a fallu accroître et intensifier l'effort de recherche et de création pour assurer l'approbation d'un nouveau programme de maîtrise ou de doctorat.

Sensibilisation de l'ensemble des services universitaires aux besoins de la recherche et de la création

La sensibilisation de l'ensemble des services universitaires aux besoins de la recherche et de la création a été un facteur de leur décollage. Dans un établissement comme l'UQAM, massivement voué, depuis plusieurs années, aux besoins de l'enseignement, la sensibilisation des services aux besoins spécifiques et différents de la recherche et de la création, bien qu'essentielle, ne va pas de soi. Tant que cette sensibilisation n'est pas réalisée en profondeur, les services tardent à répondre de façon optimale, en termes d'allocation de ressources, de procédures et de prestations, aux besoins de la recherche. Outre, évidemment, les propres attentes des chercheurs et des créateurs, l'affirmation d'un discours institutionnel valorisant la recherche et la création et la présence d'une équipe d'administrateurs de recherche ont contribué à la sensibilisation des services et des gestionnaires de l'Université aux exigences du développement de la recherche et de la création.

Exploitation accrue des ressources et programmes extérieurs d'aide à la recherche

Une exploitation accrue des ressources et programmes extérieurs d'aide à la recherche et à la création a aussi été un facteur environnemental important du décollage de l'UQAM. L'intervention de l'équipe d'administrateurs de la recherche facilite l'accès des membres du corps professoral à une grande variété de ressources et de programmes extérieurs d'aide. En outre, certains chercheurs et créateurs peuvent, en réajustant ou en réorientant leurs activités, devenir admissibles à de nouvelles sources de financement. Par ailleurs, il existe des programmes d'aide au développement de la recherche universitaire qui s'adressent aux établissements comme tels. L'UQAM a pu créer un Bureau de liaison avec l'entreprise à partir d'une subvention gouvernementale. Ce facteur environnemental a contribué au décollage de la recherche à l'UQAM.

Adoption de politiques institutionnelles concernant la recherche et la création

L'adoption ou la mise à jour des politiques institutionnelles concernant la recherche et la création ont joué un rôle important dans son décollage. Parmi ces politiques, l'on peut citer :

- *la recherche commanditée à l'UQAM : politique et règles de gestion*[9];

- *objectifs généraux de développement de la recherche et de la création à l'UQAM*[10];

- *politique d'organisation et de financement de la recherche et de la création*[11];

- *programme d'aide financière aux chercheurs et créateurs*[12].

Ces démarches ont permis à l'UQAM de mieux préciser les structures d'encadrement et de soutien à la recherche et à la création en matière d'institution, d'organisation, d'évaluation de centres ou de laboratoires. Elles ont aussi permis une utilisation optimale, parce que mieux ciblée, des fonds institutionnels de recherche. Elles ont aidé les services et les gestionnaires à mieux articuler leur contribution au soutien de la recherche. Elles ont donné un cadre aux activités de création artistique. Elles ont mieux situé le rôle de la recherche et de la création à l'égard de la formation des étudiants aux cycles supérieurs. Elles ont encouragé la recherche contractuelle. En un mot, par l'adoption ou la mise à jour de ses politiques en matière de recherche et de création, l'UQAM s'est mieux ajustée aux besoins de la recherche et de la création, en même temps qu'elle a indiqué aux membres du corps professoral comment se prévaloir plus efficacement des ressources internes et externes.

Facteurs opérants

Tous les facteurs environnementaux qui viennent d'être analysés ont été une condition nécessaire au décollage de la recherche et de la création à l'UQAM. Cependant, ces conditions, aussi nécessaires soient-elles, ne sont pas suffisantes. Le décollage de la recherche et de la création, à l'UQAM, a résulté aussi de facteurs opérants d'une importance critique. Deux de ces facteurs concernent directement le corps professoral. Ces facteurs se trouvent au centre moteur du décollage de la recherche et de la création à l'UQAM.

Embauche de professeurs expérimentés en recherche ou en création

L'embauche de professeurs engagés en recherche ou en création a incontestablement été le facteur décisif du décollage de la recherche et de la création à l'UQAM. Tous les autres facteurs du développement de la recherche et de la création ne deviennent vraiment efficaces qu'à partir du moment où un établissement universitaire compte sur une proportion suffisante de membres du corps professoral qui, par leur formation, leur expérience et leurs goûts, peuvent et veulent consacrer à la recherche et à la création la somme de temps et d'énergie nécessaire. Plus l'UQAM a réussi à recruter des personnes de ce genre, plus elle a connu de succès en recherche et en création. De tels professeurs dynamisent l'effort institutionnel de recherche et de création, exercent un effet d'entraînement sur leurs collègues, aident des collègues moins expérimentés à améliorer leur propre performance de recherche, facilitent à l'Université (outre leurs propres subventions) l'accès à de nouvelles ressources, attirent des étudiants de haute qualité et incarnent, sur le terrain même, la valorisation institutionnelle accordée à la recherche et à la création. L'embauche des professeurs engagés en recherche ou en création est donc un facteur absolument central.

L'impact bénéfique de tels membres du corps professoral sur le niveau d'activité de recherche et de création de l'UQAM a été établi clairement au cours des récentes années, comme l'illustre le tableau qui suit[13] :

Tableau 3

Pourcentage de nouveaux professeurs et de professeurs établis ayant obtenu un financement de recherche de source externe en 1989 -1990

SECTEURS	PROFESSEURS RÉGULIERS EMBAUCHÉS ENTRE LE 1/6/83 ET LE 31/8/87		PROFESSEURS EMBAUCHÉS AVANT LE 1/6/83	
	Nombre	% Financés	Nombre	% Financés
ARTS	17	12 %	88	17 %
SCIENCES	43	84 %	94	51 %
SCIENCES HUMAINES	28	68 %	183	39 %
LETTRES	13	31 %	70	40 %
SCIENCES DE LA GESTION	31	48 %	103	34 %
ÉDUCATION	13	69 %	75	43 %
TOTAL	145	59 %	613	37 %

Ces données confirment l'importance de l'embauche de professeurs expérimentés en recherche ou en création pour le développement de ces activités.

On peut signaler, à titre complémentaire, l'introduction d'une catégorie particulière de membres du corps professoral, les *«professeurs sous octroi»*, qui a permis à l'UQAM de se prévaloir des programmes gouvernementaux spéciaux d'aide à la recherche (par exemple : Actions structurantes) et a amené à l'Université des ressources professorales supplémentaires vouées à la recherche. La plus sûre assurance, à long terme, de développement en recherche ou en création, c'est, comme le montre le cas de l'UQAM, le recrutement de professeurs expérimentés en recherche ou en création.

Identification et renforcement du potentiel de recherche en place

L'identification et le renforcement du potentiel de recherche chez les professeurs en place, mais non encore pleinement engagés dans cette activité, a complété utilement le facteur de l'embauche. Une équipe qualifiée et efficace d'administrateurs de recherche peut, à cet égard, jouer un rôle très précieux en repérant, parmi les professeurs en place, ceux qui ont le potentiel requis pour s'engager activement en recherche ou en création. Cette démarche se double fréquemment d'un processus d'acculturation à l'activité de recherche. Le décollage de la recherche à l'UQAM a beaucoup profité de la participation d'un nombre accru de professeurs. Un établissement universitaire a donc tout intérêt à identifier minutieusement le potentiel de recherche de tous ses professeurs et à mettre en place des conditions et des mécanismes facilitant l'entrée en recherche de professeurs plus âgés qui en ont été tenus éloignés.

Le moyen privilégié employé par l'UQAM pour renforcer le potentiel de recherche en place a été le programme de perfectionnement offert au corps professoral. Grâce à ce programme, rendant disponibles des congés pouvant atteindre deux années consécutives, plusieurs dizaines de membres du corps professoral ont pu obtenir un doctorat et, de ce fait, non seulement parfaire leurs connaissances et raffermir leur capacité de recherche, mais se rendre éligibles aux fonds des organismes subventionnaires publics.

Dans ce contexte, il faut signaler un effort intense et soutenu d'amener toutes les disciplines de l'Université à la pratique de la recherche. Cela a valu à l'UQAM des percées importantes, en sciences humaines notamment[14]. Des domaines traditionnellement peu engagés en recherche y ont été amenés, ce qui a élargi la place de cette activité dans l'Université et ce qui a enrichi et bonifié les activités d'enseignement. De même, l'UQAM a donné un statut universitaire nouveau à la création en arts visuels et en arts d'interprétation. Pour ce faire, elle a donné la priorité à l'éclosion d'une expertise d'évaluation, rendu des fonds disponibles et développé des critères d'appréciation des projets.

Utilisation ciblée des fonds internes de recherche

L'utilisation ciblée et bien planifiée des fonds internes de recherche a été un facteur opérant très efficace à l'UQAM. Depuis ses origines, l'UQAM dispose d'un fonds institutionnel de recherche qui met à la disposition des chercheurs un montant important, qui dépasse maintenant deux millions de dollars par année (voir le tableau 1). À ces fonds internes s'ajoutent les subventions générales versées à l'établissement par les principaux organismes subventionnaires publics. Le tableau 4 établit l'évolution financière du PAFACC (Programme d'aide financière aux chercheurs et aux créateurs).

Une utilisation bien ciblée de ces fonds a considérablement contribué au décollage de la recherche et de la création à l'UQAM. L'utilisation de ces fonds pour renforcer l'infrastructure institutionnelle consacrée à la recherche ou à la création, l'attribution de fonds pour permettre le démarrage, l'incitation à aller chercher des fonds extérieurs, la pratique du financement de complément (lorsque les fonds externes sont insuffisants), le recours aux fonds pour stimuler la synergie de l'effort, l'allocation de fonds pour rendre compétitifs des chercheurs à de nouveaux programmes de subventions externes, voilà autant d'exemples d'une utilisation ciblée et bien planifiée des fonds internes de recherche. Ce genre d'utilisation s'accompagne de conditions assurant l'emploi efficient des fonds : évaluation des projets par les pairs, critères précis d'admissibilité, appréciation des résultats, etc. Ces fonds constituent, en quelque sorte, un *capital de démarrage* et peuvent préparer certains à mieux réussir auprès d'organismes externes.

À titre d'exemple d'une utilisation ciblée des fonds internes de la recherche, au cours de l'année 1989-1990, le *Rapport annuel sur le financement de la recherche et de la création* signale:

- le démarrage de nouveaux chercheurs : 354 505 $ distribués à 89 professeurs;

- les bourses aux étudiants : 304 500 $ à 105 étudiants;

- l'appui aux unités institutionnelles de recherche : 599 000 $;

- le complément de salaire du personnel de recherche : 791 260 $ (dans le cadre de programmes de subvention à frais partagés «*Actions structurantes du Québec*», «*Attachés de recherche*» du CRSNG, «*Bourses de recherche*» du CRSH[15]) .

L'objectif essentiel d'une telle utilisation ciblée des fonds internes de recherche est clair : «*inciter les professeurs de l'UQAM à obtenir, en tout ou en partie, le financement de leurs activités scientifiques ou artistiques par des sources externes* [16]». Une telle approche a largement fait la preuve de son efficacité.

Constitution d'équipes de recherche et de masses critiques

La constitution d'équipes de recherche et de masses critiques s'est révélée un facteur opérant appréciable du décollage de la recherche à l'UQAM. La constitution de telles équipes nourrit la démarche scientifique, assure un soutien psychologique accru aux individus, favorise la mise en commun d'équipements spécialisés, contribue aussi au recrutement de nouveaux professeurs et d'étudiants des 2e et 3e cycles et améliore le milieu de formation des étudiants. L'obtention, par l'UQAM, de deux subventions d'*Actions structurantes* [17] et sa participation à deux autres démontrent l'importance de regrouper les forces. Il est intéressant, aussi, de signaler que ce genre de développement rejaillit sur la formation, même au premier cycle. L'existence, à l'UQAM, d'un baccalauréat en sciences, technologie et société, a été grandement favorisée par le développement de la recherche sur ce thème.

Le processus d'embauche permet la constitution de masses critiques de chercheurs dans des domaines précis. Les masses critiques accroissent appréciablement la force de l'activité de recherche et la position concurrentielle de l'établissement.

Parmi les réussites de l'UQAM en matière de constitution d'équipes de recherche et de masses critiques, on peut signaler, en particulier, l'existence de plusieurs groupes de recherche bien structurés qui bénéficient d'appuis financiers tant de l'Université que d'organismes subventionnaires externes :

- Centre d'analyse de textes par ordinateur (Centre ATO);
- Centre de géochimie isotopique et en géochronologie (GEOTOP);
- Centre de recherche en gestion (CRG);
- Centre de recherche sur les politiques économiques (CERPE);
- Centre d'étude des interactions biologiques entre la santé et l'environnement (CINBIOSE);
- Centre interdisciplinaire de recherche sur l'apprentissage et le développement en éducation (CIRADE);
- Laboratoire de combinatoire et d'informatique mathématique (LACIM);
- Laboratoire de neuroscience de la cognition (LNC);
- Laboratoire de recherche en écologie humaine et sociale (LAREHS);
- Laboratoire de recherche en toxicologie de l'environnement (TOXEN).

Exploitation de créneaux nouveaux

Le décollage de la recherche et de la création à l'UQAM a aussi été facilité par l'exploitation de créneaux nouveaux. L'originalité des thèmes de recherche a été, dans l'expérience de l'UQAM, un facteur appréciable en définissant mieux les chercheurs dans la sollicitation de fonds. Par ailleurs, l'affirmation d'expertises scientifiques uniques dans le milieu a ouvert à l'UQAM la porte de nouvelles sources de contrats de recherche. L'originalité de certains créneaux de recherche exploités par l'UQAM lui a valu l'autorisation de dispenser de nouveaux programmes de 2e et surtout de 3e cycle. L'exploitation de créneaux nouveaux permet d'accéder à un *leadership* scientifique reconnu qui ouvre bien des portes, consolide la réputation et la crédibilité d'un établissement et de ses chercheurs et assure une utile complémentarité dans le réseau universitaire. Avec le Centre de recherche en développement industriel et technologique (CREDIT), le Centre de recherche en évaluation sociale des technologies (CREST) et le Groupe de recherche en informatique et droit (GRID), l'UQAM a fait la preuve qu'un jeune établissement peut effectuer des percées conceptuelles qui soutiennent et alimentent le décollage de la recherche et qui renouvellent et enrichissent la formation aux divers cycles.

Facteurs rétroactifs

Il faut enfin considérer une troisième catégorie de facteurs, les facteurs rétroactifs. Ce sont des facteurs qui viennent agir sur les facteurs environnementaux et opérants et qui renforcent leur action. Le décollage de la recherche et de la création est une opération qui a besoin de temps et qui peut être prématurément abrégée par une conjoncture adverse. Dans ce contexte, certains facteurs, qui n'ont guère d'efficacité si le décollage n'a déjà pas débuté, peuvent le renforcer et l'assurer.

Bilans de l'effort de recherche et de création

L'établissement périodique de bilans de l'effort de recherche et de création constitue un premier facteur rétroactif qui a joué un rôle appréciable dans le décollage de l'UQAM.

L'UQAM a méthodiquement réalisé de tels bilans :

• Le *Rapport annuel sur le financement de la recherche et de la création* fournit des données précises sur les fonds de recherche, leur provenance, leur répartition entre les diverses unités, etc., données qui permettent de mesurer les résultats de l'effort de recherche, d'identifier des zones de forces ou de faiblesses, de comparer à travers le temps, d'identifier des priorités nouvelles, etc. Cette information éclaire utilement non seulement les chercheurs eux-mêmes, mais aussi les gestionnaires, les instances institutionnelles, les organismes subventionnaires et les interlocuteurs externes de l'Université.

• Le *Répertoire des publications et des réalisations de recherche et de création* (publié tous les deux ans) dresse un portrait plus qualitatif de l'effort de recherche. Ce *Répertoire* permet d'apprécier les divers territoires scientifiques ou artistiques exploités par l'activité de recherche et de création. Il témoigne de la portée de l'effort de recherche tant pour la communauté universitaire que pour le milieu externe.

• Le *Répertoire des mémoires de maîtrise et des thèses de doctorat* complète le répertoire précédent.

• On peut également citer le bulletin d'information *En flèche* qui décrit, souvent par thèmes généraux, des développements de la recherche et de la création.

Mise en valeur des réussites

Au-delà des bilans, la mise en valeur active des réussites des chercheurs et des créateurs de l'UQAM a aidé à soutenir le décollage de la recherche et de la création. La reconnaissance assurée par l'Université aux réussites des chercheurs et des créateurs, la présentation de leur candidature à des prix, l'encouragement prodigué à leurs efforts, tout cela a confirmé la valeur attachée par l'établissement à ces activités, qui fut, on l'a signalé, un facteur environnemental important du décollage. Cette mise en valeur des réussites des chercheurs et des créateurs a aussi eu un effet stimulant sur les autres et a pu aider à recruter de nouveaux professeurs pour l'UQAM, en présentant l'Université comme un milieu propice à la recherche et à la création. Les chercheurs et les créateurs ont besoin d'une reconnaissance, d'un appui émotif, d'une gratification de leur effort. L'expérience vécue par l'UQAM démontre que la mobilisation intense des énergies, qui conditionne le décollage de la recherche, ne peut être soutenue sans gratification psychologique des personnes qui s'y consacrent.

Constitution d'un *lobby* de la recherche et de la création

Il faut aussi identifier la constitution d'un lobby de la recherche comme un facteur rétroactif de décollage. Un tel décollage est un processus qui requiert du temps. Il ne se consolide que progressivement. La volonté de valoriser la recherche et la création, de leur accorder des appuis et des moyens, le souci de recruter des professeurs expérimentés, le processus d'élaboration de bonnes politiques de recherche et de création, tout cela doit être intégré au processus décisionnel de l'Université que sollicitent d'autres priorités. La cause de la recherche et de la création, doit être promue par des personnes, dans les assemblées départementales, dans les comités et les instances de l'institution, dans les réunions syndicales, etc. Le réseau des personnes qui soutiennent activement l'importance et le développement de la recherche et de la création dans les forums institutionnels, est intervenu souvent de façon décisive en orientant la prise de décision dans une direction répondant aux besoins de la recherche et de la création. Par ailleurs, ce même réseau, par ses interventions à l'extérieur de l'Université, la participation de ses membres aux organismes subventionnaires et à leurs comités de réflexion ou à leurs comités de pairs, a aidé les chercheurs de l'UQAM à mieux faire apprécier leurs projets de recherche, leurs demandes de subventions ou leurs approches originales ou novatrices.

Le progrès de la recherche, s'il requiert un environnement propice, des chercheurs actifs, a aussi besoin des sympathies et des appuis que l'on peut qualifier de *politiques*, dans l'établissement et hors l'établissement. Voilà pourquoi il faut reconnaître l'effet d'un facteur comme le réseau des promoteurs de la recherche.

Conclusion

Au cours des années 80, l'Université du Québec à Montréal a vécu un authentique décollage en recherche et en création, tel qu'établi par des indicateurs quantitatifs et qualitatifs. Ce décollage a été reconnu par les membres de la communauté de l'UQAM, mais aussi dans le réseau universitaire et dans le monde scientifique québécois et canadien.

Un tel décollage n'est pas un *miracle* inexplicable. Au contraire, il résulte de l'action conjuguée de multiples facteurs dont les pages précédentes proposent une première analyse. En substance, trois catégories de facteurs ont été mis en œuvre : un environnement institutionnel de plus en plus propice à l'activité de recherche; l'implication des membres du corps professoral et l'utilisation judicieuse des ressources financières et organisationnelles; un système de reconnaissance et de renforcement des acquis et des réussites.

Dans la mesure où le décollage de la recherche et de la création à l'UQAM n'est pas un miracle, il est permis de penser que d'autres établissements universitaires peuvent réussir leur propre décollage en mettant en œuvre les facteurs qui ont si bien servi l'UQAM. En principe, chacun de ces facteurs peut être reproduit dans un environnement universitaire différent. Des modalités propres à un établissement précis peuvent faciliter ou inhiber l'efficacité de ces facteurs. Leur conjonction peut être plus ou moins réussie. Cependant, rien n'interdit à un autre établissement universitaire de tirer profit de l'expérience vécue par l'UQAM.

Les universités sont soumises à des attentes qui paraissent parfois difficiles à réconcilier : accessibilité au plus grand nombre, formation de la meilleure qualité, poursuite de la connaissance de pointe par la recherche, présence aux problèmes du milieu, etc. L'atteinte d'un équilibre entre l'enseignement et la recherche est difficile. Dans ces conditions, il est très important de bien connaître les facteurs qui facilitent le développement de la recherche universitaire.

Notes

1. *Rapport annuel sur le financement de la recherche et de la création 1989-1990*, Décanat des études avancées, octobre 1990, p. 6.

2. *Ibid.*, p. 7.

3. *Ibid.*, p. 9.

4. *Ibid.*, p. 13.

5. *Rapport annuel sur le financement de la recherche et de la création (1989-1990)*, p. 33.

6. Des plans triennaux ont ainsi été élaborés pour les années 1979-1982, 1982-1985, 1985-1988 et 1988-1991. Un nouveau plan est en cours d'élaboration.

7. UQAM, *Plan triennal 1985-1988, Deuxième partie : buts, projets et actions*, p. 22.

8. UQAM, *Plan directeur 1988-1991*, pages 20 et 22.

9. UQAM, Conseil d'administration, résolution 85-A-4879.

10. UQAM, Conseil d'administration, résolution 85-A-5126.

11. UQAM, Conseil d'administration, résolution 85-A-5125.

12. UQAM, Conseil d'administration, résolution 85-A-5128.

13. Ce tableau a été construit à partir de données tirées du *Rapport annuel sur le financement de la recherche et de la création 1989-1990*, p. 14-17.

14. Ainsi, l'UQAM s'est classée troisième au Canada parmi l'ensemble des établissements recevant des fonds du Conseil de recherche en sciences humaines.

15. *Rapport annuel sur le financement de la recherche et de la création 1989-1990*, p. 37.

16. *Ibid.*, p. 35.

17. *Ibid.*, p. 36.

L'UNIVERSITÉ ACCESSIBLE

.

Les adultes et l'impact de leur présence sur l'université

L'un des titres de gloire de l'UQAM, au terme de son premier quart de siècle, est certainement l'effort considérable de formation des adultes. En cela, l'UQAM n'a pas innové de façon absolue : les universités établies offraient déjà, à la fin des années 60, ce que l'on appelait dans certains cas l'extension de l'enseignement; le collège Sainte-Marie, l'une des institutions intégrées à l'UQAM en 1969, avait développé pour les adultes un programme de baccalauréat ès arts, le grade dispensé au terme du vieux cours classique, mais devenu accessible aux étudiants adultes à temps partiel grâce à des cours offerts après 17 h; surtout, Sir George Williams University, devenue, par suite de sa fusion en 1973 avec le Collège Loyola, l'université Concordia, avait remarquablement développé la formation universitaire des adultes. Le mérite de l'UQAM, comme de l'ensemble des établissements du réseau de l'Université du Québec, fut de s'inspirer de ces pratiques et de les systématiser en permettant aux adultes d'être admis, sur la base de leur expérience professionnelle, à des programmes universitaires réguliers conduisant au baccalauréat; en permettant aux adultes d'étudier à temps partiel, le soir ou les fins de semaine, sans préjudice académique; en offrant progressivement aux adultes des programmes taillés sur mesure. À des dizaines de milliers d'adultes de la grande région de Montréal, l'UQAM a donné accès à une véritable formation universitaire. Malgré les difficultés liées aux études à temps partiel, des dizaines de milliers d'adultes ont obtenu de l'UQAM un ou des certificats ou un baccalauréat ou même une maîtrise ou un doctorat. Souvent j'ai entendu des témoignages émus de reconnaissance envers l'UQAM de la bouche de tels diplômés. Dans certains cas, des adultes ayant poussé les études, d'abord à temps partiel puis à temps complet, jusqu'au doctorat sont devenus, à l'aube de la quarantaine, professeurs à l'UQAM ou dans d'autres universités. À chaque fois que je rencontre l'une de ces personnes, le plus souvent des femmes, je pense que l'UQAM a rendu un immense service dont elle peut tirer une très grande fierté.

La présence massive d'adultes – à l'UQAM, la moyenne d'âge des 54 ou 55 % d'étudiants à temps partiel se situe aux alentours de 31 ans – a eu un impact certain sur la vie de l'institution universitaire. Il est opportun de mieux comprendre cet impact et d'essayer de voir comment il pourra se manifester dans les années à venir.

Lorsque, en septembre 1964, je gravis pour la première fois le vieil escalier de bois conduisant à l'édifice principal de l'Université de Montréal pour entreprendre mes études en philosophie, j'entrai dans une institution universitaire qui était bien différente de celle d'aujourd'hui :

• par la taille, l'explosion des inscriptions devant survenir surtout durant les années 70 et 80;

• par la composition de son corps étudiant : nous étions pour la grande majorité, des 18-24 ans, issus de milieux socio-économiques privilégiés, frais émoulus du collège classique, étudiants à temps complet et ne travaillant que l'été;

• par ses programmes d'études : la filière classique de la licence, de la maîtrise et du doctorat prévalait, et, hormis quelques activités dites d'«extension de l'enseignement» ou de «B.A. par les soirs», tous ces programmes visaient la formation initiale;

• par l'atmosphère générale du campus, l'université étant massivement peuplée de jeunes qui y trouvaient, pour quelques années, un milieu de vie sociale et culturelle autant qu'un milieu de formation. À cette époque, hormis quelques cas marginaux, l'université fonctionnait de 9 à 5;

• par le sentiment que l'université constituait la dernière période du passage de la jeunesse à l'âge adulte et qu'une fois sortis, nous n'aurions plus à y revenir, si ce n'était pour quelques nostalgiques soirées d'anciens.

Bref, l'université que j'ai connue et vécue était le prolongement naturel du collège classique comme style de vie et d'apprentissage avec trois différences : la spécialisation, plus de liberté et la présence des filles.

Tout cela a bien changé au cours des deux dernières décennies, notamment suite à l'action d'établissements tels que l'Université Concordia et l'Université du Québec qui ont contribué à mettre en place un nouveau modèle d'université. Pour sa part, l'UQAM a fait des choix clairs et fondamentaux pour se rendre accessible à de plus diverses clientèles, notamment les adultes :

• intégration massive des adultes aux programmes réguliers du baccalauréat et même de maîtrise;

• reconnaissance du cheminement à temps partiel, avec possibilité d'interruptions;

• admission sur la base de l'âge et de l'expérience;

• élargissement jusqu'en fin de soirée et au-delà du vendredi des heures d'enseignement;

• développement de nouveaux types de programmes d'études, comme les certificats, avec possibilité de baccalauréat par leur cumul, et de nouveaux contenus de programmes, branchés directement sur les besoins professionnels des étudiants adultes;

• reconnaissance croissante des acquis de l'expérience personnelle et professionnelle pour alléger le cursus des programmes;

• glissement depuis l'université de petite taille définie comme milieu de vie pour les 18-24 ans vers l'université de masse, ressemblant parfois à un centre commercial intellectuel;

• développement de l'enseignement hors campus pour rejoindre les clients tout près de leur lieu de travail ou de résidence; depuis 1980, l'UQAM a établi des centres d'études universitaires à Ville de Laval, Saint-Jean-sur-le-Richelieu, etc.;

• apparition d'une nouvelle mission dite de «service aux collectivités».

Depuis un quart de siècle, la présence massive des adultes a modifié significativement la vie et la physionomie de l'université. Partout, au Québec, des milliers de personnes ont acquis une formation universitaire après l'âge traditionnel des études universitaires, en étudiant le soir ou les fins de semaine, à temps partiel et très souvent sous la direction immédiate de chargés de cours ou de professeurs n'ayant aucune préparation particulière pour leur enseigner. Et, au total, cette transformation était justifiée. Le Québec ne pouvait pas, tant par respect des valeurs démocratiques que par intérêt économique, se refuser à ce vaste travail de rattrapage. Le Québec, en ouvrant ses universités aux adultes, a partiellement corrigé au cours des années 70 et 80 ses retards en matière de scolarisation universitaire. À la question de savoir si la présence des adultes a contribué à la transformation de l'université québécoise, je réponds affirmativement et ce, pour le bénéfice des adultes et de la société, mais aussi de l'université elle-même.

Voilà pour le passé de façon bien synthétique. Tentons maintenant d'imaginer si la présence des adultes amènera encore d'autres transformations de l'université. Mon sentiment général est que la présence importante d'adultes à l'université est un acquis irréversible. Cependant, les modalités de cette présence sont susceptibles de changer pendant le prochain quart de siècle.

Deux remarques préliminaires me paraissent nécessaires avant d'aller plus loin.

Premièrement, l'université québécoise, dans un contexte de ressources rares, fait l'objet d'un nombre croissant d'attentes de la part de la société. On lui demande ainsi d'améliorer qualitativement la formation initiale des étudiants issus du cégep; d'accroître significativement sa contribution à la formation au niveau de la maîtrise et du doctorat; d'intensifier son effort de recherche fondamentale et appliquée; de développer des équipes de recherche de pointe capables de soutenir la concurrence à l'échelle mondiale; d'accroître et de parfaire son arrimage avec les besoins de transferts de connaissances de l'industrie et de l'entreprise; de soutenir les préoccupations des gouvernements en matière de coopération internationale; de participer au développement économique et social des régions; de répondre aux aspirations des groupes socio-économiques moins favorisés.

C'est beaucoup demander à une institution à laquelle on hésite à donner un financement comparable à celui dont bénéficient les universités ontariennes et américaines. Faute d'un financement adéquat, les universités ne pourront pas répondre à toutes les attentes qu'on leur exprime.

Deuxièmement, dans toutes les sociétés développées, la connaissance et la matière grise sont de plus en plus le moteur essentiel de la croissance et de la puissance économiques et du développement social et culturel. Cela est vrai pour le Québec qui doit continuer à investir dans la formation de ses ressources humaines. Et, faute d'un tel investissement, le Québec met en péril non seulement son bien-être économique et sa capacité d'affronter la mondialisation des échanges économiques, mais son identité même comme société distincte. La présence continue des adultes à l'université doit donc être considérée non pas seulement comme une question de promotion professionnelle des individus, mais comme un investissement collectif, essentiel aux intérêts fondamentaux du Québec.

Compte tenu de ces deux remarques préliminaires, quelques voies de développement se présentent qui annoncent des changements à réaliser pour mieux accueillir les adultes à l'université :

- les jeunes formés au premier cycle durant les années 70 et 80 sont devenus des adultes en situation de travail dotés d'une formation initiale. En raison de l'explosion des connaissances, leur formation initiale vieillit rapidement. Ils ont et auront besoin d'être remis à jour et réoutillés pour bien poursuivre leur pratique professionnelle ou pour assumer de plus grandes responsabilités. Nous mesurerons de mieux en mieux ce qui signifient des concepts tels ceux d' «éducation permanente» ou de *life-long education*. Pour ces adultes déjà formés au premier cycle, l'université devra imaginer une plus large gamme de pratiques de formation ponctuelle, en collaboration avec les organismes professionnels, syndicaux ou patronaux. Sinon, notre main-d'œuvre professionnelle se disqualifiera et sera de moins en moins capable de s'approprier les nouvelles connaissances;

- les transformations technologiques qui assaillent les divers secteurs de production de biens et de services rendent nécessaires des activités de formation de groupe. L'industrie de pointe investit beaucoup dans ces activités, notamment aux États-Unis. Ici, au Québec, l'on pourrait imaginer des actions conjointes impliquant des secteurs d'activités économiques et des universités pour préparer adéquatement des groupes professionnels à des mutations technologiques majeures et rendre nos secteurs industriels ou de services capables de soutenir la concurrence étrangère. Cela requiert de l'Université de demeurer à la pointe des connaissances et de la technologie;

- de même, les groupes sociaux engagés dans des efforts de promotion collective ont besoin de la poursuite de la mission nouvelle de service aux collectivités. Ici encore, ce sont des adultes que l'université accueillera;

- une nouvelle forme de rattrapage s'annonce. Les années 70 et 80 ont été l'occasion d'un rattrapage historique au niveau du 1er cycle. Le retard historique du Québec a été à peu près comblé à ce niveau. Mais, aux 2e et 3e cycles, le Québec demeure en retard. Un nombre important d'adultes diplômés du 1er cycle pourraient profitablement poursuivre des études de 2e et de 3e cycle dans le cadre de ce nouveau rattrapage. Il faut trouver des moyens de les accueillir dans ces programmes, compte tenu à la fois de leur situation personnelle et des exigences de ce niveau de formation;

- les adultes qui viendront à l'université au cours de la prochaine décennie fréquenteront des établissements où l'activité de recherche sera encore plus importante. Leur présence à l'université ne pourra se résumer à suivre passivement des cours. Il faudra au contraire les rapprocher des activités de recherche et faire en sorte qu'ils aient accès aux connaissances de pointe qu'élabore l'activité de recherche. Il faudra aussi que l'on instrumente les adultes pour qu'ils s'initient à l'activité de recherche et sachent en appliquer les éléments essentiels et appropriés à leur propre activité professionnelle. Si la formation des adultes est coupée de la recherche, sa qualité en souffrira grandement;

- il y aura lieu de mieux exploiter les possibilités qu'offre le développement des technologies de l'information et des communications, depuis l'informatique jusqu'à la télévision interactive, pour la formation des adultes. À ce jour, les universités n'ont pas fait preuve d'excès d'imagination à cet égard; pourtant, compte tenu des possibilités extraordinaires qu'offrent les technologies et des contraintes propres aux adultes en situation de travail, les méthodes pédagogiques ne peuvent se résumer à l'enseignement traditionnel sur place; il faudra aller rejoindre les adultes là où ils sont et aux moments où ils sont disponibles;

- l'éducation continue des adultes, notamment aux 2e et 3e cycles, ne peut reposer uniquement sur leurs efforts et sur ceux des universités. Elle exige, au contraire, la compréhension et la collaboration des employeurs et des gouvernements. La formation continue devra s'intégrer au monde du travail et devenir l'une des composantes importantes du budget d'opération des entreprises.

Au cours des années 90, comme au cours des vingt dernières années, les adultes auront leur place à l'Université. Les formes de cette présence et ses exigences évolueront; cependant, elle sera bénéfique pour les personnes, pour la société et pour l'université.

L'accessibilité de l'université, d'une université comme l'UQAM, aux adultes, a donc eu un impact certain sur l'institution. Cet impact n'est pas terminé et il continuera à se manifester durant les années qui viennent, selon des formes et des modalités nouvelles. Entre-temps, il y a au Québec des dizaines de milliers de personnes pour qui l'UQAM a été la seule véritable occasion d'accéder aux études universitaire. Diplômées ou non, ces personnes ont vécu à l'UQAM une expérience de vie significative. Cela constitue un très beau chapitre de l'histoire de l'UQAM.

Notes critiques sur l'expérience de l'UQAM

L'Université du Québec a fait de l'accessibilité aux études universitaires à la fois un leitmotiv et un titre de gloire. Née de la poussée réformatrice de l'éducation qui a caractérisé la Révolution tranquille québécoise, l'UQAM a volontiers assumé le mandat d'accroître la scolarisation universitaire des francophones québécois et elle a conçu ses régimes pédagogiques, ses politiques d'admission et ses programmes d'études à la lumière de cette valeur fondatrice de l'accessibilité. En vingt-cinq ans, l'UQAM a décerné plus de 100 000 diplômes, grades et certificats, tirant de cette réalisation une légitime fierté. Ayant vécu l'expérience de l'UQAM depuis ses débuts, j'ai souscrit à ce leitmotiv et je participe à la fierté institutionnelle.

Cela dit, il n'est pas interdit de considérer toute cette expérience institutionnelle d'un regard un peu critique. Le sens critique vient plus facilement aux universitaires quand il s'agit des affaires des autres que pour les leurs. Mais, servi selon une posologie raisonnable, le sens critique peut être bénéfique pour les universitaires eux-mêmes. À l'égard de la politique d'accessibilité pratiquée par l'UQAM, certaines remarques critiques sont pertinentes; elles ne dénigrent pas l'expérience vécue, mais permettent de voir que les réformes les plus généreuses ont souvent des effets secondaires imprévus ou même indésirables. Des études sur la persévérance aux études et l'obtention du grade ou du diplôme recherché par les étudiants de l'UQAM, études menées à compter de l'année 1989-1990, ont incité les gens de l'UQAM à réfléchir à leur pratique de l'accessibilité. Elles ont révélé que, dans les programmes de baccalauréat, un étudiant sur trois n'obtient pas son grade, alors que, dans les programmes de certificats, deux étudiants sur trois ne parviennent pas au terme du programme.

De telles données doivent être interprétées avec un peu de discernement. La situation varie considérablement d'un programme à l'autre. L'abandon d'un programme ne constitue pas toujours nécessairement un échec dramatique. C'est souvent le passage de l'étudiant au programme qu'il veut vraiment compléter, après un stage dans un «programme-antichambre». Et, quand on compare le taux de persévérance ou d'abandon programme par programme, dans nombre de cas, la situation de l'UQAM ne s'avère pas particulièrement dramatique ou même différente par rapport à celle d'autres universités. L'examen des taux de persévérance a tout de même le mérite de soumettre à la réflexion la pratique de l'accessibilité de l'UQAM et des moyens qu'elle a mis en œuvre pour la réaliser. Les notes qui suivent ont plus pour but de réfléchir à l'expérience vécue par l'UQAM et d'inspirer des analyses plus poussées, que de tirer des conclusions définitives.

L'accessibilité a amené l'UQAM à vivre plus vite et plus profondément que d'autres universités certains aspects de ce qu'on a appelé l'«université de masse», caractérisée par la croissance accélérée des effectifs étudiants, l'accroissement du nombre d'étudiants à temps partiel également engagés de façon importante sur le marché du travail, l'accroissement des étudiants adultes animés par des objectifs d'apprentissage plus utilitaires, la diversification poussée de l'origine socio-économique des étudiants et la disparité accrue de leurs acquis culturels individuels. L'accessibilité a aussi amené un ensemble de pratiques pédagogiques et éducatives transformant les habitudes universitaires et amenant des avantages et des inconvénients.

Les moyens déployés par l'UQAM pour faciliter l'accessibilité aux études universitaires doivent donner lieu à une réflexion critique. Dans les pages qui suivent, je chercherai à identifier les moyens par lesquels l'UQAM a essayé de réduire les obstacles à la fréquentation universitaire et d'accroître l'accessibilité. Je commenterai aussi les résultats obtenus et les difficultés qui ont pu surgir. L'accessibilité est un choix qui ne prend tout son sens que lorsqu'il s'accompagne de la recherche de la formation de la plus haute qualité possible.

L'UQAM a mis en œuvre des moyens pour accroître l'accessibilité *géographique* des études universitaires. L'installation du campus principal de l'Université en plein centre-ville, directement au-dessus de la plus importante station de métro de Montréal, où convergent trois des quatre lignes du réseau, a certainement rendu la fréquentation des études beaucoup plus facile pour un grand nombre de personnes, notamment des adultes travaillant au centre-ville. Mais, au centre-ville, les mètres carrés sont rares et coûteux. Pendant l'essentiel de son histoire, l'UQAM a été privée d'un véritable campus : la Phase I n'a été disponible qu'en 1979; la phase II n'a été achevée qu'en 1992; le chantier du complexe scientifique s'est ouvert au printemps 1993 et ne sera achevé que vers la fin de la décennie; et l'UQAM a attendu 25 ans avant de disposer d'un centre sportif et de résidences dignes de ce nom. C'est donc dire que l'avantage géographique procuré par une localisation au centre-ville s'est fait au prix de la relative pauvreté de la vie communautaire des étudiants et des autres membres de l'Université. La réussite scolaire, il faut le rappeler, repose non seulement sur l'effort intellectuel de l'étudiant, mais aussi sur son intégration à un groupe de pairs; cela suppose des conditions matérielles que l'UQAM n'a guère été en mesure d'offrir pendant la majeure partie de son histoire.

Encore pour faciliter l'accessibilité géographique et en s'inspirant de l'exemple d'autres établissements du réseau de l'Université du Québec, l'UQAM a ouvert, à compter de 1980, des centres d'études universitaires hors campus en périphérie de la grande région métropolitaine de Montréal (Saint-Jean-sur-le-Richelieu, Valleyfield, Joliette, Ville de Laval, etc.). Cette mesure a singulièrement facilité la tâche des étudiants des régions en question en leur épargnant d'onéreux déplacements vers le centre-ville. Elle a créé des lieux d'apprentissage beaucoup plus intimes et personnalisés que le campus principal. Mais l'offre de programmes y fut toujours forcément limitée, laissant insatisfaits les appétits éveillés, et il fut toujours impossible de recréer sur place toute l'infrastructure pédagogique, bien que des ententes de service avec les institutions d'enseignement locales aient assuré la disponibilité des plus nécessaires ressources d'enseignement. Nonobstant les limites de l'expérience, l'expansion géographique de l'offre de certains programmes a tout de même rendu possible la scolarisation universitaire de milliers de personnes qui ne pouvaient s'astreindre à fréquenter le campus du centre-ville. En matière d'enseignement hors campus, les établissements du réseau de l'Université du Québec, dont l'UQAM, ont véritablement relevé le défi de l'accessibilité.

Par-delà l'accessibilité géographique, l'UQAM a déployé divers moyens pour faciliter l'entrée même à l'Université :

- réduction au strict minimum des préalables académiques de niveau collégial;

- institution de l'admission en vertu de la règle d'âge (22 ans) et d'expérience professionnelle;

- réduction au minimum des programmes contingentés;

- dans les programmes contingentés, places réservées aux adultes en proportion du nombre de demandes d'admission reçues de candidats adultes;

- classification et explicitation des méthodes utilisées pour la sélection dans les programmes contingentés.

La plupart de ces mesures ont eu d'heureux effets. Cependant, il n'est pas évident que l'UQAM ait toujours pleinement déployé les mesures compensatoires nécessaires à l'adaptation rapide et efficace de clientèles ayant suivi un cheminement préuniversitaire non conventionnel. Ainsi, il a fallu plusieurs années avant de développer des activités de formation susceptibles de faire acquérir aux étudiants les requérant les connaissances de la langue française ou des mathématiques absolument indispensables aux programmes universitaires. La définition (ou l'absence de définition) de l'expérience professionnelle «pertinente» (justifiant l'admission d'adultes n'ayant pas complété des études collégiales) a pu entraîner, chez plusieurs de ces étudiants, des déceptions importantes. Il a aussi fallu plusieurs années d'expérience pour apprécier correctement l'importance de bien informer, orienter, accueillir et intégrer à la vie universitaire les adultes souvent absents du système scolaire depuis de nombreuses années. Ouvrir les portes de l'université est une chose, y accueillir vraiment les nouveaux venus en est une autre. Certes, l'UQAM a dû composer avec de fortes croissances annuelles des effectifs étudiants et avec une carence certaine des ressources affectées à l'accueil et à l'intégration des étudiants. Cependant, la réussite scolaire tient souvent beaucoup plus à l'accueil et à l'intégration des nouveaux étudiants durant les premières semaines et les premiers mois qu'à beaucoup d'autres facteurs. L'UQAM en a pris conscience et a raffiné ses pratiques depuis quelques années. Mais il est clair que l'accessibilité constitue un choix très exigeant pour une institution universitaire.

Par rapport aux pratiques universitaires des années 60, l'UQAM a déployé des efforts considérables inspirés du choix de l'accessibilité pour réduire l'importance de certains obstacles à la poursuite des études. Par exemple :

- l'UQAM a rendu universelle la possibilité de cheminer à temps partiel dans tous ses programmes d'études et a reconnu aux étudiants à temps partiel le même statut et les mêmes droits qu'aux étudiants à temps complet. Elle a offert à ses étudiants de modifier leur rythme d'étude (en passant du temps complet au temps partiel ou vice versa), ou même d'interrompre leurs études pendant un certain temps, sans perdre leurs acquis. Réforme progressive et généreuse, tranchant avec la rigidité caractérisant antérieurement la fréquentation de l'université. Mais ces dispositions ont aussi eu pour effet, dans trop de cas, d'allonger indûment la longueur des études, d'affaiblir la motivation et d'amener l'abandon scolaire. De même, ces dispositions n'ont pas toujours été heureuses en ce qui concerne les études de maîtrise ou de doctorat, où l'allongement indu et l'isolement de l'étudiant accroissent dangereusement le risque de ne jamais compléter le mémoire de maîtrise ou la thèse de doctorat.

- l'UQAM a considérablement assoupli ses horaires d'enseignement, les prolongeant jusqu'à la fin de la soirée et offrant régulièrement la moitié de ses enseignements après 17 heures. Cependant, elle n'a pas ajusté parallèlement les horaires de ses services pédagogiques et administratifs, ce qui ne facilitait pas la réponse aux besoins des étudiants ne venant à l'université que le soir. Des services aussi essentiels que la bibliothèque ou l'informatique ont toutefois déployé de très importants efforts pour s'ajuster aux horaires d'enseignement.

- l'UQAM a choisi l'intégration complète des étudiants provenant directement du collège et des adultes venant du marché du travail dans les mêmes programmes et, très souvent, dans les mêmes cours. Choix digne, qui évite de parquer les adultes dans un ghetto pédagogique et qui leur assure le même statut que les étudiants jeunes et à temps complet. Choix stimulant pour les enseignants et l'ensemble des étudiants, puisque les adultes sont le plus souvent des étudiants très motivés, exigeants quant à la préparation des enseignants, à la qualité et à la richesse des contenus et à la pertinence des méthodes d'enseignement et d'évaluation, et capables d'enrichir l'interaction entre l'enseignant et le groupe par l'apport de leur expérience professionnelle et de vie. Mais choix compliquant la tâche de l'enseignant confronté à des groupes hétérogènes par leurs acquis, leurs intérêts, leurs motivations. Ce choix a-t-il suffisamment tenu compte des besoins propres de chaque clientèle?

- l'UQAM a voulu assouplir certains éléments du règlement académique pour faciliter l'apprentissage. Ces réformes ont amené des résultats parfois très préoccupants. Ainsi, la promotion par cours plutôt que par année académique a singulièrement réduit la possibilité d'évaluer le progrès de l'étudiant par rapport aux objectifs pédagogiques de l'ensemble du programme. Ainsi, encore, beaucoup de programmes ont réduit le nombre de cours communs obligatoires pour faciliter le choix de cours par les étudiants; cela a eu pour conséquence d'affaiblir considérablement les cohortes d'étudiants qui constituent pourtant des cadres d'intégration et d'identification sociale importants pour la réussite dans un programme donné. Ainsi, le régime pédagogique a prévu la possibilité pour un étudiant de modifier, pendant les premières semaines d'une session, son choix de cours original, notamment pour tenir compte des contraintes d'horaire individuelles; ceci a entraîné beaucoup de «magasinage» d'un cours à l'autre et beaucoup de transactions administratives pour des gains pédagogiques probablement assez limités.

Pour la programmation elle-même, notamment en réponse aux besoins spécifiques des adultes, le choix de l'accessibilité a amené l'UQAM à privilégier le développement de nouveaux types de programmes d'études : au 1er cycle, les certificats et les programmes courts, au 2e cycle, les diplômes et les maîtrises professionnelles. Les maîtrises professionnelles et les diplômes de 2e cycle sont des programmes spécialisés destinés à des clientèles bénéficiant déjà d'une formation initiale de 1er cycle et attestant le plus souvent d'une expérience professionnelle; leur originalité est assez limitée dans le contexte de l'expérience universitaire nord-américaine et ces programmes ont généralement bien répondu aux besoins qui les firent naître. Dans le cas des certificats de premier cycle, l'analyse est un peu plus complexe.

313

Le certificat est un programme de 30 crédits équivalant à une année d'études universitaires à temps complet, par rapport au baccalauréat qui en exige trois après le diplôme d'études collégiales. Pour un grand nombre d'étudiants adultes, les programmes de certificat ont été une véritablement bénédiction et ce, pour plusieurs raisons. D'une part, par opposition aux programmes de baccalauréat qui visent une formation de base générale dans une discipline ou un champ d'études, les certificats ont des objectifs de formation plus restreints, plus spécialisés, des objectifs de formation plus étroitement ordonnés à des besoins de recyclage ou de réorientation professionnels. Les certificats ont été conçus d'abord pour la clientèle adulte. D'autre part, les certificats permettent d'obtenir une sanction académique dans des délais beaucoup moins longs que le baccalauréat. Pour un adulte étudiant à temps partiel, à raison d'un ou deux cours par session, de quatre à six cours par année universitaire, et ayant à assumer en plus un travail rémunéré à temps complet et des responsabilités familiales ou parentales, compléter les trente cours d'un baccalauréat avant d'obtenir une sanction universitaire requiert une motivation et une ténacité sans faille, une continuité exemplaire et, pour tout dire, beaucoup de courage personnel. Les adultes, dans l'ensemble, ont tiré grand avantage des programmes de certificats, d'autant plus que l'UQAM, tirant les conclusions logiques du large développement des programmes de certificats, a éventuellement rendu possible l'obtention du grade de baccalauréat par le cumul, selon des règles précises d'appariement, de trois certificats.

Dans l'ensemble, la programmation par certificat a incontestablement répondu à de larges besoins de formation et rendu de grands services à de très nombreux adultes. Le fait que d'autres universités aient utilisé différemment les programmes de certificats ne doit pas porter ombrage aux résultats obtenus par l'UQAM et par les autres établissements du réseau de l'Université du Québec. Dans ce contexte, la remise en question du financement gouvernemental des étudiants inscrits dans les programmes de certificats, que l'on entend ici et là de temps à autre, est particulièrement irrecevable et injustifiée. Les étudiants inscrits dans les certificats sont assujettis aux mêmes conditions générales d'admission, d'étude et d'évaluation, ils suivent très souvent les mêmes cours que les étudiants inscrits aux programmes de baccalauréat; aussi, le certificat ne peut-il en aucun cas être jugé comme une programmation universitaire de second ordre. Ceux qui pensent de la sorte méconnaissent à tort certaines réalités fondamentales de l'expérience de l'UQAM.

La programmation par certificat a tout de même connu certaines difficultés. Les inévitables contraintes de ressources ont amené à composer nombre de programmes de certificats avec des cours figurant également dans des programmes de baccalauréat. L'usage de mêmes cours pour atteindre des objectifs de formation fort différents a parfois été source de difficultés. Par ailleurs, l'existence de certificats a amené des étudiants à privilégier cette voie de formation, alors qu'ils auraient plutôt eu avantage à s'engager dans la formation longue mais appropriée du baccalauréat; cela est particulièrement vrai pour nombre d'étudiants fraîchement émoulus du cours collégial qui ont préféré le certificat au baccalauréat. L'UQAM eût été bien avisée de décider plus tôt de restreindre les certificats aux clientèles adultes, auxquelles ces programmes sont vraiment destinés, et d'en fermer les portes aux diplômés du collégial, en quête d'une formation universitaire initiale. Enfin, dans un certain nombre de cas, la disponibilité d'une large gamme de certificats a amené des détenteurs de baccalauréat à prolonger leur séjour aux études de premier cycle, alors qu'ils auraient eu les aptitudes et les bonnes raisons d'entreprendre des études de maîtrise.

Ces difficultés, ayant caractérisé les programmes de certificats développés et offerts par l'UQAM, ne doivent pas faire perdre de vue l'essentiel : les certificats ont été des programmes de 1ᵉʳ cycle universitaire de plein droit et ils ont été un puissant instrument de formation et de qualification professionnelles pour des milliers de personnes.

Le choix de l'accessibilité a donc amené à l'UQAM le renouvellement profond de plusieurs pratiques universitaires établies. L'ouverture généreuse de l'université à des clientèles nouvelles par leur âge, leur sexe et leur origine socio-économique a permis à des dizaines de milliers de personnes d'acquérir une formation universitaire qui les rend aptes à contribuer efficacement au développement économique, social et culturel du Québec.

Certains obstacles à l'accessibilité aux études universitaires ont perduré tout au long de l'histoire de l'UQAM. Le plus sérieux de ces obstacles est certainement la situation financière des étudiants, obstacle susceptible de s'accroître au rythme où croîtront les droits de scolarité universitaires. Malgré les efforts importants de la Fondation de l'UQAM pour rendre disponibles des bourses d'études, les efforts importants des professeurs pour accroître leurs fonds de recherche et embaucher un nombre croissant d'étudiants comme assistants de recherche, et les efforts de l'UQAM elle-même pour offrir à un nombre croissant d'étudiants des emplois à temps partiel comme auxiliaires d'enseignement, les étudiants de l'UQAM sont trop souvent confrontés à des problèmes financiers personnels importants qui limitent le temps et les efforts qu'ils peuvent consacrer à leur formation. Le travail rémunéré pendant les études ne constitue pas, en soi, un facteur d'échec scolaire, cependant il peut réduire la qualité de la réussite scolaire. Une véritable politique d'accessibilité doit être sensible à la situation financière des étudiants.

Ce que l'expérience de l'UQAM apprend aussi, c'est qu'une politique d'accessibilité implique l'accessibilité au diplôme. Il faut non seulement ouvrir les portes de l'université, mais en faire un lieu accueillant, une communauté qui encourage, soutient et stimule la vie intellectuelle et le goût d'apprendre. L'entrée à l'université, l'intégration à une communauté qui, avec 40 000 étudiants et 5 000 employés de toutes catégories, est d'une taille supérieure à bien d'autres communautés humaines, est un processus plus complexe qu'il n'y paraît au premier abord. Toutes sortes de moyens méritent d'être mis en œuvre pour faciliter l'intégration des étudiants, jeunes aussi bien qu'adultes, à la communauté universitaire, car, si cette intégration n'est pas réussie dès les premiers jours et les premières semaines, les risques d'échec scolaire s'accroissent rapidement. Les activités d'accueil organisées par les modules et les associations étudiantes, l'initiation aux complexités administratives de l'environnement universitaire, l'encadrement soigné des nouveaux étudiants, le développement de mécanismes de conseil et d'aide individualisée en cas de problèmes, le jumelage des nouveaux avec des étudiants plus anciens, une bonne orientation académique, les formes diverses de tutorat, l'évaluation attentive permettant à l'étudiant de bien mesurer ses forces, ses faiblesses, ses progrès, une information complète sur les exigences du programme et de la vie universitaire, voilà autant de tâches à réaliser pour que le choix fondamental de l'accessibilité soit pleinement assumé par l'institution. Au fil des ans, l'UQAM a progressivement compris les exigences profondes de l'accessibilité. Car l'accessibilité est un choix très exigeant pour une université. Certains établissements préfèrent n'accueillir que l'élite; c'est un choix. Ceux qui, comme l'UQAM, cherchent aussi les meilleurs candidats tout en adhérant vigoureusement à une conception démocratisée de la formation universitaire et en faisant place à des étudiants provenant d'horizons très divers, ces établissements consentent à une entreprise particulièrement exigeante.

Deux remarques supplémentaires me paraissent justifiées au terme de ces réflexions sur l'expérience de l'UQAM comme université accessible et ouverte :

317

1. le problème de l'accessibilité est un double problème : il faut rendre accessibles non seulement les études, mais également la diplômation, en assurant une formation de la plus haute qualité possible. Pour cela, il faut :

    - valoriser l'enseignement sans réduire la part de la recherche qui assure la pertinence, l'actualité et la qualité de cet enseignement;

    - impliquer les corps enseignants et les sensibiliser à la situation de plus en plus diversifiée des étudiants, à leurs besoins, à leurs attentes;

    - innover en matière de programme et de pratique pédagogiques et s'engager à fond dans l'évaluation de ce qui est fait.

2. les universités accueilleront de plus en plus une clientèle hétérogène; la stabilisation des effectifs étudiants sera compensée par le défi de clientèles aux origines, aux caractéristiques, aux attentes et aux besoins différents. Les universités devront donc consentir à s'adapter.

Quand je revois l'expérience de l'UQAM, je me réjouis de constater, malgré les problèmes rencontrés qu'elle a su explorer en profondeur les implications de l'accessibilité et analyser de façon critique son fonctionnement, de mesurer ses déficiences et d'inventer de nouvelles solutions. L'UQAM a vécu son choix de l'accessibilité avec responsabilité, même si les correctifs à certaines difficultés ne se sont définis que progressivement. L'accessibilité et la qualité, comme l'enseignement et la recherche, peuvent être réconciliées. Une jeune université qui est devenue une université de très grande taille peut aussi, fidèle à ses valeurs propres d'accessibilité, s'affirmer une université de très grande qualité. Les succès de ses diplômés, leur capacité de rivaliser avec ceux des autres établissements, la grande réputation acquise par nombre d'entre eux dans leurs domaines respectifs d'activité, tout illustre la fécondité du choix de l'accessibilité fait et maintenu par l'UQAM.

L'UQAM DE L'AN 2000

Un foyer intellectuel et scientifique et un creuset culturel

Un texte sur l'avenir dans un recueil d'essais sur l'histoire de l'UQAM? Pourquoi pas? L'acte d'imaginer l'avenir possible d'une institution comme l'UQAM est aussi une façon de comprendre son passé, puisque celui-ci a jeté les bases sur lesquelles celui-là pourra se déployer.

Je me souviens qu'au matin du 2 janvier 1990, j'ai soudainement (et bien banalement) pris conscience que l'an 2000 s'annonçait au bout de cette nouvelle décennie. Il faut croire que le millénarisme a la vie dure... Quoi qu'il en soit, l'idée me vint de réfléchir à ce que pourrait et à ce que devrait être l'UQAM de l'an 2000. Cette réflexion fut aussi motivée par le fait que, parvenu aux dernières semaines de l'année 1990, je devrais faire savoir à la communauté universitaire ma décision de solliciter ou non un deuxième mandat à titre de recteur. Je me suis donc engagé, un peu fiévreusement, dans la rédaction de cet essai sur l'UQAM de l'an 2000, en cherchant activement une ou des images qui illustreraient clairement ce que je visais pour cette future UQAM. D'où le «foyer intellectuel et scientifique» et le «creuset culturel» du sous-titre. Tant mieux s'il est vrai qu'une image vaut mille mots.

Rédigées en quelques jours, ces lignes firent l'objet de longs échanges avec mes collègues de la direction, échanges dont sortit un texte qui fit l'unanimité tout en n'engageant que la seule responsabilité de son auteur. En avril 1990, il fut diffusé dans la communauté de l'UQAM.

Pourquoi un texte sur l'UQAM de l'an 2000?

Pourquoi, en cette fin d'année universitaire 1989-90, publier un texte sur l'UQAM de l'an 2000?

Trois raisons me poussent à livrer aujourd'hui à notre communauté universitaire ce texte sur l'UQAM de l'an 2000.

En premier lieu, l'UQAM est entrée, avec les années 90, dans sa troisième décennie. Cette décennie nous conduira à un nouveau millénaire. La perspective ouverte par la proximité croissante de l'an 2000 me donne l'envie d'expliciter une vision à long terme du devenir possible de notre Université. Dans un monde marqué de changements bouleversants, seule une vision à long terme de ce que peut devenir notre Université nous permettra de conserver le bon cap et d'assurer la cohérence de notre action collective à travers les aléas et les péripéties du quotidien.

En deuxième lieu, depuis ses débuts, l'UQAM a mis beaucoup de soin à se définir et à préciser ses objectifs fondamentaux. Cette préoccupation de transparence a grandement profité tant à notre communauté universitaire qu'à la société qui nous environne. Ce texte est une contribution supplémentaire à la volonté de transparence caractéristique de l'UQAM. Dans les débats entourant le devenir de l'institution universitaire dans notre milieu, il me paraît nécessaire que chacun apporte sa contribution personnelle. Cela est particulièrement nécessaire de la part de ceux et celles qui assument des fonctions de responsabilité.

En troisième lieu – et celle-ci est la raison la plus importante – notre Université entreprendra, dès l'automne 1990, la préparation d'un nouveau plan triennal de développement. Le cycle de planification de trois ans utilisé à ce jour dans notre Université est relativement court. La planification peut être plus efficace si elle s'inspire d'une vision à plus long terme. Ce document ne remplace donc aucunement le travail institutionnel de planification que doit réaliser la communauté de l'UQAM. Il propose tout simplement une telle vision à long terme qui, si elle est partagée par la communauté universitaire et par ses instances, aidera le processus de planification institutionnelle. De même que l'existence d'un plan triennal institutionnel facilite la gestion et l'action à plus court terme, de même l'explicitation d'une vision à long terme du devenir possible de notre Université pourra, je l'espère, faciliter la formulation d'un nouveau plan triennal.

Telles sont les raisons d'être de ce texte sur l'UQAM de l'an 2000. Je soutiens, par ailleurs, que cette vision à long terme de ce que pourra devenir l'UQAM se veut fidèle à son histoire. Mais la vraie fidélité exige que l'on imagine les meilleures réponses aux nouveaux défis du présent et de l'avenir.

Depuis que j'ai entrepris la rédaction de ce texte, le 2 janvier 1990, il a connu de nombreuses versions successives, grâce aux commentaires de mes collègues. Je remercie ces personnes de leurs contributions. Je remercie également Mme Anna Coïa pour son aide tolérante et efficace dans la mise en forme du texte.

Le texte que je rends public aujourd'hui n'engage que ma seule responsabilité. Cependant, je le publie avec le plein assentiment et l'encouragement de mes collègues de la direction de l'Université.

Je souhaite qu'il contribue à la réflexion de chaque personne qui, à un titre ou l'autre, voudra poursuivre la passionnante entreprise qu'est l'UQAM et qu'il stimule notre réflexion et nos choix collectifs.

L'héritage institutionnel

En cherchant à expliciter une vision de l'UQAM de l'an 2000, il faut assumer l'héritage de ses deux premières décennies. Lorsque l'on prend du recul par rapport aux détails de l'histoire institutionnelle, le sens de toute cette histoire, depuis 1969, semble bien se résumer en trois grands mouvements.

Une université nouvelle et originale

L'UQAM fut d'abord la volonté de faire d'une nouvelle université une université nouvelle.

Par ses valeurs de démocratisation, d'accessibilité, d'actualité, de participation, de service du milieu; par son caractère public; par son implantation au cœur de la ville; par son ouverture, sa flexibilité; par son accueil de clientèles diversifiées, l'UQAM s'est voulue une université nouvelle. Elle s'est aussi voulue une université nouvelle par l'originalité de sa structure organisationnelle, son appartenance à un réseau couvrant l'ensemble du territoire québécois, une programmation et un régime pédagogique novateurs, l'intégration des adultes, la création de nouveaux champs d'études.

Née du vaste processus de modernisation de la société québécoise et de son système d'éducation en particulier, fille de la Révolution tranquille, l'UQAM a effectivement été porteuse de nouveauté et d'originalité dans le réseau universitaire québécois. Les ans ont passé depuis 1969. Les rêves qui s'exprimaient au moment de la naissance de l'UQAM n'ont pas tous été réalisés. L'histoire institutionnelle a suivi une trajectoire empreinte à la fois de fidélité aux origines et d'évolutions imprévues. Aujourd'hui, une mesure certaine d'originalité caractérise toujours l'UQAM et contribue à affirmer sa physionomie propre dans le réseau universitaire québécois.

Une université de l'accessibilité

L'UQAM comme université nouvelle s'est d'abord engagée à fond dans la vaste entreprise de rattrapage visant la scolarisation universitaire des francophones du Québec.

Sa croissance démographique rapide, la diversification de ses programmes, son régime pédagogique propre, l'importance de sa clientèle adulte et à temps partiel, tout cela exprimait une volonté de combler rapidement les carences de la scolarisation universitaire des Québécois francophones. Avec 70 000 titulaires de diplômes à son crédit depuis ses débuts, l'UQAM a joué un rôle significatif à cet égard. Le primat accordé à l'accessibilité s'est manifesté également par le choix des domaines de formation et de recherche, inspiré par une volonté de répondre le plus efficacement aux besoins du milieu. Le développement de la mission de service aux collectivités illustre aussi le souci de rendre accessibles aux groupes sociaux les moins favorisés les ressources humaines, matérielles et intellectuelles de l'Université. Tout au long de ses deux premières décennies, l'UQAM a témoigné une très grande fidélité à la valeur de l'accessibilité, en imaginant, au fil des ans, des façons nouvelles de la réaliser.

Il est légitime de dire que l'exemple de l'UQAM a contribué à intéresser l'ensemble du réseau universitaire québécois à devenir davantage accessible à la société qu'il sert.

Une université à part entière

Tout en se consacrant à fond au rattrapage, l'UQAM s'est aussi employée à se construire comme université à part entière.

Il en est résulté une activité de recherche et de création de plus en plus vigoureuse et ample, ainsi qu'un respectable éventail de programmes de maîtrise et de doctorat. Il en est aussi résulté une université dont la physionomie d'ensemble comporte certains traits ressemblant aux universités plus anciennes : grande taille, large éventail de programmes d'études, présence aux trois cycles, forte activité de recherche. Avec des fonds de recherche approchant 20 M $ par année (sans médecine ni génie), une cinquantaine de programmes de 2e et de 3e cycle (dont 15 doctorats), plus de trois mille personnes inscrites aux cycles supérieurs, l'UQAM est non seulement une université de grande taille, mais une université à part entière et à vocation complète.

Au-delà des problèmes passagers d'articulation des différentes activités, le caractère d'université à part entière et à vocation complète et le primat de l'accessibilité se réconcilient dans la poursuite d'une formation de la meilleure qualité possible aux trois cycles, d'une contribution à la solution des problèmes collectifs, d'une liaison plus étroite entre les agents sociaux et les connaissances de pointe, ce qui n'est possible qu'avec une pratique large et intensive de la recherche et de la création.

Voilà donc l'héritage historique de l'UQAM au début de sa troisième décennie. S'étant définie comme université nouvelle, accessible, démocratique, urbaine, ouverte au milieu, s'étant consacrée au rattrapage d'abord et à l'occupation de tout le territoire dévolu à l'institution universitaire en matière de formation aux cycles supérieurs et de recherche et création, l'UQAM a réalisé certaines des aspirations essentielles qui l'ont animée depuis ses débuts.

Aujourd'hui, de nouvelles questions surgissent et interpellent l'UQAM. Que veut-elle être en l'an 2000? Que peut-elle être en l'an 2000? Quelle vision d'ensemble peut animer et inspirer la poursuite de son effort de développement au cours des années 90? Quelle image de l'UQAM en l'an 2000 pouvons-nous projeter devant nous?

Telles sont les questions auxquelles j'ai le devoir de répondre. L'UQAM a toutes les raisons d'apprécier ses réalisations des vingt dernières années et de s'en inspirer pour la suite des choses.

Cependant, des images et une vision nouvelles de l'UQAM future pourront assurer à nos efforts de développement la cohérence, la force et l'efficacité nécessaires.

Un foyer intellectuel et scientifique et un creuset culturel

Réfléchir sur l'UQAM de l'an 2000 requiert d'abord un effort minimal pour définir le Québec de l'an 2000.

Sans entreprendre un portrait détaillé de ce que sera le Québec de l'an 2000 et en témoignant de toute la modestie que recommandent les aléas et les imprévus de l'Histoire, on peut avancer que le Québec, dans dix ans, se caractérisera comme une société francophone profondément distincte en Amérique du Nord, mais largement ouverte aux influences étrangères et aux courants culturels les plus divers; une société de petite taille numérique, à la population vieillissante, s'adaptant à la présence de communautés culturelles très diverses; une société engagée dans le vaste processus de mondialisation de l'économie et dans la mutation vers une économie fondée sur l'information et la connaissance; une société à la fois pluraliste et relativement intime à cause de sa faible population; une société encore inégalement développée; très urbanisée et très préoccupée de son environnement; une société cherchant à confirmer son identité face aux grands ensembles planétaires et soucieuse de prospérité et de bien-être; une société qui cherchera un modèle de développement continu tout en ayant pleinement assimilé et dépassé les acquis et les limites de la Révolution tranquille.

Sur cette toile de fond perfectible, il faut maintenant tenter de projeter l'UQAM de l'an 2000. Je suggère de synthétiser par deux images distinctes, mais complémentaires, la vision que je propose pour l'UQAM de l'an 2000.

En l'an 2000, l'UQAM doit être un foyer intellectuel et scientifique novateur, central et essentiel du Québec, mais aussi un creuset privilégié de la nouvelle identité culturelle québécoise.

Un foyer intellectuel et scientifique

Par foyer intellectuel et scientifique, j'entends d'abord un établissement et une communauté humaine dont toutes les ressources, toutes les énergies et tous les efforts sont ordonnés pour l'exercice et le soutien des activités de l'intelligence de la plus haute qualité et de la plus forte intensité. L'Université est par excellence l'institution vouée au déploiement et au soutien de la vie de l'esprit et à son libre exercice, jusqu'à ses limites ultimes. Il est essentiel que toutes les ressources, toutes les énergies et tous les efforts de toute la communauté de l'UQAM se consacrent à la formation de la meilleure qualité possible et, à cette fin, à l'accroissement continu, à la diffusion et au transfert du savoir, du savoir-être et du savoir-faire.

Depuis les années 60, la société québécoise a sollicité des services très divers de ses universités. Celles-ci, incluant l'UQAM, doivent encore et toujours faire valoir qu'elles ne peuvent rendre aucun des services que l'on attend d'elles si elles ne sont d'abord des foyers intellectuels et scientifiques où, à la fois, s'élaborent le savoir, le savoir-être et le savoir-faire, où se forment les citoyens et les citoyennes et où le travail de la raison et de l'intelligence et la démarche scientifique sont la première activité et la première préoccupation. Ce foyer intellectuel et scientifique sert de cadre institutionnel privilégié à la vie de l'intelligence et à la démarche scientifique sous toutes leurs formes, et de lieu rassemblant ceux et celles qui, à titres divers, de façon permanente ou temporaire, choisissent de s'y consacrer. Ce foyer intellectuel et scientifique est aussi l'assise à partir de laquelle le savoir, le savoir-être et le savoir-faire rayonnent dans une société où la connaissance et l'information sont le moteur du développement économique, social et culturel. L'UQAM doit toujours se préoccuper d'être, avant toute chose et pour rendre possible toute autre chose, un ardent foyer intellectuel et scientifique.

Dans cette perspective, l'UQAM continuera à s'insérer dans le réseau mondial des universités, en nourrissant sa spécificité québécoise de ce que propose de meilleur l'expérience des universités de pointe à travers le monde. L'UQAM s'affirmera d'autant mieux comme foyer intellectuel et scientifique qu'elle saura assimiler à son profit les courants de pensée les plus actuels quant à l'insertion des universités dans leur milieu et à l'innovation des pratiques pédagogiques et académiques.

En substance, pour être un foyer intellectuel et scientifique authentique, l'UQAM et sa communauté humaine doivent à la fois privilégier avant toute chose la vie et le travail de l'intelligence, la démarche scientifique et s'insérer dans le réseau mondial des universités les plus accomplies aux fins de s'inspirer de leurs expériences les plus significatives et les plus prometteuses.

Un foyer intellectuel et scientifique novateur

Tout au long de son histoire, l'UQAM a été contrainte d'exploiter des créneaux nouveaux par ses programmes d'études (notamment aux 2e et 3e cycles), par ses activités de recherche et de création, par ses modes d'intervention (services aux collectivités).

À titre de foyer intellectuel et scientifique, l'UQAM continuera à accueillir généreusement les expériences novatrices. Le développement de nouveaux domaines de formation aux trois cycles, l'exploitation de nouvelles pistes de recherche et de création, l'expérimentation de manières de faire inédites, permettront à l'UQAM de s'affirmer significativement comme foyer intellectuel et scientifique. Il ne s'agit pas de cultiver l'originalité pour elle-même, mais bien plutôt de poursuivre l'innovation qui mérite d'être exploitée pour renouveler et enrichir la contribution que l'établissement apporte au développement de la société. Depuis vingt ans, des sciences de l'environnement à la sémiologie, en passant par les communications, la sexologie, le tourisme, la danse, la neurocinétique et la religiologie, l'UQAM a donné un statut universitaire à des champs de formation, de recherche et de création nouveaux. Dans des disciplines plus traditionnelles, elle a centré ses activités sur des objets ou des angles d'approche inédits. Cela a été et demeure novateur; la capacité et la volonté de poursuivre et de réaliser d'autres innovations comparables contribueront pour beaucoup à faire de l'UQAM non seulement un véritable foyer intellectuel et scientifique, mais encore un foyer unique et doté d'une personnalité propre et originale au Québec.

Dans la constitution de nouveaux champs de formation, de recherche et de création, l'UQAM a su être innovatrice en mariant les traditions scientifiques nord-américaines et européennes. En tablant sur la formation de ses ressources humaines, en exploitant sa situation géographique ouverte aussi bien sur les États-Unis que sur l'Europe, en misant sur la gamme des disciplines et champs d'études qu'elle rassemble, en profitant enfin de sa jeunesse, l'UQAM a su s'ouvrir à diverses traditions universitaires. Cette volonté et cette capacité de puiser aussi bien à l'univers intellectuel nord-américain qu'européen ont été et demeureront une source d'innovation pour l'UQAM. L'appartenance à l'Association des universités partiellement ou entièrement de langue française, aussi bien qu'à l'Association des universités du Commonwealth et la perméabilité à la production scientifique américaine, française et canadienne, illustrent combien l'UQAM a pu et pourra encore faire la synthèse de multiples traditions intellectuelles et scientifiques. Cela demeurera une voie à privilégier.

Enfin, en s'affirmant comme un foyer intellectuel et scientifique novateur au moyen d'objets de formation, de recherche et de création inédits, aussi bien que par des modes d'intervention originaux, l'UQAM rendra à la société des services spécifiques qu'aucun autre établissement ne pourra rendre.

Une foyer intellectuel et scientifique central

Pour l'an 2000, l'UQAM doit aspirer à être un foyer intellectuel et scientifique central pour tout le Québec.

En effet, si au cours de ses deux premières décennies, l'UQAM s'est développée particulièrement en tenant compte de la grande conurbation montréalaise, l'ampleur de son éventail disciplinaire, l'exceptionnelle expertise qu'elle manifeste dans certains domaines clés, et le volume de ses ressources lui permettent d'envisager un rôle à l'échelle de l'ensemble du Québec. Attentive aux besoins de l'environnement montréalais, l'UQAM doit de plus en plus penser son devenir en fonction des besoins de l'ensemble du Québec. La planification triennale de l'UQAM doit donc désormais prendre pour cadre de référence économique, démographique, social et culturel l'ensemble du Québec et de ses besoins. Même si sa position géographique ne justifie pas certaines interventions très spécialisées et inspirées par le milieu d'appartenance, l'UQAM est désormais capable de tenir compte des besoins de l'ensemble du Québec et de choisir en conséquence ses priorités de développement. Être un foyer intellectuel et scientifique central pour le Québec entier signifie choisir une vocation nationale, et non plus régionale, et l'UQAM doit faire un tel choix pour l'an 2000.

La volonté de confier à l'UQAM une vocation nationale doit s'assortir de deux dispositions essentielles, l'une à l'égard de Montréal, l'autre à l'égard du processus de mondialisation qui gagne progressivement tous les domaines d'activité des sociétés les plus développées.

L'élargissement de l'action de l'UQAM à l'échelle du Québec entier ne peut se réaliser sans accorder une attention particulière aux besoins propres de Montréal. Cette ville sera engagée, au cours de la prochaine décennie, dans un effort continu pour s'affirmer dans son rôle de ville internationale et de métropole capable d'accueillir des activités scientifiques de pointe et de haute technologie. Montréal a besoin de la contribution de ses universités et elle comptera sur celle de l'UQAM pour figurer au nombre des grandes villes du monde, de ces villes où le dynamisme économique, l'ouverture aux courants de pensée les plus actuels et la qualité de la vie sont exemplaires. De par ses racines, l'UQAM est apte à la fois à œuvrer à l'échelle du Québec entier et à apporter une contribution unique et significative à l'affirmation de Montréal comme ville internationale.

L'élargissement de l'action de l'UQAM à l'échelle du Québec entier et son engagement particulier à l'égard de Montréal ne seront valables que s'ils sont considérés comme base d'une ouverture et d'une action à l'échelle internationale. L'UQAM contribuera, par ses propres moyens, à la capacité de Montréal et du Québec d'exercer un *leadership* international dans certains domaines. Montréal et le Québec doivent pouvoir affronter la concurrence à l'échelle internationale; la même règle s'impose et s'imposera à l'UQAM elle-même. La qualité de l'UQAM en tant que foyer intellectuel et scientifique se mesurera notamment par sa capacité, à tout le moins dans certains domaines clés, de soutenir la concurrence internationale. En d'autres termes, pour être un foyer central, l'UQAM ne peut se contenter de se situer au niveau régional ou au seul même niveau québécois : en œuvrant à l'échelle du Québec, elle contribuera à la capacité de ce dernier d'affronter la concurrence internationale, en formant une relève humaine capable d'œuvrer à l'échelle internationale, en développant certaines expertises uniques au Québec, au Canada et même dans le monde.

Pour faire de l'UQAM un foyer intellectuel et scientifique central, il faut s'inspirer d'une double volonté :

- d'une part, la volonté de mesurer la qualité des activités de formation, de recherche et de création par des standards de plus en plus exigeants et par des standards internationaux les plus reconnus;

• d'autre part, la volonté d'amener les diverses disciplines, sous-disciplines ou champs d'études qu'abrite l'UQAM à être pleinement compétitifs, à l'échelle du Québec d'abord, mais aussi à l'échelle nord-américaine et même mondiale pour certains; cela n'est pas immédiatement possible de partout, mais cela est partout désirable; l'UQAM peut légitimement aspirer à devenir, dans certains domaines, la meilleure université au Québec et au Canada et figurer parmi les meilleures au monde.

À partir de ses acquis, l'UQAM doit poursuivre le développement de champs d'intervention uniques au Québec. À cet égard, le privilège accordé à l'innovation est décisif pour la volonté d'agir à l'échelle du Québec entier et, sur cette base, au-delà de ses frontières.

L'UQAM a donc tout intérêt à continuer l'exploitation de domaines nouveaux. Ainsi, elle pourra offrir au Québec et hors du Québec des services et des expertises qu'on ne trouvera dans aucun autre établissement universitaire québécois. Cette insistance sur des domaines disciplinaires nouveaux ne conduit cependant pas à cantonner l'Université dans les franges excentriques et marginales du savoir. L'UQAM pourra aussi exploiter à un très haut niveau de compétence des domaines disciplinaires plus classiques : de la sociologie à la psychologie, de la géologie à la biologie, de l'éducation à la gestion, il est nécessaire de progresser afin que, dans ces domaines aussi, l'UQAM rende des services exemplaires au Québec et au monde. C'est tout cela qui fera de l'UQAM un foyer intellectuel et scientifique central du Québec.

Un foyer intellectuel et scientifique essentiel

L'UQAM doit, enfin, être un foyer intellectuel et scientifique essentiel.

Par la qualité de la formation qu'elle dispense, la pertinence de ses activités de recherche, la fécondité de ses activités de création, l'originalité de ses modes d'intervention, l'intensité même de son activité intellectuelle, scientifique et artistique, sa capacité de faire bénéficier le milieu des connaissances et pratiques de pointe élaborées à travers le monde, l'UQAM doit aspirer à contribuer de façon perceptible et originale au devenir de la société québécoise. Une telle aspiration est assurément fort ambitieuse; cependant, cette ambition est portée par un établissement de grande taille, riche d'un large éventail de disciplines scientifiques, professionnelles et artistiques et ayant déjà développé de façon exceptionnelle certaines expertises nouvelles.

Être un foyer intellectuel et scientifique essentiel, pour l'UQAM, c'est :

• d'abord contribuer à la présence, au Québec, des connaissances et de la pensée scientifiques de pointe, et à la capacité pour des Québécois et des Québécoises d'en acquérir la maîtrise;

• concourir à la contribution du Québec au progrès de la connaissance scientifique à l'échelle mondiale et faire en sorte que des scientifiques de l'UQAM réalisent des percées d'envergure mondiale;

• former une relève compétitive sur le plan international, capable d'assurer au Québec sa place au sein des marchés mondiaux des biens, des services et des connaissances, une relève déployant des expertises novatrices dans les divers domaines scientifiques, professionnels et artistiques;

- parvenir, dans certains domaines scientifiques, intellectuels ou artistiques, à figurer parmi les meilleurs;

- assumer les préoccupations centrales de la société québécoise, intervenir dans les questions et les débats les plus lourds de conséquence pour son devenir, accueillir les idées nouvelles les plus prometteuses, contribuer aux liens entre le Québec et les autres sociétés, déployer, enfin, les interventions grâce auxquelles la marche de la société québécoise bénéficiera d'une impulsion nouvelle et profitable;

- épouser le plus fidèlement possible la sensibilité et les préoccupations de la société et contribuer à la formation de modèles nouveaux de développement et à une action collective efficace et régénératrice;

- soutenir la contribution de la société québécoise à l'effort de développement des sociétés moins avancées et à la solidarité internationale des peuples;

- assumer, de façon à la fois courageuse et responsable, une réflexion critique sur le devenir de la société et du monde, en défendant les valeurs de liberté, de justice, d'égalité, de démocratie, de tolérance et de progrès.

Pour que l'UQAM soit en l'an 2000 un foyer intellectuel et scientifique central et essentiel, il faut rêver au jour où les citoyens et les citoyennes de ce pays se reconnaîtront une dette importante envers l'UQAM et où les prochaines générations conviendront du rôle décisif joué par cet établissement dans l'évolution de leur société et de sa contribution au progrès d'autres sociétés.

L'UQAM est au cœur de Montréal et Montréal au cœur du Québec. Les gens de l'UQAM sont remarquablement bien placés pour vouloir faire de leur établissement un foyer par lequel passeront des courants de pensée, des innovations scientifiques et artistiques, des interventions éducatives porteurs d'avenir et déterminants pour le devenir du Québec entier. Voilà pourquoi la communauté de l'UQAM voudra que cette Université soit, en l'an 2000, un foyer intellectuel et scientifique novateur, central et essentiel du Québec, un foyer ouvert sur le monde et y soutenant la présence du Québec.

Un creuset culturel

En affrontant la concurrence mondiale, en recherchant la prospérité et le bien-être et en poursuivant son développement, le Québec demeure une société profondément originale et distincte en Amérique du Nord, résolument attachée à sa spécificité. Cependant, la société québécoise voit sa spécificité interpellée par des phénomènes potentiellement lourds d'effets en constante évolution : sa faible natalité; le vieillissement de la population; l'immigration importante et très diversifiée des dernières décennies; la mondialisation de l'activité économique; la projection dynamique de l'anglais comme nouvelle *lingua franca;* l'explosion des technologies de communication faisant fi des frontières politiques et culturelles traditionnelles; la multiplicité des courants culturels. Tous ces phénomènes conjugués rappellent que la spécificité québécoise ne constitue plus une donnée d'une immuabilité granitique et d'une imperméabilité réfractaire à toute évolution.

Dans ce contexte, l'UQAM de l'an 2000 peut jouer un rôle déterminant pour l'avenir du Québec entier en s'affirmant comme un creuset culturel, le creuset privilégié d'une nouvelle identité culturelle québécoise. Il y a au moins quatre façons pour l'UQAM de jouer ce rôle.

En premier lieu, l'UQAM, qui abrite une large gamme de disciplines artistiques, arts visuels et arts de la scène et de l'interprétation, littérature et communications, peut être le cadre d'une riche activité de création et de formation d'une relève en création et en interprétation. Peu d'universités au

Québec et au Canada comptent autant de ressources humaines et matérielles dans le domaine des arts. En exploitant cette richesse, en soutenant adéquatement les disciplines en cause, l'UQAM peut être un creuset culturel important, c'est-à-dire un lieu majeur de l'activité créatrice québécoise. L'identité spécifique du Québec tirera une grande partie de ses forces de la vitalité de sa littérature, de sa musique, de ses arts de la scène ainsi que de ses arts plastiques. L'UQAM peut contribuer au soutien de la culture québécoise par la création et par la formation de la relève. Ainsi, l'UQAM doit devenir un lieu important pour la création sous toutes ses formes au Québec et ce, au rythme même de la création d'avant-garde à travers le monde. L'UQAM peut non seulement soutenir la création, mais encore encourager l'éclosion de nouvelles formes d'expression artistique et culturelle, d'autant mieux qu'elle a le privilège d'être située en plein centre-ville, à proximité d'un ensemble important d'établissements et d'institutions à vocation culturelle.

En deuxième lieu, alors que l'UQAM facilite, dans ses murs, le dialogue et l'interaction des arts et des diverses sciences (sciences pures, sciences appliquées, sciences humaines), elle peut enrichir le processus même de création en y introduisant des ferments nouveaux générés par l'évolution de la pensée scientifique et technologique de pointe. Les transformations technologiques accélérées, comme l'informatique, gagnent toutes les dimensions de l'expérience humaine. Les arts connaissent de profonds bouleversements et la création acquiert une puissance et une fécondité nouvelles en s'appropriant les apports de la pensée scientifique et technologique. L'UQAM est particulièrement bien placée pour contribuer à une alliance nouvelle entre les arts et les sciences, au renforcement du processus de création. Cela est, de façon éminente, l'œuvre d'un authentique creuset culturel et l'UQAM est capable d'une telle contribution.

En troisième lieu, si l'UQAM sait être aussi un pôle d'attraction et d'accueil des diverses communautés culturelles, la société québécoise s'enrichira d'apports nouveaux sans discontinuité brutale. La pratique de la science en français, dans l'environnement anglophone nord-américain, par l'ensemble des universités québécoises, renforce déjà la spécificité du Québec. L'UQAM y contribue déjà, mais elle peut encore faire davantage, en déployant auprès des communautés culturelles le même sens de l'accueil, de l'accessibilité et de l'ouverture qu'elle a su manifester tout au long de son histoire auprès de la clientèle francophone de souche. À l'heure actuelle, les communautés culturelles dirigent leurs jeunes vers les établissements universitaires anglophones. La persistance de cet état de choses risque de faire naître de nouvelles solitudes au sein du Québec du XXIe siècle. En agissant comme creuset culturel, en rassemblant des jeunes francophones de souche québécoise et des jeunes issus des communautés culturelles, l'UQAM aidera au renforcement et au développement de l'identité culturelle. Dans ce cadre, l'action de professeurs et de chargés de cours d'origine non québécoise peut beaucoup contribuer au rôle de l'UQAM en tant que creuset culturel.

En quatrième lieu, l'UQAM, en assumant une action de coopération internationale cohérente et vigoureuse, jouera aussi un rôle de creuset culturel : la projection à l'extérieur de la culture québécoise et l'accueil, par le biais des activités de coopération, de ressources culturelles étrangères, pourront nourrir et renforcer l'identité québécoise. Cette identité n'a pas à se conserver en vase clos; l'UQAM pourra favoriser son enrichissement en la liant mieux aux réalités extérieures.

Il faut ainsi rêver aussi du jour où l'on verra en l'UQAM un lieu où l'identité culturelle québécoise et la création auront connu un renforcement et un enrichissement exceptionnels. Il faut encore rêver du jour où la population étudiante de l'UQAM comptera un nombre significatif de personnes provenant des communautés culturelles et choisissant de faire cause commune avec les Québécois et les Québécoises de souche. Alors l'UQAM aura été et demeurera un creuset de la nouvelle identité culturelle québécoise.

En se fixant comme objectif pour l'an 2000 de devenir à la fois un foyer intellectuel et scientifique novateur, central et essentiel du Québec et un creuset privilégié de la nouvelle identité culturelle québécoise, l'UQAM table sur ses aspirations et ses idéaux fondateurs et se dote d'un fil conducteur pour la prochaine décennie. De tels objectifs sont nécessaires pour guider efficacement le travail de développement que poursuit quotidiennement l'ensemble de la communauté de l'UQAM, inspirer lucidement son processus de planification triennale, orienter ses relations avec les autres universités, les gouvernements et le milieu social et, surtout, mobiliser et faire converger les énergies des membres de sa communauté, de ses diplômés et de ses amis et amies de la Fondation.

Aux XIXe et XXe siècles, les grandes universités ont été des foyers intellectuels et scientifiques des nations et des creusets affirmant leur identité culturelle. Au XXIe siècle, les nations dépendront encore d'avantage de la connaissance et de l'information pour assurer leur prospérité et affirmer leur identité; les universités conserveront donc un rôle décisif. Si cela est vrai pour les grandes nations, cela s'impose avec encore plus de vérité aux nations de taille modeste et au Québec en particulier. Voilà pourquoi je souhaite que l'UQAM fonde toute son action des années 90 sur la volonté ferme et durable de devenir un foyer intellectuel et scientifique, un creuset privilégié de la nouvelle identité culturelle québécoise.

Je suis conscient de la nature ambitieuse de ce projet; mais pourquoi l'UQAM se refuserait-elle aux plus exigeantes ambitions? L'UQAM est capable de telles ambitions et de les

réussir : son cheminement, depuis 1969, le démontre. Son intégration au milieu, sa réceptivité à l'innovation, son dynamisme
éprouvé lui permettent de devenir une présence unique, à l'échelle
du Québec, et de contribuer significativement à la présence au
monde du Québec. Il faut seulement y consentir les efforts, la
constance et la patience nécessaires.

La mesure du succès

Au-delà de la vision que je propose de l'UQAM de l'an 2000, il
me paraît utile maintenant de soumettre une façon de mesurer le
succès obtenu par l'Université pour la décennie qui débute.

À cette fin, je propose *que l'UQAM s'emploie à figurer, en
l'an 2000, parmi les dix meilleures universités du Canada. En
visant à appartenir au groupe des dix meilleures universités
canadiennes, l'UQAM s'inspirera d'indicateurs de performance
et d'étalons de mesure qui optimiseront ses chances de s'accomplir comme foyer intellectuel et scientifique et comme creuset
culturel.*

*Cela veut également dire, pour moi, que l'UQAM doit aussi
figurer parmi les quatre meilleures universités québécoises.*

Dans ce contexte, un ensemble d'indicateurs ou de paramètres
permettront de mieux situer l'UQAM parmi les meilleures
universités québécoises et canadiennes et de mesurer périodiquement l'atteinte de ses objectifs de l'an 2000. Il me semble
justifié d'évaluer périodiquement l'UQAM dans son ensemble
en comparaison avec les meilleures universités et selon les
indicateurs ou les paramètres suivants :

a) le niveau des fonds externes de recherche (compte tenu de la
    composition disciplinaire de l'établissement et du nombre
    de ses ressources), en chiffres absolus et par poste;

b) la proportion de titulaires du doctorat dans le corps
    enseignant;

c)   la proportion de personnes inscrites aux 2e et 3e cycles dans l'ensemble du corps étudiant;

d)   le taux de diplômation;

e)   le temps moyen requis pour la l'obtention du diplôme;

f)   le nombre et le montant des bourses d'études octroyées au mérite (compte tenu de la composition disciplinaire de l'établissement);

g)   les prix et distinctions obtenus par les membres de la communauté institutionnelle à l'échelle nationale et internationale;

h)   les publications et les productions des professeurs, des chargés de cours et des étudiants et leur reconnaissance (citations) par la communauté scientifique ou artistique;

i)   le succès de l'établissement aux concours tenus par les gouvernements;

j)   les succès professionnels et le taux d'emploi des diplômés;

k)   la capacité de l'établissement de nouer des ententes de coopération et de développer des activités conjointes avec d'autres établissements à l'échelle nationale et internationale;

l)   la capacité de l'établissement de nouer des ententes de formation et de recherche avec des partenaires socio-économiques;

m)   les résultats d'évaluation des activités de l'Université (programmes d'études, recherche, etc.) par des organismes externes;

n)   le ratio fonds de recherche / budget total de l'Université.

Voilà un ensemble (non exhaustif) de paramètres et d'indicateurs de qualité qui permettent de mesurer l'état de développement et le niveau de réussite d'un établissement universitaire. Je propose donc non seulement que l'UQAM s'emploie à figurer parmi les quatre meilleures universités québécoises et les dix meilleures universités canadiennes d'ici l'an 2000, mais aussi que, tout au long des années 90, elle s'efforce de mesurer régulièrement sa situation par rapport à celle des meilleures universités à la lumière des paramètres et des indicateurs précités et d'autres jugés pertinents.

L'idée de mesurer l'UQAM aux indicateurs distinguant les dix meilleures universités québécoises et canadiennes pourra inquiéter certaines personnes.

Pour ma part, je constate que l'UQAM a réussi en vingt ans un développement remarquable, devenant le *leader,* parmi les universités canadiennes, dans plusieurs domaines; je constate que l'UQAM a connu durant les années 80 un développement foudroyant en recherche; je constate sa grande capacité d'innovation et son dynamisme; je constate surtout que l'avance historique des universités les plus anciennes n'est pas un acquis immuable. Je conclus qu'une nouvelle décennie d'efforts soutenus et convergents, animés et inspirés par la volonté claire et résolue de faire de l'UQAM l'une des quatre meilleures universités québécoises et l'une des dix meilleures universités canadiennes, a toutes les chances de nous mener au but.

D'autres personnes s'inquiéteront de ce que la poursuite de cet objectif de devenir une «grande» université n'altère les valeurs fondatrices de l'UQAM et n'en fasse un établissement «élitiste». Pour ma part, j'affirme sans hésitation que la volonté d'être une université ouverte, accessible, démocratique, critique et au service du milieu sera d'autant mieux réalisée et d'autant plus crédible dans la société qu'elle s'incarnera dans un établissement reconnu parmi les meilleurs du Québec et du Canada grâce à la qualité de ses activités et à l'importance de ses réussites. Ce serait trahir les valeurs d'accessibilité, d'ouverture, de démocratisation, de rôle critique et de service du milieu que d'hésiter à les incarner dans des activités universitaires de la plus haute qualité possible.

Les conditions du succès

L'UQAM pourra devenir un foyer intellectuel et scientifique majeur et un creuset culturel privilégié d'ici l'an 2000. Elle figurera au nombre des dix meilleures universités au Canada, si cinq conditions sont réalisées tout au long des années 90. L'attention que l'UQAM accordera à la réalisation de ces cinq conditions déterminera son succès.

Première condition : la qualité du corps professoral et des autres ressources humaines

La qualité du corps professoral et des autres ressources humaines est la première condition du succès de l'UQAM.

Au cœur de l'institution universitaire depuis ses origines se retrouve la ressource essentielle, de laquelle dépend tout son devenir : le corps professoral. Pendant les années 90, l'UQAM s'engagera dans un très important processus de renouvellement de son corps professoral. Cela résultera aussi bien du départ progressif à la retraite d'un nombre important de ses artisans des deux premières décennies, que de l'accroissement du nombre de postes.

Seul le recrutement des meilleures ressources disponibles et des candidatures reconnues comme les plus prometteuses permettra à l'UQAM de devenir un foyer intellectuel et scientifique novateur, central et essentiel et un authentique creuset culturel pour tout le Québec. Ce sont de telles ressources professorales qui rendront l'UQAM capable de percées significatives au cours des années, en matière de développement et d'avancement des savoirs et de transfert des connaissances. Ce sont elles encore qui permettront à l'UQAM de percer à l'échelle internationale et de soutenir la concurrence de haut niveau.

Cette opération sera extrêmement décisive pour atteindre les objectifs de l'an 2000 et elle conditionnera le devenir de l'UQAM pendant presque tout le premier quart du XXIe siècle. Il est donc capital pour que toutes les instances de l'UQAM impliquées dans le processus de recrutement de ressources professorales – depuis les comités de sélection des départements jusqu'au Conseil d'administration – d'apporter le plus grand soin à la sélection en recherchant constamment les candidats les plus qualifiés, aptes à contribuer à l'ensemble des missions de transmission et d'accroissement du savoir. Cela sera facilité par le nombre croissant de très bonnes candidatures, grâce aux efforts de formation des années 80, au Québec et au Canada. Cependant, la concurrence entre les universités pour attirer et conserver les bonnes ressources professorales sera extrêmement dure et âpre; il y a même lieu de craindre que le maraudage entre les institutions devienne une pratique courante où les scrupules ne pèseront pas lourd. L'UQAM devra savoir trouver les moyens de faire face à cette concurrence. Dans cette perspective, les premiers agents du processus de renouvellement du corps professoral, c'est-à-dire les départements, devront planifier soigneusement leur travail de recrutement et viser constamment l'atteinte de masses critiques dans des domaines précis, qui faciliteront à la fois la venue et la rétention des meilleures ressources. Seule la qualité du corps professoral rendra possibles les autres actions nécessaires à l'atteinte des grands objectifs; dans cette perspective, il faut accorder le plus grand soin à cette action prioritaire et première. De plus, pour être en mesure d'agir pleinement à titre de creuset de la nouvelle identité culturelle québécoise, il sera profitable d'intégrer des personnes venant des communautés culturelles ou ayant vécu l'expérience, dans le cadre de leur formation ou d'un travail antérieur, d'autres environnements culturels.

Dans le respect rigoureux de la nécessité d'engager les candidats les mieux qualifiés, il sera également opportun pour l'UQAM d'accroître la proportion des femmes dans son corps professoral. Atteindre un objectif aussi socialement important ne pourra se faire que par une plus grande disponibilité de candidates éminemment qualifiées, notamment dans le domaine des sciences naturelles, phénomène relativement nouveau.

Ce qui est valable pour le corps professoral vaut évidemment pour tous les autres groupes d'emploi de l'UQAM. Tout l'avenir de l'UQAM repose sur ses ressources humaines et seul le recrutement des meilleures candidatures à tous les postes fournira à l'Université les moyens de ses ambitions.

Deuxième condition : la qualité du processus de planification

La qualité du processus de planification est la deuxième condition du succès de l'UQAM.

L'UQAM a une longue et, somme toute, fructueuse tradition de planification institutionnelle. En 1991, elle achèvera son cinquième plan triennal de développement et s'engagera dans le cycle d'élaboration d'un sixième. Assurément, la planification institutionnelle, en milieu universitaire, a ses limites. Cependant, au regard de la complexité des choses universitaires et de l'importance de mobiliser les ressources et les efforts autour d'objectifs clairs et partagés, la poursuite de la planification institutionnelle s'inscrit au nombre des conditions nécessaires pour atteindre les objectifs légitimes de l'UQAM pour l'an 2000. Les moyens toujours limités, les attentes toujours plus grandes du milieu, les volontés nombreuses de développement, tout ne peut s'harmoniser qu'à l'aide d'un processus méticuleux de planification. Savoir faire les bons choix au bon moment et affecter efficacement les moyens disponibles : tout est affaire de planification.

Le plan triennal 1988-91 a introduit, par rapport aux précédents, une nouveauté importante : les plans annuels d'activité des unités académiques et administratives. Au cours de l'année 1989, la quasi-totalité de ces unités a produit un tel plan et le bilan de l'opération est largement positif. Il apparaît donc justifié d'inscrire dans la liste des conditions de succès, non seulement la planification institutionnelle, mais aussi la pratique de plans annuels (ou biennaux ou triennaux, si cela est préférable) des unités académiques et administratives de l'Université. D'ores et déjà, cela contribue à assurer une répartition optimale des ressources. Les unités de base sont particulièrement bien placées pour identifier soigneusement leurs objectifs prioritaires et elles doivent être encouragées à poursuivre dans cette voie. Le maintien et le perfectionnement du processus de planification institutionnelle constitueront un moyen très précieux pour l'UQAM de gérer soigneusement son devenir et de s'approcher méthodiquement des objectifs de l'an 2000.

Troisième condition : la qualité du cadre physique et financier

La qualité du cadre physique et financier de l'Université constitue de toute évidence une autre condition du succès.

Le cadre physique de l'Université

La mise au point et l'approbation d'un Plan directeur d'aménagement de l'UQAM dotent notre établissement d'un cadre conceptuel clair et d'une planification rationnelle de son parc immobilier pour toute la décennie.

Avec la construction de la deuxième partie de la phase II du campus (qui abritera les sciences de la gestion, la musique, la direction et les services centraux de l'Université, à partir de l'été 1991) et le rapatriement en 1992 du secteur de la formation des maîtres au campus principal, il ne restera qu'un seul dossier d'espaces majeur, soit celui du secteur des sciences, qui doit être installé dans le quadrilatère des Arts IV (Sherbrooke, Jeanne-Mance, St-Urbain et Président-Kennedy). Une éventuelle phase III viendra compléter le campus principal. Mais, pour l'essentiel, la configuration physique de l'UQAM en deux grands pôles sera réalisée et de façon très durable. Pour les années à venir, il faut achever les chantiers déjà ouverts et, surtout, relocaliser le secteur des sciences.

La concentration physique des activités de l'UQAM en deux grands pôles, au centre-ville, la liaison de ces pôles par métro et leur proximité des autres établissements universitaires, des centres de décision politique, financière et économique et des nombreuses institutions et entreprises culturelles, tous ces facteurs pourront être mis à profit au cours de la prochaine décennie. Le mariage intime au tissu urbain de Montréal, choix originaire de l'UQAM, demeure ainsi une richesse pour son développement.

Le cadre financier de l'Université

La décision du gouvernement de majorer les droits de scolarité de 350 $ en 1990-91, du même montant encore en 1991-92 et de les indexer annuellement par la suite, permettra de planifier le devenir financier de l'UQAM avec plus de précision pendant la première partie des années 90. Au-delà de ces ajustements aux revenus des universités, le gouvernement, s'il résiste à la tentation de réduire ses subventions d'équilibre, ne se sentira sans doute guère plus d'obligations envers le réseau universitaire, surtout si l'économie amorce une période de récession. Le ministère de l'Enseignement supérieur et de la Science cherchera toutefois encore les fonds pour corriger les bases des universités sous-financées. À ce chapitre, l'UQAM a obtenu un ajustement récurrent de 1,2 million en 1989-90; il lui faut viser une correction complète de sa base de financement d'une valeur supplémentaire de l'ordre de 3 millions. Ces données définissent pour plusieurs années le cadre général de financement des universités et de l'UQAM. Il n'y aura vraisemblablement pas de miracles au plan du financement et l'UQAM devra rechercher, outre la correction de sa base, le meilleur équilibre budgétaire. Par ailleurs, outre le financement gouvernemental, et pour accroître sa marge de manœuvre, l'UQAM aura tout intérêt à exploiter les diverses autres sources possibles de financement.

À cette étape-ci, choisir une vision précise de ce que sera l'UQAM en l'an 2000 facilitera non seulement la réalisation des exercices triennaux de planification, des plans annuels d'activité et des choix budgétaires, mais elle optimisera à long terme l'utilisation des ressources.

Quatrième condition : la qualité des relations avec les autres universités

Dans une large mesure, le succès de l'UQAM dans la poursuite de ses objectifs de l'an 2000 tient également à la qualité de ses relations avec les autres universités, que ce soit avec le réseau de l'Université du Québec qu'avec les diverses universités québécoises, canadiennes et étrangères.

Depuis 1989, l'UQAM a le statut d'université associée au sein du réseau de l'Université du Québec. Cet acquis définitif confère à l'UQAM certains avantages fort utiles. L'appartenance continue au réseau de l'Université du Québec doit désormais être profitablement exploitée. À cet égard, la vision proposée pour l'an 2000 est éclairante.

En effet, si l'UQAM choisit de tout mettre en œuvre pour devenir un foyer intellectuel et scientifique et un creuset culturel agissant à l'échelle du Québec entier, son appartenance au réseau de l'Université du Québec acquiert une nouvelle signification. L'UQAM n'a plus à se définir comme université régionale parmi d'autres, ni seulement comme la présence montréalaise du réseau de l'Université du Québec. Il faut renverser la perspective. L'UQAM doit faire de son appartenance au réseau UQ un moyen de soutenir la projection de sa présence à travers tout le Québec en s'associant, pour des projets précis, à l'un ou l'autre des établissements du réseau. L'UQAM a su bâtir, tout au long de ses deux premières décennies, des activités de collaboration avec ces établissements; il y a de bonnes raisons de poursuivre dans cette voie, grâce à une vision nouvelle du développement institutionnel. Ainsi, l'appartenance au réseau de l'Université du Québec devient un atout renouvelé.

Par ailleurs, au fil des ans, l'UQAM a développé des relations de plus en plus étroites avec plusieurs universités, dont celles situées à Montréal. Dans un contexte où la concurrence est toujours présente, l'UQAM a misé sur la collaboration et la complémentarité avec un succès croissant : son initiative a été à l'origine de plusieurs programmes conjoints de maîtrise et, surtout, de doctorat. Cela a profité également aux universités elles-mêmes et à la société québécoise, dont la modestie des ressources commande l'utilisation optimale et la mise en commun. L'UQAM aura d'autant plus de chance d'atteindre ses objectifs qu'elle saura, par-delà la concurrence inévitable et utile, privilégier la collaboration et la complémentarité entre les universités, et surtout, continuer à cet égard le *leadership* qu'elle a déployé depuis une décennie.

Cinquième condition : la qualité de la gouverne institutionnelle

Avant toute autre chose, l'UQAM est une communauté humaine où œuvrent près d'un millier de professeurs et de professeures, mille cinq cents chargés et chargées de cours, presque autant d'employés et d'employées et de cadres et où plus de 35 000 personnes poursuivent leur formation. Il s'agit là d'une communauté humaine importante à l'échelle des universités. La qualité de la gouverne institutionnelle pèsera significativement sur le succès de l'UQAM dans la poursuite de ses objectifs.

Depuis ses débuts, l'UQAM a voulu se gouverner comme communauté en s'inspirant de valeurs clairement affirmées de participation, de démocratie, de transparence et de consensus, valeurs pleinement compatibles par ailleurs avec un *leadership* vigoureux. Ce style de gouverne comporte des inconvénients : lourdeur du processus de décision, multiples comités, longues consultations, etc. Cependant, de grands avantages compensent largement les inconvénients : solidité des consensus, cohésion dans l'action, implication des personnes et des groupes, mobilisation plus profonde, efficacité d'ensemble.

Je suis profondément convaincu que la qualité de la gouverne institutionnelle constitue la cinquième condition du succès de l'UQAM dans la poursuite de ses objectifs. La communauté universitaire doit conserver, dans sa gestion, les valeurs de participation, de démocratie, de transparence et de consensus, tout comme elle doit se soucier sans cesse de se doter d'un *leadership* vigoureux.

Pour compléter cette réflexion, il me semble utile de mettre en lumière deux attitudes dont le développement pèsera significativement dans le devenir de l'UQAM.

1. L'Université et ses gestionnaires de tous niveaux devront, tout au long des années 90, porter une attention particulière à la qualité de la vie professionnelle des personnes. Des politiques et des pratiques de gestion des ressources humaines favorisant la motivation, la formation, l'adaptation au changement et, de façon générale, la satisfaction au travail des divers personnels, sont essentielles à l'efficacité des actions de toute organisation et, en particulier, d'une organisation comme l'université qui repose d'abord sur des personnes. La collaboration des syndicats et les associations sera très précieuse à cette fin.

2. Il sera nécessaire de déployer des efforts méthodiques et permanents pour s'assurer, chez tous les membres de la communauté universitaire, l'adhésion à une vision commune, partagée et explicite de l'Université, de son devenir et de ses objectifs. L'atteinte des objectifs proposés pour l'an 2000, la réalisation des actions nécessaires, les choix triennaux et annuels, l'accomplissement des tâches plus ponctuelles, tout cela réussira si l'ensemble des membres de la communauté universitaire adhère à une vision commune des choses. Les instances universitaires, la direction et les gestionnaires et responsables de tous niveaux devront se préoccuper constamment de faire partager la vision de l'avenir de l'Université le mieux possible par tous les membres de l'UQAM. Et il faudra le faire non seulement pour assurer la cohésion et l'esprit de corps de tous les membres de l'UQAM, mais aussi pour que chacun et chacune comprennent et partagent la vision de l'avenir de l'Université et ses objectifs pour l'an 2000, alors qu'on les aura incités à apporter leurs propres idées, leurs propres suggestions et leurs propres initiatives à la réalisation des actions nécessaires et à l'atteinte de ces deux grands objectifs. Plus les membres de la communauté de l'UQAM seront conscients des

objectifs, plus ils les partageront et trouveront des moyens nouveaux et inédits d'y contribuer.

J'ajoute une précision importante. Le partage d'une vision commune de l'Université et de ses objectifs ne commande pas en soi l'abolition du débat sur les choix précis, la libre discussion du devenir institutionnel, la critique des faiblesses et des défauts. Ce partage ne requiert pas non plus une uniformisation des modes d'organisation, de gestion ou d'action. La diversité est inscrite au cœur même de l'organisation universitaire, de sa vie et de ses pratiques, et elle l'enrichit constamment. La vision partagée propose un cadre de référence général, une orientation générale commune, encourageant la mise en place d'initiatives différenciées visant la pleine réalisation du potentiel de toutes les unités et de toutes les composantes de l'Université. Si chacun ou chacune aspire à faire de l'UQAM un foyer intellectuel et scientifique et un creuset culturel central et essentiel au Québec, chacun ou chacune, à partir de sa réalité propre et de son expérience, trouvera les moyens de contribuer à la réalisation du rêve commun et partagé.

Conclusion

En 1969, l'UQAM n'était qu'un rêve et qu'une ambition éparpillés dans des édifices vétustes du centre-ville de Montréal. Vingt ans plus tard, l'UQAM occupe un campus en plein développement physique, compte 36 000 étudiants et étudiantes, plus de 170 programmes d'études, 20 millions de fonds de recherche, près de 70 000 titulaires de diplômes, une crédibilité certaine et, devant elle, un très bel avenir et encore beaucoup de rêves et d'ambitions.

Ayant vécu chacune des vingt années de l'UQAM à travers ses crises, ses difficultés, mais aussi son spectaculaire développement et ses très belles réussites, je demeure profondément confiant en son potentiel de développement. C'est pourquoi je juge légitime de lui proposer sans réticence, sans pusillanimité, sans fausse pudeur, de grands objectifs pour l'an 2000.

Ces objectifs que je propose pour l'UQAM de l'an 2000 expriment d'abord une profonde fidélité aux valeurs fondatrices. Ainsi, chacun de ces objectifs encourage la poursuite de l'accessibilité conjuguée à celle de la plus haute qualité de la formation. Les valeurs fondatrices acquièrent un souffle nouveau et celle de l'accessibilité, en particulier, sous toutes ses formes, mais indissociablement liée à la passion de la qualité, conserve toute son actualité. Ces objectifs constituent aussi un facteur mobilisateur de tous les efforts et de toutes les énergies de l'ensemble des membres de la communauté de l'UQAM, tout comme ils proposent un fil conducteur clair et efficace à nos actions et à nos plans de développement; ils offrent enfin une vision cohérente, légitime et dynamique de ce que l'UQAM peut devenir en l'an 2000, pour poursuivre sa mission propre et pour rendre à la société québécoise les services dont elle a besoin pour s'affermir et pour s'affirmer dans un monde exigeant et pour contribuer aux efforts communs à toutes les sociétés.

En s'employant à devenir un foyer intellectuel et scientifique majeur et un creuset où se constituera la nouvelle identité culturelle québécoise, l'UQAM répond aux attentes et aux besoins du Québec des prochaines décennies. La prospérité économique et le bien-être collectif des citoyens et des citoyennes du Québec, ainsi que l'affirmation de son identité spécifiques requièrent les meilleurs efforts de l'UQAM et sa plus tenace ambition. Je suis convaincu que notre communauté universitaire a l'envie et la volonté de s'inspirer d'une grande ambition et de fournir ses meilleurs efforts.

2 janvier - 30 avril 1990

Post-scriptum : *L'UQAM, une des dix meilleures universités au Canada? Certains ont été très agacés par la suggestion. Pourquoi l'UQAM devrait-elle s'imposer d'être évaluée à la lumière de critères qui ne lui conviennent peut-être pas? D'ailleurs, qui est vraiment autorisé à évaluer globalement les universités et à les ordonner les unes par rapport aux autres comme les élèves d'une école par trop traditionnelle?*

En proposant que l'UQAM se fixe comme objectif de devenir, au début du prochain millénaire, l'une des dix meilleures universités au Canada, je voulais à la fois proposer un défi à la communauté de l'UQAM et identifier un but susceptible de stimuler et de canaliser nos efforts. Je sais bien que l'évaluation aussi globale de réalités aussi complexes que les universités est un exercice particulièrement fragile et périlleux quant à sa méthodologie. Mais pourquoi les gens de l'UQAM ne rêveraient-ils pas de voir leur établissement figurer parmi les meilleurs, avec toute son originalité et toutes ses particularités? Pour ma part, je revendique le droit de rêver ce rêve et je le rêverai encore.

Par ailleurs, je reconnais volontiers que l'autre question importante – qui peut prétendre évaluer les universités de façon légitime et compétente? – n'est pas près de recevoir une réponse. En attendant le jour, assurément encore très lointain, où les universitaires eux-mêmes seront arrivés à un consensus sur cette question, certains remplissent le vide et cela est instructif pour tout le monde, y compris les universitaires.

Ainsi, en novembre 1991, le magazine Maclean's *entreprit, de sa propre initiative et en exerçant à fond la liberté de presse consacrée par la Constitution canadienne, d'évaluer les universités canadiennes. Double résultat : cette livraison du magazine atteignit des sommets inégalés au chapitre des ventes; les universitaires en éprouvèrent une extraordinaire variété de sentiments, depuis la satisfaction la plus triomphante dans les établissements bien cotés, jusqu'à des degrés variables d'indignation, de colère et de dégoût chez les autres. Presque de façon instantanée, une fois exprimées les premières émotions, les universitaires se trouvèrent largement d'accord pour clouer au pilori la méthodologie des rédacteurs du magazine. Sentant l'intérêt insatiable des lecteurs non universitaires pour ce genre d'évaluation,* Maclean's *récidive en 1992 et 1993, avec autant de succès (commercial), tout en prenant soin de raffiner sa méthodologie, au point où il devint bien difficile, aux yeux du public en tout cas, aux universités de refuser de fournir les données demandées par le magazine.*

En 1991, l'UQAM ne participa pas vraiment à l'opération de cueillette des données de Maclean's *et se retrouva 45ᵉ sur 46 universités évaluées. En 1992, malgré les progrès méthodologiques proposés par* Maclean's, *l'UQAM refusa encore de participer. En dépit de nos exhortations à n'en rien faire, le réseau de l'Université du Québec commet la maladresse d'envoyer des données consolidées pour ses établissements; il se retrouve 12ᵉ sur 12 universités sans faculté de médecine. En 1993, après mûre réflexion et avec l'accord unanime de son Conseil d'administration, l'UQAM participe pleinement à l'opération de* Maclean's *et fournit toutes les données demandées.*

L'UQAM se retrouve au 6ᵉ rang sur les 13 universités canadiennes de grande taille mais sans médecine; elle est première pour la «valeur ajoutée» à ses étudiants; elle est au

10ᵉ rang de l'ensemble de toutes les universités canadiennes pour la recherche.

Je me garderai bien de vénérer cette évaluation des universités par Maclean's, *après m'être joint au chœur des universitaires qui, d'un océan à l'autre, voulurent la brûler.*

Mais, je rêverai encore de voir l'UQAM figurer parmi les dix meilleures universités canadiennes...

CONCLUSION

Depuis ses débuts fiévreux en 1969, alors qu'elle n'était qu'un rêve éparpillé dans quelques vétustes édifices du centre-ville de Montréal, l'Université du Québec à Montréal a donc vécu un quart de siècle. À l'échelle de l'histoire de l'institution universitaire dans le monde, en Amérique du nord, au Québec même, c'est un âge bien modeste. Au cours de ce quart de siècle, l'UQAM a connu une évolution accélérée, bousculée même. Contrairement à d'autres institutions qui ont mis des décennies, sinon des siècles pour s'établir dans un monde progressant à un rythme mesuré, qui ont pris le temps de façonner leur caractère et construire leur tradition, l'UQAM a mis les bouchées doubles et même triples, pour s'affirmer comme un établissement à vocation complète, face à des universités autrement plus solides et réputées. L'UQAM est à peine plus vieille que la micro-informatique, la téléphonie cellulaire, la télévision par câble; et pourtant, dans ce bref quart de siècle, elle a mis au point près de 175 programmes d'études différents, donné un statut universitaire à des disciplines et champs d'études nouveaux, massivement accru la présence des adultes et des femmes dans la vie universitaire, ouvert des perspectives inédites de recherche, etc. L'UQAM n'a vécu qu'un quart de siècle, mais elle l'a vécu avec une intensité, une vitalité, une rapidité extraordinaires; à côté du rythme d'évolution de l'UQAM, d'autres établissements ont cheminé au pas moelleux de douairières chenues.

Un modeste quart de siècle, oui! Cependant, pour ces femmes et ces hommes présents aux premiers jours de l'aventure de l'UQAM, ce quart de siècle représente plus que la moitié d'une vie professionnelle et même souvent la moitié d'une vie tout court. Aujourd'hui, ma propre vie se divise en deux parties égales, celle d'avant l'UQAM, celle vécue dans, avec, et pour l'UQAM. Pouvais-je imaginer, lorsque je m'y engageai avec plusieurs autres collègues pleins de rêves et d'espoir, à la fin de l'été de 1969, pouvais-je alors imaginer que l'UQAM dévorerait à peu près toutes mes énergies, année après année, pendant vingt-cinq ans? Pouvais-je imaginer qu'elle me donnerait l'occasion et, surtout, le privilège d'œuvrer à la création d'une institution qui a déjà rendu de très grands services et dont notre société peut tirer une fierté certaine? Pouvais-je imaginer que l'UQAM, par les tâches qu'elle me confierait successivement, m'éduquerait plus que toute autre institution dans la connaissance des choses humaines et qu'elle m'inciterait plus d'une fois à donner le meilleur de moi-même, ce à quoi mes professeurs jésuites s'étaient employés à nous préparer, mes condisciples et moi-même, en nous répétant à profusion que nous étions l'*«élite de demain»*? Pour beaucoup de ceux et celles qui étaient présents au départ en 1969, qui avaient alors vingt-cinq ou trente ans, l'UQAM a été la grande aventure d'une vie; aujourd'hui que la finitude de cette vie commence à se profiler avec fermeté à l'horizon, nous contemplons cette UQAM substantiellement présente au cœur de Montréal et activement agissante dans la vie universitaire, nous la contemplons à travers un mélange d'incrédulité, de contentement et de mélancolie pour toutes ses années enfuies dont l'institution qu'elle est devenue est la matérialisation tangible. La génération à laquelle j'appartiens et que jugent parfois sévèrement nos aînés, qui ont d'abord eu la dépression des années 30 et la Deuxième Guerre mondiale en partage, et nos cadets, que l'incertitude, la précarité et la dérive professionnelles frappent trop lourdement, cette génération n'a pas choisi le moment où elle entrerait en ce monde ni les tâches qu'elle aurait à accomplir. Aucune génération, aucun individu, ne choisit son heure de responsabilités dans l'Histoire; mais, il incombe à chacune, à chacun d'assumer les tâches que l'Histoire leur propose. En œuvrant, avec bien d'autres, à la construction de l'UQAM, je veux croire que j'ai accepté de manière responsable une tâche qui méritait d'être accomplie et j'espère que je n'ai pas trop mal travaillé. Il y eut, au cours de ces vingt-cinq années, des heures terriblement désolantes et décourageantes, des jours d'amertume et de dépit, des moments où la fatigue, la lassitude d'avoir toujours à recommencer faillirent rompre le fil de l'aventure. L'UQAM n'a jamais été ni une partie de plaisir ni un jardin de roses et elle ne le sera sans doute pas de sitôt. Mais il valait et il vaut encore la peine de continuer. Je ne regrette absolument pas le choix de ma fidélité à l'UQAM. On rencontre l'Histoire au moment et sous la forme qu'elle nous l'impose; à chacun de faire de son mieux.

*
*   *

Souvent, considérant combien vite le monde évolue, j'ai l'impression que l'UQAM vit la situation du coureur de marathon qui, au fil d'arrivée, se fait dire : «*Bravo! Mais il faut recommencer. Et tout de suite!*»

Ce que l'UQAM a réalisé depuis ses débuts – la formation de dizaines de milliers de personnes, dont tant d'adultes venus tardivement aux études universitaires, notamment des femmes d'abord toutes dévouées à leurs enfants, le développement de programmes d'études uniques, novateurs, exemplaires aux trois cycles, des percées en matière de recherche, la réponse à d'impérieux besoins de connaissances nouvelles apportée à des groupes sociaux marginaux ou dominés – tout cela fait partie d'un passé qui n'a désormais d'autre raison d'être que de préparer à un avenir encore plus exigeant. La concurrence entre les universités, la concurrence pour les budgets de fonctionnement et les fonds de recherche, la concurrence pour les étudiants et les professeurs, tout ira en s'accroissant. De même, les exigences à l'endroit des universités exprimées par les étudiants, les groupes sociaux, les employeurs, les pouvoirs publics, se feront plus grandes et plus difficiles à satisfaire. Les universités ne détiendront plus le monopole de la formation supérieure et leur rôle en matière de recherche et d'innovation risque d'être détourné par d'autres types d'organismes. Le prodigieux développement des technologies de l'information et de la communication obligera à une réinvention de la pédagogie et du rapport maître-élève. En un mot, les transformations massives qui affectent les entreprises, les gouvernements, les nations elles-mêmes sous l'impact conjugué de la technologie galopante, de l'internationalisation et de la complexification accélérées de toutes les dimensions de la vie humaine, individuelle et collective, ces transformations massives ne passeront pas à côté des universités. Celles-ci, sous peine de sombrer dans l'insignifiance, devront imaginer les moyens d'adapter leur héritage millénaire à un monde différent et changeant. À plusieurs reprises, au cours de leur histoire, les universités ont réussi cette adaptation; après tout, l'université est une institution du Moyen-Âge qui a survécu à la fin de la féodalité, à l'éclatement de la chrétienté, à la découverte de l'Amérique et à l'unification du monde, à la révolution industrielle, à la fin de l'hégémonie européenne, aux bouleversements du XXe siècle; aussi peut-elle espérer s'adapter au troisième millénaire.

L'UQAM peut aussi nourrir cette ambition. Moins chargée d'ans et de traditions que d'autres (bien qu'elle porte une culture institutionnelle qui ne manque ni de rigidité ni de pesanteur), ayant démontré sa réceptivité à l'usage des technologies de l'information de pointe, liée intimement au tissu social qui l'entoure, l'UQAM a raison de regarder l'avenir avec confiance.

Cependant, il lui faudra consentir d'importants efforts d'adaptation, accepter de faire des choses neuves et de façon novatrice, remettre en cause des acquis devenus des freins et, sans doute, travailler encore davantage. L'UQAM de 1969 a su conquérir et bâtir son avenir et elle y a largement réussi. Vingt-cinq ans plus tard, le même défi la confronte à nouveau mais avec plus d'exigence. Face à ce défi, elle n'est pas seule : d'autres institutions québécoises et le Québec lui-même sont confrontés à des transformations de civilisation auxquelles seuls ceux qui joindront la vision au courage et à l'énergie sauront survivre. Et pour survivre, l'UQAM devra continuer à se développer et poursuivre son développement, il lui faudra imaginer de nouveaux modèles d'action et de nouvelles manières d'être et de faire.

27 mars 1994

Les Éditions LOGIQUES

ORDINATEURS

VIVRE DU LOGICIEL par L.-Ph. Hébert, Y. Leclerc et Me M. Racicot

L'informatique simplifiée

CORELDRAW SIMPLIFIÉ par Jacques Saint-Pierre

dBASE IV SIMPLIFIÉ par Rémi Andriot

EXCEL 4.0 SIMPLIFIÉ POUR WINDOWS par Jacques Saint-Pierre

L'ÉCRIVAIN PUBLIC SIMPLIFIÉ (IBM) par Céline Ménard

L'ORDINATEUR SIMPLIFIÉ par Sylvie Roy et Jean-François Guédon

LES EXERCICES WORDPERFECT 5.1 SIMPLES & RAPIDES
par Marie-Claude LeBlanc

LOTUS 1-2-3 AVANCÉ par Marie-Claude LeBlanc

LOTUS 1-2-3 SIMPLE & RAPIDE (version 2.4) par M.-C. LeBlanc

MACINTOSH SIMPLIFIÉ – Système 6 par Emmanuelle Clément

MS-DOS 3.3 et 4.01 SIMPLIFIÉ par Sylvie Roy

MS-DOS 5 SIMPLIFIÉ par Sylvie Roy

MS-DOS 6.2 SIMPLIFIÉ par Sylvie Roy

NORTON UTILITIES ET NORTON ANTIVIRUS SIMPLIFIÉ par J. Pitre

PAGEMAKER 4 SIMPLIFIÉ (MAC) par B. Duhamel et P. Froissart

PAGEMAKER 3 IBM SIMPLIFIÉ par Hélène Adant

PAGEMAKER 3 MAC SIMPLIFIÉ par Hélène Adant

SYSTÈME 7 SIMPLIFIÉ par Luc Dupuis et Dominique Perras

WINDOWS 3.1 SIMPLIFIÉ par Jacques Saint-Pierre

WORD 4 SIMPLIFIÉ (MAC) par Line Trudel

WORD 5.1 SIMPLIFIÉ (MAC) par Line Trudel

WORD 5 SIMPLE & RAPIDE (IBM) par Marie-Claude LeBlanc

WORDPERFECT 4.2 SIMPLE & RAPIDE par Marie-Claude LeBlanc

WORDPERFECT 5.0 SIMPLE & RAPIDE par Marie-Claude LeBlanc

WORDPERFECT 5.1 AVANCÉ EN FRANÇAIS par P. et D. Mendes

WORDPERFECT 5.1 SIMPLE & RAPIDE par Marie-Claude LeBlanc

WORDPERFECT 6.0 POUR DOS SIMPLE & RAPIDE
par Marie-Claude LeBlanc

WORDPERFECT 5.1 SIMPLIFIÉ EN FRANÇAIS par P. et D. Mendes

WORDPERFECT POUR MACINTOSH SIMPLIFIÉ par F. Beauchesne

WORDPERFECT POUR WINDOWS SIMPLIFIÉ par P. et D. Mendes

Les Incontournables

LOTUS 1 2 3 par Marie-Claude Leblanc

MS-DOS 5 par Sylvie Roy

SYSTÈME 7 MACINTOSH par Dominique Perras et Luc Dupuy

SYSTÈME 7 RÉSEAU par Dominique Perras et Luc Dupuy

WINDOWS 3.1 par Jacques Saint-Pierre

WORDPERFECT 5.1 par Patrick et Didier Mendes

WORDPERFECT 6.0 par Patrick et Didier Mendes

WORD POUR WINDOWS par Patrick et Didier Mendes

Notes de cours

DOS 6.0 – Les fonctions de base

EXCEL 4.0 POUR WINDOWS – Cours 1 – Les fonctions de base

HARVARD GRAPHICS 1.02 POUR WINDOWS – Les fonctions de base

LOTUS 1.1 POUR WINDOWS – Cours 1 – Les fonctions de base

LOTUS 1-2-3, v. 4.0 POUR WINDOWS
Cours 1 – Les fonctions de base

SYSTÈME 7 MACINTOSH – Les fonctions de base

WINDOWS 3.1 – Les fonctions de base

WORDPERFECT 5.1 POUR DOS – Cours 1 – Les fonctions de base

WORDPERFECT 5.1 POUR DOS
Cours 2 – Les fonctions intermédiaires

WORDPERFECT 5.1 POUR DOS – Cours 3 – Les fonctions avancées

WORDPERFECT 6.0 POUR DOS – Cours 1 – Les fonctions de base

WORDPERFECT 6.0 POUR DOS,
Cours 2 – Les fonctions intermédiaires

WORDPERFECT 6.0 POUR WINDOWS
Cours 1 – Les fonctions de base

WORDPERFECT POUR WINDOWS,
Cours 2 – Les fonctions intermédiaires

WORD 2.0 POUR WINDOWS – Cours 1 – Les fonctions de base

WORD 2.0 POUR WINDOWS
Cours 2 – Les fonctions intermédiaires

WORD 5.1 POUR MACINTOSH – Cours 1 – Les fonctions de base

WORD 5.1 POUR MACINTOSH,
Cours 2 – Les fonctions intermédiaires

Écoles

APPRENDRE LA COMPTABILITÉ AVEC BEDFORD (Tome 1)
par Huguette Brodeur

APPRENDRE LA COMPTABILITÉ AVEC BEDFORD (Tome 2)
par Huguette Brodeur

APPRENDRE LA DACTYLOGRAPHIE AVEC WORDPERFECT
par Yolande Thériault

APPRENDRE LE TRAITEMENT DE TEXTE AVEC L'ÉCRIVAIN PUBLIC
par Yolande Thériault

APPRENDRE LE TRAITEMENT DE TEXTE AVEC WORDPERFECT
par Yolande Thériault

HARMONIE-JAZZ par Richard Ferland

PERVENCHE (exercices de grammaire française) par Marthe Simard

Théories et pratiques dans l'enseignement

ÉVALUER LE SAVOIR-LIRE, sous la direction de
J.-Yves Boyer, Jean-Paul Dionne et Patricia Raymond

LES FABLES INFORMATIQUES par Francis Meynard

LA FORMATION DU JUGEMENT sous la direction de M. Schleifer

LA FORMATION FONDAMENTALE
sous la direction de Christiane Gohier

LA GESTION DISCIPLINAIRE DE LA CLASSE par Jean-Pierre Legault

LE JEU ÉDUCATIF par Nicole De Grandmont

LE JEU LUDIQUE par Nicole De Grandmont

LA LECTURE ET L'ÉCRITURE
sous la direction de C. Préfontaine et M. Lebrun

LECTURES PLURIELLES
sous la direction de Norma Lopez-Therrien

LES MODÈLES DE CHANGEMENT PLANIFIÉ EN ÉDUCATION
par Lorraine Savoie-Zajc

ORDINATEUR, ENSEIGNEMENT ET APPRENTISSAGE
sous la direction de Gilles Fortier

PÉDAGOGIE DU JEU par Nicole De Grandmont

POUR UN ENSEIGNEMENT STRATÉGIQUE par Jacques Tardif

LE PLAISIR DE QUESTIONNER EN CLASSE DE FRANÇAIS
par Godelieve De Koninck

LA PHILOSOPHIE ET LES ENFANTS par Marie-France Daniel

LA QUESTION DE L'IDENTITÉ
sous la direction de C. Gohier et M. Schleifer

LE ROMAN D'AMOUR À L'ÉCOLE par Clémence Préfontaine

LE SAVOIR DES ENSEIGNANTS sous la direction
de C. Gauthier, M. Mellouki et M. Tardif

SOLITUDE DES AUTRES sous la direction de Norma Lopez-Therrien

TRANCHES DE SAVOIR par Clermont Gauthier

Formation des maîtres

DEVENIR ENSEIGNANT (Tome 1)
traduction de J. Heynemand et D. Gagnon

DEVENIR ENSEIGNANT (Tome 2)
traduction de J. Heynemand et D. Gagnon

LA SUPERVISION PÉDAGOGIQUE
traduction de J. Heynemand et D. Gagnon

Santé

LA SANTÉ INTIME DES FEMMES par Dr Danielle Perreault

LA FATIGUE CHRONIQUE : 50 VÉRITÉS CACHÉES par N. Ostram

Sociétés

LE DÉCROCHAGE par Louise Paradis et Serge Michalski

ILS JOUENT AU NINTENDO... par Jacques de Lorimier

DIVORCER SANS TOUT BRISER par Me Françoise de Cardaillac

L'ABUS SEXUEL (tome 1 : L'intervention) par Pierre Foucault

LA CRÉATIVITÉ DES ENFANTS par Marie-Claire Landry

LA CRÉATIVITÉ DES AÎNÉS par Marie-Claire Landry

LA RELATION D'AIDE par Jocelyne Forget

LA VIOLENCE À L'ÉCOLE par Jacques Hébert

LE HARCÈLEMENT SEXUEL par J. de Bellefeuille

POUR UN SERVICE DE GARDE DE QUALITÉ par Daniel Berthiaume

LE SUICIDE par Monique Séguin

Le champ littéraire

FEMMES ET POUVOIR
Dans la « cité philosophique » par G. Bouchard

Les dictionnaires

LE DICTIONNAIRE PRATIQUE DE L'ÉDITIQUE
par Paul Pupier et Aline Gagnon

LE DICTIONNAIRE PRATIQUE DES EXPRESSIONS QUÉBÉCOISES
par André Dugas et Bernard Soucy

LE VOCABULAIRE DES ADOLESCENTS ET DES ADOLESCENTES DU
QUÉBEC par Gilles Fortier

La parole et l'esprit

AU FIL DES JOURS par Roland Leclerc, ptre

DÉCOUVRIR L'ÉVANGILE SANS SE TROMPER par John Wijngaards

FICTIONS

Autres mers, autres mondes

BERLIN-BANGKOK, roman, par Jean-Pierre April

C.I.N.Q., nouvelles, sous la direction de J.-M. Gouanvic

DEMAIN, L'AVENIR, nouvelles, sous la direction de J.-M. Gouanvic

DÉRIVES 5, nouvelles, sous la direction de J.-M. Gouanvic

ÉTRANGERS! roman, par André Montambault

LES GÉLULES UTOPIQUES, roman, par Guy Bouchard

LES MAISONS DE CRISTAL, récits, par Annick Perrot-Bishop

SF : 10 ANNÉES DE SCIENCE-FICTION QUÉBÉCOISE,
nouvelles, sous la direction de J.-M. Gouanvic

SOL, nouvelles, sous la direction de J.-M. Gouanvic

LA VILLE OASIS, roman, par Michel Bélil

VIVRE EN BEAUTÉ, nouvelles, par Jean-François Somain

ENFANTS

ZOÉ À LA GARDERIE par Isabelle Richard et Bruno Rouyère

ZOÉ EN AUTOMOBILE par Isabelle Richard et Bruno Rouyère

HUMOUR

L'humour par la bande

BUNGALOPOLIS, bande dessinée, par Jean-Paul Eid

Blague à part

COMME DISAIT CONFUCIUS... par Yves Taschereau

NE RIEZ PAS, ÇA POURRAIT ÊTRE VOTRE VOISIN!
par Claude Daigneault

NE RIEZ PAS, VOTRE VOISIN EST DEVENU FOU!
par Claude Daigneault

ET SI LES POULES AVAIENT DES DENTS par Louis-Thomas Pelletier

AGENDA CROC 1994

PLAISIRS

ASTRO-SÉDUCTION par Véronique Charpentier

CUISINE SÉDUCTION par Andrée et Fernand Lecoq

FAIS-LE SAIGNER! par Jean-Paul Sarault

HOROSCOPE 94 par Véronique Charpentier

LA CUISINE DE TOUS LES JOURS par Andrée et Fernand Lecoq

LA CUISINE DES WEEK-ENDS par Andrée et Fernand Lecoq

LES FINES HERBES: SEMIS POUR DE BONS PETITS PLATS
par Judith Côté

LE GUIDE DES PLAISIRS ÉROTIQUES ET SENSUELS
par Dr Ruth K. Westheimer et Dr Louis Lieberman

LES HOMMES VIENNENT DE MARS, LES FEMMES VIENNENT DE
VÉNUS par John Gray, Ph D

MON CHIEN, MODE D'EMPLOI par Éric Pier Sperandio

MON CHAT, MODE D'EMPLOI par Francine Boisvert

URGENCE CHAT par J. de Bellefeuille et Dr F. Desjardins mv

URGENCE CHIEN
par J. de Bellefeuille, Dr G. E. Boyle mv et C. L. Blood

LITTÉRATURE

HISTOIRES CRUELLES ET LAMENTABLES, nouvelles, par J.-P. Vidal

LES PARAPLUIES DU DIABLE, roman, par Denis Monette

MARQUIS
Montmagny, Qc
avril 1994